從天文曆法、牛頓力學到愛因斯坦相對論

In Search of Time 探索時間之謎

Journeys Along A Curious Dimension

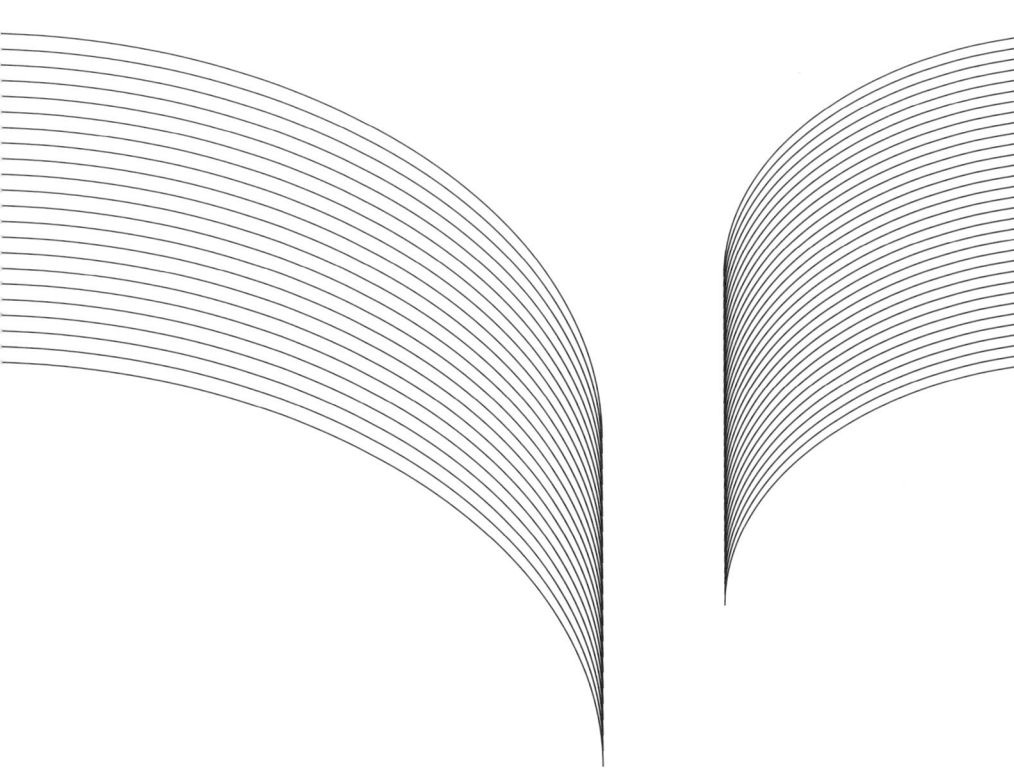

By Dan Falk 佛克◉著 嚴麗娟◉譯

探索時間之謎：從天文曆法、牛頓力學到愛因斯坦相對論

作　　者　佛克 Dan Falk
譯　　者　嚴麗娟
責任編輯　張慧敏、曾琬迪、周宏瑋、王正緯
協力編輯　陳意淳
校　　對　魏秋綢
版面構成　謝宜欣
封面設計　廖勁智
版權專員　陳柏全
數位發展副總編輯　李季鴻
行銷總監兼副總編輯　張瑞芳
總 編 輯　謝宜英
出 版 者　貓頭鷹出版 OWL PUBLISHING HOUSE

事業群總經理　謝至平
發 行 人　何飛鵬
發　　行　英屬蓋曼群島商家庭傳媒股份有限公司城邦分公司
115 台北市南港區昆陽街 16 號 8 樓
劃撥帳號：19863813；戶名：書虫股份有限公司
城邦讀書花園：www.cite.com.tw ／購書服務信箱：service@readingclub.com.tw
購書服務專線：02-2500-7718~9 ／ 24 小時傳真專線：02-2500-1990~1
香港發行所　城邦（香港）出版集團有限公司／電話：852-2508-6231 ／ hkcite@biznetvigator.com
馬新發行所　城邦（馬新）出版集團／電話：603-9056-3833 ／傳真：603-9057-6622
印 製 廠　中原造像股份有限公司
三　　版　2025 年 8 月
定　　價　新台幣 480 元／港幣 160 元（紙本書）
新台幣 336 元（電子書）
總 字 數　19 萬字
I S B N　978-986-262-777-8（紙本平裝）／ 978-986-262-772-3（電子書 EPUB）

讀者意見信箱　owl@cph.com.tw
投稿信箱　owl.book@gmail.com
貓頭鷹臉書　facebook.com/owlpublishing

【大量採購，請洽專線】(02) 2500-1919

城邦讀書花園
www.cite.com.tw

國家圖書館出版品預行編目資料

探索時間之謎：從天文曆法、牛頓力學到愛因斯坦相對論／佛克（Dan Falk）著；嚴麗娟譯 . -- 三版 . -- 臺北市：貓頭鷹出版：英屬蓋曼群島商家庭傳媒股份有限公司城邦分公司發行 , 2025.08
面；　公分 .
譯自：In search of time: journeys along a curious dimension
ISBN 978-986-262-777-8（平裝）

1. CST：時間　2. CST：文明史

168.2　　114007927

本書採用品質穩定的紙張與無毒環保油墨印刷，以利讀者閱讀與典藏。

■推薦序

漫長的時間，曲折的故事*

徐遐生

《探索時間之謎》如同一本漫談時間的百科全書。不管是過去還是現在，時間這個主題吸引了諸多作家，未來肯定也會繼續散發魅力。本書呼應了關於時間的當代經典之作——圖爾敏和菲爾德的《發現時間》，以及霍金的《時間簡史》；前者是地質學家發現地球古老年歲的動人故事，後者則是牛頓及愛因斯坦引力理論的卓越傳人，所提出的宇宙論觀點。但佛克探討的層面則比二者更為多元。時間不僅是科學（牛頓及愛因斯坦對時空和萬有引力的看法），也是歷史（不同文化如何測量時間）；時間還包含科技（計時工具如何演變成今日的形式）、文化（歐洲、亞洲某些地區和美洲，對過去、現在、未來的想像）、軼事趣聞（歷經九一一事件多年後，小布希的「錯誤」記憶）、宇宙觀（遙遠但有限的過去，以及無限卻淒涼的未來**）、哲學（時間是不是人類頭腦製造的假象？）以及前衛物理學（時間是突然出現的實體嗎？它是基本而簡單的，還是非常複雜的？）。時間甚至一腳踏入科幻領域（如時空旅行）。

---

*本文由英文撰寫，經徐遐生院士同意譯為中文。

**關於這點，可參考亞當斯及勞夫林合著的《宇宙的五個階段》。

由於包含的層面如此廣泛，佛克選用的故事難免有過於主觀之虞。每個迷人或令人震撼的段落，會因為讀者自己的品味及文化背景而異。由於自身文化背景之故，佛克只在注腳中提及中國人發現陰曆與陽曆十九年重合的故事（中國人比巴比倫人早發現此現象），而沒有寫入本文，讓我感到有點失望。此外，佛克僅直接陳述此一事實，卻沒有提到古人是從月食與日食每十九年循環一次的現象推得此理（亦即發現日月相對於地球的位置，大約每十九年會重複一次），也有點可惜。佛克在同一章裡提到太陽年的長度為三六五．二四二二天時，我也希望他能說明希帕霍斯、郭守敬及布拉赫等偉大天文學家，如何確定這些數據；並且說明現今的格里曆中每四年一閏、每四百年去掉多加的天數，以便約略矯正多出來的○．二四二二天。

不過對一本如此宏觀的書來說，我只是在挑小毛病。作者要說的是一個漫長曲折的故事，總體來說，他的敘述既有活力又不失格調。因此，對於愛思考的讀者來說，我樂意推薦這本值得加入收藏的新書。你一定也好奇為什麼時間可以被「發現」、「探索」，甚至還擁有自己的「歷史」。想要得到答案的話，請讀這本書！（當然也不要錯過圖爾敏、菲爾德和霍金的著作）你也許會感到困惑，但你也會學到許多先前不知道的知識——除非你是認為「過去」沒有什麼客觀意義的那種人。

徐遐生　美國國家科學院院士、中央研究院院士與美國國家藝術與科學院院士。曾任美國天文學會會長，美國加州大學柏克萊分校、聖地牙哥分校教授，國立清華大學校長。現為中央研究院天文及天文物理研究所特聘研究員。

謹以此書紀念我的祖父母
伊格娜西與李奧尼亞·佛克
雷維吾與雪恩博士

再沒有什麼能比時間更神祕。**時間**，無限、無聲、永不停息，時而翻滾，時而激盪，動如脫兔，靜若處子，宛若廣納萬物的海潮，容人類及宇宙萬物浮游其上，彷彿輕煙，彷彿若隱若現的幻影：永遠是最真實的奇蹟，令人啞然噤聲——無法訴諸言語。

卡萊爾，《論英雄與英雄崇拜》（一八四〇年）

探索時間之謎：從天文曆法、牛頓力學到愛因斯坦相對論

目次

編輯弁言

本書編譯期間承蒙交通大學科幻研究中心葉李華主任、台灣師範大學物理學系張明哲教授，以及中央研究院歷史語言研究所王道還助理研究員協助，針對本書名詞與概念給予指教，謹此致謝。

序

「你在寫一本關於**什麼**的書？」

跟別人說你在寫一本關於時間的書，他們會有一些很有趣的反應。有些人滿臉疑惑，有些則會不置可否地聳聳肩；「時間有**什麼**好說的？」感覺你找不到足夠的有趣題材來塞滿整本書（「不就滴滴答答地過去了嗎？」）。有些人似乎一聽就懂，還會猜測有沒有特殊的主題：「會討論時光旅行嗎？」會，我保證會，有一整章的篇幅（我告訴他們，就算時光旅行不可能實現，引發的問題仍非常吸引人，例如時間和空間的本質，以及自然的定律）。有些人猜這本書一定跟「物理學」有關；非常深奧，不斷提到熵、世界線等名詞。不是的，我要他們放心；至少不會「只」討論物理學。我想要用更不受限的手法，從幾個不同的方向探索時間之謎，每個方向都有不同的觀點和真知灼見，也各有成功和挫敗的紀錄。

事實上，我**不得不**從這麼多的角度探索時間，因為沒有一門學科可以提供「解答」。看到家裡書架上排列的書籍，事實顯而易見（當然我也跑了很多趟圖書館，但是在家收藏相關的書籍也讓人很開心，在勇敢面對本書中的必要元素前，就可以研究好不少的資料）。最上面兩排書架放了科學史和科學哲學：這裡有布魯諾斯基、布爾斯廷和加莫夫的經典著作，還有一堆沙根的書，另外還有費瑞斯和丹尼爾森最近的作品。下面是科學傳記區：有德雷克和梭貝爾的伽利略傳；魏斯特福和葛雷易克的牛頓傳；派斯、佛興和艾薩克森的愛因斯坦傳；其他一些書則專門討論這些偉大科學家創造出的理論。下面放了現代物理學和宇宙論的書：霍金、溫伯格、格林恩、戴維斯、芮斯、克勞斯等人。再下面則是演化和人類本質的書籍：戴蒙、泰特薩、道金斯、豪瑟。更下面則是意識和心智方面的著作：品克、潘羅斯、丹奈特、克里克、德馬西歐、艾德曼。更不用提我一定準備了一些詳細討論時鐘、曆法和計時的書籍：惠特羅、艾文尼、藍迪斯、鄧肯、史帝爾。

說到**時間**，好吧，時間橫跨上面**所有的**領域。我其實要面對一項挑戰，每一門學科或多或少都跟其他的領域有關係。如果要織一張蜘蛛網，東連西連當然沒問題，但寫書的話就真的會受到束縛，所以我必須緊貼著主題流暢地敘述，也就是說一個故事。要說這個故事，我必須精挑細選。在權衡科學和哲學的比重時，科學通常會勝出；並不是因為哲學枯燥無味，只是因為我覺得在故事進展時哲學的說法比較無力。（「什麼？你不會提到海德格和柏格森？」很可惜，都沒有；我們會提到柏拉圖、亞里斯多德、萊布尼茲、麥塔加和幾位關鍵人物。）光在這些學科中，正在進行的研究也多到無法塞進一本書裡；本書的十二個章節信手拈來都可以獨立寫成一本書。如果讀者想要進一步鑽研，我希望書後詳細的注釋和完整的來源書目可以幫你找到更多閱讀素材。就文字來說，這些都是我經過深思熟慮後的選擇，主要挑選近年來進展最為奪目的科學領域。

一開始我先鑽研書籍和期刊，並到圖書館找資料，但我的工作不只這些：過去幾年來，我榮幸之至，能和當代幾位最有深度的思想家見面，有些人還接受了好幾次訪談。我會跟他們說：「只要一個小時吧」，心裡知道一定會超過，大多數人都很慷慨地讓我拿著麥克風問個不停。特別感謝潘羅斯、巴伯、道伊奇、施莫林和戴維斯；他們能夠領會最艱難的科學問題，的確讓我獲益良多。還有更多學者和我一起坐下來，耐心地敘述他們的研究內容；也有人領我參觀實驗室、博物館的展覽和考古遺址。在本書的篇章中我會提到每個人的名字，非常感謝他們的幫忙（大多數訪問是為了本書而特別安排的，但我偶爾也引述了之前的研究成果，包括我為加拿大廣播公司的節目「好點子」製作的幾部紀錄片）。

在寫作的過程中，好幾個人幫我看過稿子的不同篇章；西門紐克、馬瑟和曼洛提供了非常寶貴的建議，侯薇爾則好心地讀完全文（如果有任何謬誤，當然是我個人的責任）。跟布朗、史達克曼和史考特討論本書內容，也讓我受益無窮。

完成第一本書《T恤上的宇宙：尋求解釋一切的理論》（二〇〇二年出版）後，我就很想寫一本關於時間的書。這本書絕對不是前一本書的續集；大體上主題完全不一樣，但某些主要題材（比方說狹義相對論）又再度現身；有時我也會建議讀者到我的第一本書裡找更詳細的解釋。

越洋文學經紀公司的經紀人賽吉威克和布萊德利是本書得以開花結果的推手，也多虧麥克萊蘭斯蒂沃德出版社的編輯布萊德蕭，把我的草稿雕琢成可以出版的樣子，也感謝菲雪發揮她的編輯長才。

歡迎讀者批評指教，來信請寄到insearchoftime@hotmail.com。

引言

如果有知覺，我們就能察覺到時間的推移。

魯卡斯，《時間和空間的論文》

時間流逝。聽，時間正在流逝。

托馬斯，劇作《牛奶樹下》

「我徹底解決了問題，」一九〇五年五月，年輕的愛因斯坦興奮地告訴友人貝索，「解決的方法就是分析時間的概念。」

貝索和愛因斯坦在瑞士伯恩的專利局一起工作，他是第一個聽到這個祕密的人。一個月後，全世界都知道了（起碼《物理學年鑑》的忠實讀者一定會看到。要再過十四年，愛因斯坦才會成為家喻戶曉的科學家）。愛因斯坦花了十年的時間密集研究，進行了設計精巧的「思想實驗」，寫出一篇充滿開創性的文章，他想協調馬克士威的電磁學理論以及自伽利略以來就已經確立的相對運動法。這個問題需要馬上找到解答，連當代最聰明的人都被難倒了。他的論文標題稀鬆平常──「關於運動物體的電動力學」，卻帶來大大的改變：時間突然就像橡膠一樣，變得充滿彈性；空間和時間緊密地連結了，而像「現在」這麼簡單的詞似乎完全失去了意義。

愛因斯坦的論文令大眾震驚，正因為大家一向都以為時間就這麼簡單。過了一百多年，**似乎**仍然很簡單。畢竟時間就在身邊，包覆了我們的世界，也定義了我們的世界；只要醒著，就能聽到時間的回聲。時間就是意識體驗的基礎。

最重要的是，時間會流動，或者看似在流動。最常見的比喻就是河流：在我們的想像中，時間就是綿延不斷的河流，把未來帶到我們眼前，把過去的事件帶到我們身後。同樣地，我們也可以把時間想像成固定的景物，我們從中航行而過。更現代的比喻則是投影機：事件就像一格一格的電影，每一格都只能用瞬間的「現在」照亮，之後就退入過去。接下來的影格就是未來的事件，朝著鏡頭衝過來，時機到了就能體驗到屬於這一格的短暫「現在」。

不論用哪個比喻，時間似乎都只朝著一個方向流動，從過去已經無法改變的事件流向不可知的未來，沒有轉圜的餘地。口中才說出「現在」，另一個「現在」就來了；之前的「現在」消失在過去中，永遠無法挽回。我們不能改變五秒鐘前發生的事情，也不能重返諾曼地人征服英格蘭人的黑斯廷斯戰場。未來很盡責地朝著我們飛奔而來，停也停不住。我們不確定未來會發生什麼事，卻能確定未來一定會來到眼前。

這些說法看來平淡無奇，甚至有點幼稚，卻反映出這種感覺在我們心裡有多麼根深柢固。小孩子很快就學會「昨天」、「今天」和「明天」的意思，能分辨「過去」、「現在」和「未來」。我們把時間當成有價值的東西：想要**節省時間**、討厭**浪費時間**、想要**挪出時間**來做喜愛的活動。想要喘口氣時，我們要求**時間暫停**。開心的時刻會說時間飛逝，接受牙醫治療時卻覺得時間慢得像在爬——但內心深處我們當然沒這麼天真。我們把記錄「正確」時間的工作交給時鐘，在布滿半導體玩意兒的世界裡，到處都是計時工具。但我們也不禁覺得，就算沒有時鐘記錄過了多久，時間還是無情地繼續流逝。正如兩千三百年前亞里斯多德說過：「即使四周一片黑暗，我們的肉體也不受干擾，如果心裡想到什麼事情，我們馬上就會覺得時間也悄悄流逝了。」牛頓則猜測即使**沒有**工具，時間仍會不斷過去；但我們在後面也會看到，牛頓無法提供定論。這方面愛因斯坦也一樣：他在一九〇五年「徹底解決」的問題只是時間諸多祕密中的一個。時間的奧祕尚未完全揭開。

一說到時間，大家都覺得很熟悉，卻又感覺到無比的神祕，這就是最難懂的悖論所在：再沒有其他的事物像時間一樣位在人類生活的中心，卻似乎離我們非常遠。人類一定能察覺到時間流逝，這是最貼近人類意識核心的概念。但誰能解釋時間到底是什麼？完全不可捉摸。我們看不到、聽不到、聞不到、嘗不到也摸不到時間。但我們真能**感覺到**，或至少**認為**自己感覺得到。咬文嚼字？非也，我們之後會看到：科學家和哲學家還在爭論「時光流逝」這樣的簡單句子到底想表達什麼意思。

時間跟變化的關係密不可分。這個時候看到**這樣**，過一會兒又看到**那樣**，我們就會把變化跟時間流逝扯上關係。難怪有些人把時間定義成「大自然避免所有事件同時發生的方法」。但要把時間跟變化畫上等號，似乎又錯過了重點。時光的流逝感覺更基本、更重要。難怪詩人、作家、哲學家和科學家掙扎了這麼多年，還是無法掌握時間的概念。

所以再問一次：時間是什麼？小朋友可能會回答：「就算你站著不動，也會一直過去的東西」或「用時鐘測量的東西」。大人會有更好的答案嗎？對愛因斯坦的重大突破有基本概念的人或許會回答：「跟空間一樣是一種維度」——不過我們覺得時間跟空間非常不一樣。

如果我們細看這些（以及其他很多）和時間有關的說法，就會覺得愈看愈不滿意，這就是問題所在。我們說時間「包圍我們」和「定義我們的世界」，但這些說法適用於所有人嗎？還是只跟非常在乎時間的西方文化有關聯呢？佛教的和尚會跟華爾街的交易員一樣擔心自己誤了約會嗎？我們觀察到小孩子學會說「過去」、「現在」和「未來」，不過也只有在家長在乎這些名詞的文化裡。我們接下來會看到，在某些文化中根本找不到這些名詞和相關的概念。

最基本的感覺（感到時間會「流動」）也是一個問題。但這個說法又有什麼意義呢？我們說時間如河水般流動……但流動的河水有河岸作為基準。時間流動的基準是什麼？假設河水流動的速率是每秒一千加侖，時間流動的速率則是……每秒一秒鐘？說了等於沒說。（事實上，如果這麼主張，我們就得想像出次要的時間或「超時間」來當作主要時間流動的基準。如果次要的時間或「超時間」也會流動，就需要第三個時間來當作基準，以此類推。根本是愈幫愈忙！）聖奧古斯丁（西元三五四至四三〇年）耗費多年思索時間的問題，難怪他有時候會覺得非常挫折。「那麼，時間是什麼？如果沒有人問我，我知道答案，」他悲嘆道，「但如果我想解釋給問這個問題的人聽，我卻說不出來。」聖奧古斯丁到了最後才臆測，時間僅存在我們的腦海裡，只是心智構造出來的東西。之後不同時代的哲學家也得出同樣的結論。但時間感覺沒那麼虛幻，不是嗎？

科學的貢獻不可忽略，但科學也讓時間玄上加玄。愛因斯坦的相對論告訴我們，像「現在」這麼普通的概念在四維的時空中就失去了意義。「現在」在仙女座星系是什麼時間？我們找不到有意義的答案。如果這個困境讓你覺得很煩惱，沒關係，我們之後會看到，愛因斯坦跟你有一樣的感覺。

在物理學中，不需要辨別過去和未來，更讓人覺得奇怪。有些物理學家覺得時間和空間是一個巨大的區塊，其中的過去和未來具有平等的地位。同時，「現在」被降級成主觀的標記，如同「這裡」。有些科學家覺得，雖然時間本身或許具有真實性，但其流動或推移純粹只是幻覺，是神智清醒的人觀察周圍環境的方法產生的結果。沒有刻意的觀察，就沒有時間的推移；正好呼應聖奧古斯丁的說法。

在努力了解時間意義的同時，我們也想用最精準的方法來測量時間。哲學家和物理學家仍在苦苦思索時間的意義，世界各地的巧手工匠和技師則發揮了無比的創意，用最迷你和最龐大的時計來記錄時間。

自從人類存在以來，就發明了計時的方法。顯而易見的自然循環，如一天、太陰月、一年，都引起了人類祖先的注意（他們跟現在住在都市裡的人不一樣，晚上能享受到黑漆漆的天空，天體的運行自然會影響到他們的生活）。葬禮儀式的跡象可以追溯到幾萬年以前，其中的陪葬物也透露出永恆的概念。

在歷史上可以找到更為清楚的紀錄。每一個古老的文明都制定曆法來記錄自然的循環，有許多精細到令人嘆服。西方曆法的根源來自埃及和巴比倫，後來也做了一些修訂：每隔四年就插入一個閏年（這要感謝凱撒），且每四百年有三次不插入閏年（這要感謝教宗格勒哥里八世），讓我們能把一年的天數湊成類似自然循環的模樣，準確度也還算合理。然而，之後我們會看到，有很多方法可以跟得上自然的循環，格里曆只是其中一種。

在某些古老的文化中，當時的人認為時間會不斷循環，事件的結果一再重複；有些人覺得死亡本身只是轉成另一種人類或非人類的存在狀態。猶太教與基督教共有的神學理論想像到死後的生活，但對於歷史的觀點卻十分不一樣：事件在上帝的監督下按著獨特的順序一件一件發生，從創世的那一刻一直到最後的審判日——非常明確的**線性**時間觀。歷史學家認為，線性時間的想法就是西方世界觀的基石。這個想法或許也鋪下了科學革命和工業革命的道路，因而引發我們對理性的喜好，也有一種不斷進步的感覺。到了十七世紀末，歐洲人已經把時間當成抽象的東西，完全不受人類活動的牽制。

到了現在，時間無所不在：電子錶、手機和電腦上都看得到一秒接一秒滴滴答答地流逝；而讓全世界保持聯繫的電子網路，要仰賴時間差不到十億分之一秒的原子鐘發出的信號。在奧運比賽中，百分之一秒就可能是金牌和銀牌之間的差異；但物理學家能辨別出最短的事件長度是一百埃秒（一百埃秒有多短？跟一秒相比，等於一秒鐘和三億年的差別），和他們測量出這最短的時間比起來，一瞬間簡直就是永恆。

在所有的物種中，人類最在意時間，但所有的生物都會受到時間循環的影響；生理時鐘讓動植物的生物節奏與自然環境保持一致。說到負責讓我們察覺到時間的器官，大家都會回答是大腦。我們用某種方法從環境中吸收大量且混亂的感官資料，組織成有意義的環境寫照，但周圍事物的寫照會不斷改變；這幅圖畫在時間中演化，也扎根在時間裡。人類擁有非常精密的能力，能形成、儲存和喚回這些心理的意象。記憶似乎就**等於**時間。「現在」或許只持續了短短一剎那，但在我們心中卻能延續好幾十年。如果某段經驗特別深刻，比方說第一次接吻、兒女出世、所愛的人去世，有可能一輩子都不會忘記。

我們不只記得過去，也會設想未來。事實上，我們可以在心中投射不同時代的景況。不論是古羅馬戰士，還是能遨遊星際的太空船，都很容易想像。心中的意象或許不完全正確，或許還有點四不像，但能想到這些東西，就讓我們跟其他生物有了區別。我們是時間的生物，完全融入時間裡面。

就算沒有歷史學家或考古學家，甚或人類根本不存在，宇宙仍會記錄本身的過去。這些紀錄不一定很容易解讀，但有了適當的工具後，我們就能閱讀自然的歷史書。舉例來說，化石告訴我們遠古時代有什麼樣的動植物（很多早就滅亡了），放射性原子可以告訴我們這些動植物存活的年代，峽谷告訴我們幾千年來所經歷的風化和腐蝕。天文學家發現，宇宙本身帶有它自己新生時期的回聲——光線的光子已經在宇宙間飄揚了將近一百四十億年。

一百四十億年這個數字看了就讓人心煩意亂，是我們所能估算出最接近宇宙年齡的數字，代表從宇宙形成到現在已經經過的時間。在最後幾章，我們會看到這項偉大發現的證據，也會向前展望，推測還剩下多少時間。很有可能眼前的時間遠超過已經經過的時間——宇宙看起來還算年輕。但從宇宙火熱的開端到現在所橫跨的時間仍令人難以置信。自從猿猴般的生物開始在地球上直立行走，那時到現在所經過的時間跟宇宙的年齡比起來，真是小巫見大巫，再跟我們懂得制定曆法、製造時鐘及使用科學工具來探索世界的時間相比，人類文明的歷史更顯得短暫。過去幾十年來，教育家同心協力，想要把那段漫漫的時間形象化；比方說在龐大的彎曲通道上標出每個漫長的時期（例如在紐約的蘿絲地球和太空中心），或用巨大的黃色捲尺（例如在多倫多的安大略科學中心），或用放滿了化石的自然步道展示地球的地質史（例如在大峽谷新建的「時間步道」）。事實上，這些表現方式都把時間轉化成空間：我們看不見時間，卻能在木頭、玻璃纖維或鋼鐵上看到有形體的倒影。或許在想盡辦法描繪時間的同時，我們也只能做到這樣了。

在這幾十億年間，沒有人知道在多少個星球（起碼有幾百萬個）上有多少物種進行演化。我們只知道其中有些生物或許曾思忖過時間的本質。這當然是推測。我們知道起碼智人（現代人的學名）想了解時間的本質。的確，這個最難以理解的維度已經變成人類最著迷的東西。

在接下來的章節中，我們會討論歷史上最具洞察力的思想家對時間有什麼看法，包括了亞里斯多德、牛頓和年輕時代在專利局工作的愛因斯坦。我們也會遇到當代最有深度的思想家：潘羅斯、戴維斯、巴伯、道伊奇、施莫林等人。我們也會看看哲學家、物理學家、心理學家和神經科學家有什麼相關的發現，以及不同的文化（現代的和好幾百年前的）如何看待時間難以捉摸的本質和顯而易見的流動。如果真有人能把時間調查得一清二楚，本書內容離那個目標還有一大段距離，只能算是簡短的導覽，但願能激起讀者的興趣。

第一章　天上的時計

時間的自然循環

最早的偉大發現就是時間，也可稱為經驗的風景。

布爾斯廷，《發現者》

從都柏林搭乘愛爾蘭鐵路局的城際快車向北，只要半個小時就能到達德羅赫達市，但來到愛爾蘭的遊客卻很少安排到此一遊的行程。就連盛讚四周各郡具備豐富歷史文化資源的《寂寞星球》也說這個海岸邊的小城「沒有魅力」。不過，當計程車繼續往西行駛時，景色也愈來愈美，德羅赫達稠密的工業區逐漸讓路給梅絲郡起伏的丘陵和翠綠的山谷。再往內陸走了幾公里，我們來到歐洲非常重要的一處史前遺跡——紐格蘭治的「長廊古墓」。

大多數來到紐格蘭治的遊客從博因河的南側穿過主要的遊客中心進入遺址，但我跟人家約好了一大早見面，必須從這條名河的北側過來，穿過紐格蘭治農場，清晨的空氣中充滿了鳥兒啁鳴和牛鈴輕響。計程車繞過最後一個彎，就看到了遺址，一個蓋滿青草的圓形矮土堆，直徑約為八十公尺，高十二公尺。外牆砌了一層白色石英磚，在陽光中閃閃發亮。我今天會面的對象是工務局負責管理遺址的塔菲，我們一起爬上通往古墓主要入口的小丘。

塔菲解釋說，建築物的年份可追溯到西元前三千一百年，比埃及的吉薩大金字塔還要早五百年，比位於巨石陣中心的「三石塔」早了整整一千年。當時，住在愛爾蘭的新石器時代人類以農耕為生，照顧穀類作物和飼養家畜。塔菲對著樹木和小丘陵間若隱若現的博因河抬抬下頜，這條河就是當時人類的高速公路。在紐格蘭治的古墓開始興建前，他們可能已經在這塊土地上耕種了上千年。塔菲指出：「他們用石頭和木頭當作工具，還沒有開始使用金屬。」石英則從今日的威克羅郡運來，離此地約有八十公里。建造遺址時，用掉將近兩千塊石頭，運輸、塑形和搬抬所需要的人力幾乎難以想像。

我們通過入口處，這裡有一大塊畫滿裝飾線條的砂岩，接著走進保護內部的鐵門。塔菲開了門鎖，我們踏進入口，低著頭免得碰到很低的天花板。雖然外面看起來是圓形，古墓內卻又長又窄，深深切入土堆的中心。我們小心朝著墓室後方前進。身後的入口很快就變成遠處一個小小的發光方塊。如果頭頂上沒有每隔幾公尺就裝了一盞電燈，一定伸手不見五指。四周也安靜到了一種詭異的程度。有一對蝙蝠在裡面做窩，牠們一定覺得再沒有其他地方比這裡更適合定居。

古墓約有二十五公尺長，但寬度還不到一公尺。主通道到了另一邊的盡頭會分支成三個小凹處，所以整個墓室形狀就像一個拉長的十字架。雖然近代愛爾蘭人在十七世紀就發現了古墓，到了一九六〇年代才正式進行挖掘，那時考古學家歐凱利和他的小組成員在古墓後方的凹處，發現至少五個人火化後的骨架，放在像盆子的石頭上。挖掘工人也發現了耐人尋味的新石器時代藝術品。有幾塊石頭刻了幾何圖案；最複雜的一組在古墓最後面，三塊石頭上的螺旋圖案還互相重疊。

我們站在後方的墓室裡，塔菲用手電筒照亮鋪了一層層鵝卵石的弧形天花板。塔菲說：「那片屋頂還沒整修，承受愛爾蘭的天氣五千年了，仍然滴水不漏。」新石器時代的農夫為什麼要費盡心思防止死人的骨頭受潮呢？據塔菲推測，或許他們覺得祖先的靈魂不會死去。雖然今天陽光普照，但塔菲面帶微笑提醒我，她的祖國以潮溼多雨出名。她沉吟：「或許，愛爾蘭人心中都認為，天堂就是一個可以永遠保持乾燥的地方。」

但紐格蘭治古墓最有趣的地方不是牆壁，也不是屋頂和藝術品。它的魅力不是你在某處看到的東西，而是特定的**時間**所見的景物。每年冬天到了冬至，也就是白天最短的日子，太陽光線會從主要入口上方叫做「屋頂盒」的小開口射進來，照亮古墓後方。在冬天最寂靜的時候，一線陽光短暫潛入陰暗的墓室，整個過程看起來沒什麼，卻是紐格蘭治最獨到的特色。在這些經過風吹雨打的石頭上，我們可以略窺首先考慮到時間問題的人有什麼想法，不過這個概念仍非常模糊。

洞穴中的陽光

如果屋頂盒和通道建造時角度稍做改變，冬至這天陽光就無法射進來。是巧合嗎？就這麼湊巧對齊了？都柏林高等研究院的天文學家唐姆瑞曾在一九八〇年代調查紐格蘭治的幾何設計，他說當然不可能是巧合。我到唐姆瑞位於都柏林的辦公室拜訪時，他說：「我是天文學家，也是數學家，看了統計數字後，我說，這樣的構造真的不太可能這麼湊巧。」「當時的人想要」和太陽成一直線。幾年前，波威爾在知名考古學期刊發表的文章也有同樣的結論：「毫無疑問地，這個特色就是整座墓地設計中不可或缺的一環。」

紐格蘭治現在的名字來自蓋爾語中的「陽光洞穴」（*Uaimh na Gréine*）。事實上，甚至在一九六〇年代首度開挖前，當地就已經流傳著這樣的說法，陽光會在一年中的某個時刻照進洞裡。歐凱利猜測可能和冬至有關，因為新石器時代晚期的遺址常有這種連成一線的設計。因此他在洞穴外紮營過夜，一九六九年十二月二十一日起了個大早，以便親眼見證（為了確定結果，隔一年他又重複了同樣的實驗）。唐姆瑞跟我說這個故事時忍不住笑意。他

位於愛爾蘭紐格蘭治的「長廊古墓」，可追溯到西元前三千一百年的新石器時代。到了冬至的早晨，陽光通過古墓入口上方的開口射進來，照亮墓室後方。

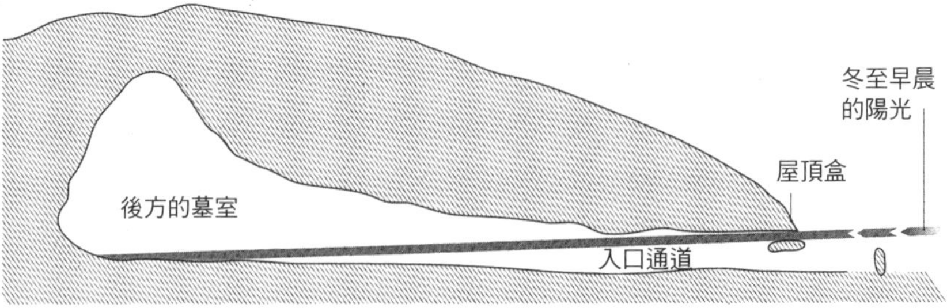

說：「從天文學家的角度來看，其實不需要親身體驗。只要做一些調查，就可以找到答案。所以我們想像的情景很浪漫，在一年白天最短的那一天，歐凱利堅持守在墓室後面，等待太陽升起。看吶，太陽升起時，他發覺陽光照進紐格蘭治的主要墓室。」那天早上，歐凱利的日誌內容如下：

> 格林威治標準時間早上八點五十四分整的時候，太陽的頂緣從地平線上冒出來，到了八點五十八分，第一道陽光穿過屋頂盒，沿著長廊直射進墓室的地板，一直延伸到最深處石盆的前緣。

但現代人的看法和五千年前不完全一樣。唐姆瑞說，第一，過去數千年來，地軸會周期性地擺動。這個現象和地球自轉軸的進動（precession）有關：地球轉動時，地軸本身會慢慢繞著太陽系旋轉，轉一圈需要兩萬六千年。而與此相關的擺動，天文學家稱為章動（nutation），會造成地軸定期改變傾斜角度。目前地軸的傾斜角度為二十三．五度，而在紐格蘭治古墓興建時，傾斜角度比現在略大，大約為二十四度。唐姆瑞說，這個小小的變化當然也有其重要性，當時全年最短的白天比現在短一點，最長的白天也長一點。進而就會影響到日出和日落的時間。歐凱利也注意到同樣的現象，現在到了冬至這天，日出後過了幾分鐘，第一道陽光才會射到墓室後方。然而，五千年前，應該一擊就中。唐姆瑞說：「太陽一升起，應該就會照進來。」

紐格蘭治的冬至日出仍是眾所矚目的事件。每年都有數千人參加抽籤，希望能得到機會在十二月二十一號那個星期參觀古墓。由於主要通道角度朝上，第一道陽光並不會照到墓室後方的牆上，歐凱利觀察到，第一道陽光會照在離墓室後牆幾公尺的地上。能得到參觀機會的幸運遊客希望能看到墓室內的第一道陽光。塔菲說：「大家都會一直盯著地面。」近幾年來她所目睹的冬至日光次數應該居冠。「不知道過了多久。儘管大家都看著地面，還是無法捕捉到第一道光線。」很快光線的長度和寬度就跟鉛筆差不多，塔菲說：「然後光線馬上就變長變寬，同時在地面上向後移動。」等到過了幾分鐘，陽光照在墓室中間，這時光線大概有二十公分寬，而且濃烈得驚人。塔菲說：「顏色很好看，很溫暖。整個墓室都被照亮了，你抬頭最遠可以看得到頂石，聚集在墓室內所有人的面孔都能看得一清二楚。」

新石器時代的人把這麼多巨大的石頭搬到一個地方，用非常精確的方法建造了墓室，好讓太陽直直照進來，到底有什麼意義？我們可以想像建造紐格蘭治的人（就像說起現代的農民）一定對四季變化很有興趣，也喜歡觀測天體的移動，尤其是太陽和月球。當時還沒有街燈和購物中心的光害，天空仍保有原始的清新。是的，愛爾蘭的天氣雖然常烏雲密布，但在晴朗無雲的晚上，每個人都能看到空中閃爍光芒的天體。太陽每日起落、月亮每月的圓缺、一年四季的轉換——任誰都無法忽視天空的自然規律。

唐姆瑞說：「他們當然對天文學很有興趣。」但他也告誡大家，不要把現代西方的術語套在差異這麼大的文化上；把那些新石器時代的農人歸類為「天文學家」或稱紐格蘭治為「觀測站」時要想清楚。但我們將會看見，在討論建造精巧的新石器時代遺址時，各種類型的學者都免不了提到「觀測站」這個說法。此外，當時的農人對天空的興趣濃厚，這點毫無疑問。唐姆瑞說：「主要的兩大天體一定是關心的焦點。有沒有宗教的含義，我不知道，我想其他人也不知道答案。」

最早的人科動物

我們最早的祖先沒有時鐘和曆書，卻有功能類似的東西，也就是大自然。數千年來，天體有節奏的動作反映出時間無窮無盡的循環，一定讓遠古時代的人類深深著迷。今天，我們可以低頭看手錶（或手機液晶螢幕上顯示的時鐘）；老祖先則會抬頭看太陽、月亮和星星。很有可能在更早之前，從老祖宗第一次直立行走和削出最早的粗糙石頭工具時，就有了更基本的時間觀念。但從骨頭和工具推斷出思想和信念的挑戰不僅艱鉅，還會帶來無盡的挫折，就連看起來最可信的想法都鮮少得到證明。近年來遺傳學、認知科學、靈長類研究方面都有明顯的進步，才能鞏固上述的努力成果，當然更不能忘了考古上的發現。儘管如此，追溯的時代愈久遠，找到的線索也愈零散模糊。

人類學家懷疑最早的人科動物，也就是人類家族最早的成員，早在我們所屬的智人種掌管地球前，就已經有某種時間觀念*。早期的人科動物活在數百萬年前的世界裡，紐約州立大學石溪分校的

---

*早期人類和相關物種的分類正在改變。在本書中我用「人科動物」（hominid）代表人類家族中的所有成員，包括智人和他們已經絕種、用雙腿行走的近親。大致上來說，所有曾經直立行走的靈長類，最早出現在四百萬年前。有些人類學家現在用「人科動物」這個術語來涵蓋所有的大猿（事實上這就是新的技術性定義），並刻意用hominan這個術語代表人與類人的物種。為了化繁為簡，本書採用「人科動物」比較傳統的定義，這也是大眾傳媒繼續使用的說法。（我認識的一位人類學家坦承，新的定義令她「悲傷不已」。）

席亞主張：「（他們）或許已經有初步的時間概念，跟我們很像。」他們也能「理解過去和未來，也持有『在這種情況下，會發生那件事』的觀點，從偶然的角度察覺未來。」席亞不說「意識」，因為這個名詞在許多科學領域中都有太多包袱，但假設有自我意識和環境意識的生物至少也有基本的時間改變概念，似乎也算合理。席亞說，最早的人科動物至少能意識到過去和未來，才能組成互助合作的社會團體，在險惡多變的自然環境中獵捕大型動物。他們能向過去學習，試著預測未來的情況；也能在腦海中整理不同的做法，想像不同的做法會帶來什麼樣的結果（心理學家稱之為「心智時光旅行」，我們會在第五章詳加討論）。

在非洲和中東遠古湖泊的沿岸，可以找到這些早期人類懂得規畫未來的證據，考古學家發現庫存龐大的石造工具，由早期的人類製作，儲藏的地方看起來頗有策略性。席亞猜測，或許他們規畫這些貯藏的地方，是要讓材料離部落近一點，萬一有需要就可以立刻當成武器使用。甚至連工具的精細程度也表示他們懂得計畫：細心鑿出的手斧應該不只用來切一次，而是要重複使用。看來這些人科動物在某種程度上明白過去和未來；他們感覺得到生存的意義，除了知道下一座山頭上有什麼獵物，也知道第二天或下一個季節會發生什麼事。雖然還在初步發展階段，但他們顯然具備了某些時間概念。

遠古人類最令人不解、最具爭議性的一項行為就是死者的葬禮，在人科動物的紀錄上，一直到了最近的時期才出現埋葬死者的習慣。這種做法就最低限度而言，暗示人類祖先的生死觀念，或許他們也想到了「永恆」。有系統的葬禮最早出現在約十萬年前的尼安德塔人身上，這個人種是人類族譜的旁支，住在歐洲和亞洲西部。然而，現代智人所行的葬禮卻更加精密。在詳細探討這種做法前，最好先來看看人類族譜這兩個分支之間的複雜關係。

一見如故

尼安德塔人最早出現在距今十三萬年前，一直到兩萬五千年前都十分興旺。他們跟智人同時分布在一樣的地理區域，有很多共同的特性；在大約於四萬年前開始的舊石器時代晚期，他們的確同時出現在歐洲西南部。但這兩種人類涇渭分明。尼安德塔人個子不高肌肉發達，額頭後斜，眉骨突出。就算幫他們刮了鬍子，再換上現代的服飾，走在二十一世紀城市的街道上仍會令看到的人驚訝得倒抽一口氣。他們的大腦體積其實比現代人更大，但我們接下來就會看到，大小並沒有那麼重要。

有些尼安德塔人的特性似乎跟人類很像：他們會製作石造工具、學會控制火、以肉類為主食，也會照顧老人和病患（從骨骼可以看出有些重度殘障的人也活了很多年）。人類學家克蘭指出：「這個跡象很有說服力，指出他們也有人性。」（近年來也有人爭論尼安德塔人和智人是否偶爾會混種；根據基因研究和化石紀錄，愈來愈多人同意，就算真有其事，混種交配非常少見。）但兩種人類的生活風格和智力卻很明顯地有天淵之別。

尼安德塔人雖然會造石矛，也會用石頭的薄片造斧頭，但製作的工具類型不多，也很少用到骨頭或象牙，更沒留下藝術或首飾的遺跡。也找不到他們懂得創新的跡象：十萬年來用的工具都差不多。克蘭的結論是，尼安德塔人滅絕「並非單只因為他們的行為不夠現代，而是因為他們做不到」。相反地，早期的人類留下了很多藝術、繪畫和雕刻作品。

尼安德塔人和智人之間的懸殊差別，也反映在他們的葬禮儀式上。尼安德塔人把死者埋在淺坑裡，沒有明顯的「陪葬物」或相關葬禮儀式留下來的證據。這種埋葬方式可能只是用衛生的方法處理屍體。等到現代人出現後，我們才看到陪葬物的明顯證據，例如工具、首飾和其他下輩子可能用得到的東西。耐人尋味的是，雖然智人最早在二十萬年前就出現在非洲，如此複雜的埋葬方法似乎到了後期才興起——大約從五萬年前開始，我們的祖先就會大張旗鼓地埋葬死者。

出生、死亡和來世

考古學家在俄羅斯的松希爾遺址發現人類歷史上最早的複雜葬禮，距今約有兩萬八千年。遺址內有一具男性長者的遺骨，還有一男一女兩名青少年。每具遺體上都裝飾了數千顆象牙珠子（本來可能縫在衣物上，但是衣物早已腐爛）。男人戴著象牙手環，上面有黑漆的痕跡。少年繫了腰帶，肩膀下方有一隻象牙雕的猛獁象。右側有一支用猛獁象牙雕出的巨型長矛。少女戴著鑲珠的帽子，身邊放了很多象牙小刀和匕首。

我們不免會推測，舊石器時代晚期的居民對下輩子有所期待。考古學家米騰指出，他們的世界觀似乎表示他們相信超自然的力量，或許也相信有來生，這樣的看法也是人類史上最早出現的紀錄。他說，從複雜的埋葬儀式看來這是「首次出現的宗教意識形態」。要定義**宗教**當然不簡單，但對米騰來說（或許大多數的學者也這麼想），這種意識形態包含信徒的假設：死亡並非終點。他們一定確信人類某些物質以外的元素在死後仍會留存，這些元素就跟活人一樣具有相同的信念和渴望。換句話說，舊石器時代的祖先心裡描繪的時間觀念已經複雜到讓他們想像死後可能還要繼續生活，能夠想像時間從這個世界延伸到另一個看不見的世界。

現代的智人到達歐洲後不到一萬年的時間，最後的尼安德塔人就消失了。新來的智人在掙扎求生時占有某種有利的條件。很多人類學家相信，語言能力帶給他們（也就是我們）優勢。包括尼安德塔人在內的其他人科動物可能只會發出不清楚的聲音和打手勢，現代人卻早已發展出複雜的符號語言。有了語言後，就有抽象能力，能夠突破此時此刻。智人在打獵時懂得思考和擬定策略，具備精密的時間和空間觀念。

然而，有了時間意識後，人類就察覺到自己的生命有限。正如歷史學家費爾瑟所說，我們對時間的了解「就像一把雙刃的武器，兩邊都可以切」，表示有利也有弊。規畫未來的能力讓人類更加興旺，但他也補充：「這些優勢的代價就是深刻的不安感受，知道死亡終將來臨。」

爭論的焦點

遠古人類追蹤時間流逝的方法有多仔細？在挖掘到的舊石器時代手工藝品中，有少數看起來很像日曆，但到目前為止最有說服力的則是一塊上面有雕刻的骨片（老鷹翅膀的一部分），在法國西南部的多爾多涅河谷發現。在所有的史前工藝品中，這塊碎片最引人注目，大約長十公分，年代可追溯到三萬年前。碎片表面上有一連串刻痕，每一排大概有十四或十五個，排成蛇一般彎彎曲曲的樣子。一九六〇年代，美國考古學家馬雪克研究上面的雕刻後，認為刻痕是畫記——舊石器時代的獵人用刻痕計算數目。可是他們想算什麼？馬雪克發現，每一排的刻痕數目大概就是從新月到滿月，或從滿月到新月的天數（完整的月周期平均長度約為二十九．五天）。他推測這塊骨頭或許就是原始的陰曆。

任教於紐約上州柯蓋特大學的艾文尼，曾以史前社會和非西方文化中的計時習慣寫了很多文章，馬雪克的主張激起他的好奇心（他應該也被說服了），把骨骼碎片稱為「有趣且具有魔力的小工藝品」。艾文尼承認，上面的記號可能也有其他的解釋：或許是獵人在記錄獵物的數量，或女性記下月經周期，或者這塊骨頭只是拿來磨刀的工具。人類學家也懷疑舊石器時代人類的思想是否敏捷到能夠連續記錄好幾個月的事情。然而，艾文尼仍猜測馬雪克的詮釋沒錯：「我相信這項工藝品是最早的計時工具，顯然跟月亮的陰晴圓缺有關。」

多爾多涅的骨骼碎片（據說）只涵蓋了兩個半月，但艾文尼注意到畫記原則上要延伸下去非常容易，更長的連續紀錄就可以讓早期的人類了解從懷孕到生產需要經過九次月圓，或者有時某些植物和動物的數目會變少，或許他們還發現到過了十二或十三個月，四季就會循環一次。不過艾文尼要大家小心：「用我們的模糊觀念去揣測製造工藝品的人心裡怎麼想，就是考古學不確定性最高的一個地方。」

到了西元前三、四千年的新石器時代晚期，地球表面出現了非常壯觀且耐人尋味的結構，體現了人類對時間流逝的興趣*。在歐洲各地，從地中海西邊到大不列顛群島和北大西洋沿岸，出現了壯觀的石造遺跡（巨石），包含十多個圍成圓圈的石碑，在英國和愛爾蘭最多。我們剛才看過了紐格蘭治，很多人相信這個古老遺址具有曆法的涵義。巨石陣當然更有名，而鄰近的埃夫伯理石圈則更大更複雜，位於蘇格蘭西北部路易斯島的卡蘭尼什，石群數目和精密度都不遜於巨石陣。之前的考古學家認為這些石碑是觀測站，用來追蹤日月星辰的移動。這種詮釋引來了爭議（「觀測站」的說法總不免引人議論），但最基本的主張則無人反對，舉例來說，巨石陣的主軸對齊了夏至日出的方向。（英國西南部鄉間隨處可見的「狹長古墓」等古老構造通常也會對齊太陽的方向，不過比較不精確。大多數呈東西向，入口對著地平線東邊的象限。但這些構造的實際方位角度十分多變；有些學者認為它們可能是對著月球，而不是太陽。）

索爾茲伯里平原上的祕密

巨石陣本身可追溯到大約五千年前，最早建造的是巨大的環狀路堤和壕溝，寬度在一百公尺左右。在壕溝內有五十六個填滿了白堊的洞圍成一圈，考古學家相信以前這些洞裡應該固定了豎起的木柱。在接下來幾個世紀，又冒出了不少類似的建築結構，於西元前兩千四百到兩千一百年間達到最高峰，這時出現了四十噸重的巨石構成的石圈；這些石頭也叫做「撒森岩」，以用來搭建石群的高密度冰成岩命名。撒森岩上面蓋了十噸重的水平「楣」，要搭上去起碼要花幾百萬個小時來工作。在撒森岩圍成的圈內，直立的「青石」圍成一個比較小的同心圓，考古學家確認有些沙岩從威爾斯的普瑞斯里山拖來，離遺址兩百多公里遠。

巨石陣最裡面的一圈由五組巨大的三石牌坊組成（各有兩柱一楣），排列的方式就像馬蹄形，對

＊「舊石器時代」和「新石器時代」等文化時期沒有絕對的年份；在不同的地理區域開始和結束的時候都不一樣。上面提到的日期指歐洲的新石器時代晚期。

稱軸從西南往東北延伸。對稱軸上靠近邊緣的地方還有一塊叫做「踵石」的岩石。我們可以推測教士或族長從遺址的中心進行觀測時，可能用踵石當作瞄準工具，在夏至的早上觀察升起的太陽，夏至時太陽會移到東方的地平線上最北的位置（同樣地，觀察的人可能站在踵石邊，朝著西南方，在冬至的傍晚看著太陽落下。也很有可能兩者兼備）。至少遺址曾被當成觀測太陽移動的觀察座標，或許月球和星體也是觀測的對象。毫無疑問地，巨石陣和其他石群的設計和建造動機**一定**和天體活動脫不了關係；問題在於關係有多密切，以及是否還有其他同等重要的動機*。

在一九六〇和七〇年代，幾名

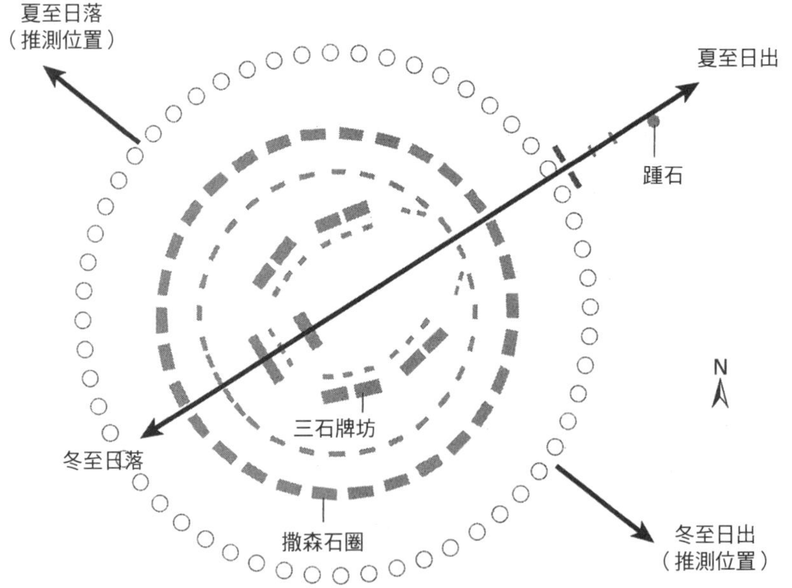

位於英格蘭西南部的巨石陣，清楚顯示出和天體對齊的樣子：中間由三石牌坊組成的「馬蹄形」主軸對齊了夏至日出的方向（也等於冬至日落的方向）。考古學家覺得還有其他的對齊方式，不過尚無定論。

作家費盡心思闡釋巨石陣和其他新石器時代的遺址有哪些天文用途，他們的主張引起強烈的爭議。少數幾位滿腔熱忱的作家宣稱巨石陣是座精密的觀測站，就像類比計算機一樣，用來預測日食或月食（有可能利用插在地上那些洞裡的五十六根木柱）。考古學家和考古天文學家拉格斯說，當時的人對天文的熱忱如脫韁野馬，「形成考古學家眼中最為人不齒的例子，用當代的形象重建過去的景況。」（在阿波羅號剛開始登上月球的時代，或許我們很希望祖先對宇宙也有跟我們一樣的志向。）拉格斯說：「不論如何，沒有理由可以猜想曾經有人把這塊遺址當成天文觀測站使用；至少我們找不出對現代天文學家有意義的理由。」

天界的設計？

是設計？還是巧合？某些石柱或許對齊了某種天象，但那並不表示建造的人刻意要對齊。石材充沛，天上也有足夠的「目標」時（比方說特別亮的星星升起或落下的位置），就免不了要對齊。考古學家柏爾寫道：「從統計的角度來看，很有可能幾乎每個石圈都和某些天體成一直線。」在英格蘭，以位於坎伯蘭的格雷考夫特遺址為例，這裡的石圈由十二塊石頭組成，柏爾發現可能組成的線條很

---

*根據參考資料，有件事很有趣，現代的德魯伊（塞爾特族的宗教教派）認為遺址是他們的，但巨石陣早在塞爾特族入侵前就已經建造完成。德魯伊或許曾用過這個地方，但巨石陣絕對不是德魯伊蓋好的。

多，可能的目標也很多，「不對齊天體幾乎不可能。」根據他的計算，如果遺址有十二塊石頭圍成圈，就可能有一百三十二種對齊的方法。

在觀察遺址時，也要考慮到周圍的自然和人工景色，特定區域內的所有遺跡都要納入考察範圍。比方說，想想看愛爾蘭科克郡的德羅姆貝格石圈。石圈的主軸跟巨石陣一樣對齊了夏至日出和冬至日落的位置。但在愛爾蘭西南部還有五十多個石圈，似乎都沒有對齊太陽。如果建造石圈的人考慮到天文現象，為什麼看不出規則，對齊夏至日出和冬至日落反而是例外呢？

巨石陣和太陽的位置成一直線，這很明顯，但其他天體的角色則沒有那麼明確，專家的意見也相當分歧。柏爾相信太陽和月球最北和最南升起和降落的位置一定都記錄下來了*。艾文尼同意，在冬天的那幾個月，會有人用巨石陣的主軸來監控月球升起最北的位置，事實上，他也不排除這道軸曾被當成月食的指標。當月亮升起的位置落在巨石陣東北方的入口時（現在入口處只留下了踵石），當年觀測天象的人或許就知道下次滿月時可能會出現月食。艾文尼的文章提到：「但就算沒有出現月食，對著夕陽升起的那次特殊滿月帶來足夠的光芒，大家就能徹夜舉辦儀式，敬拜來訪的神祇。」他說，建造巨石陣的人或許也在記錄天體移動。但他也補充：「我相信，如果巨石陣和日月天文學有關，新石器時代建造巨石陣的人和天空之間的關聯比較傾向於戲劇效果，不屬於精確的科學。」那也難怪中世紀的人把巨石陣稱為「巨人之舞」。

時間的聖殿

顯而易見的是，石圈遺址曾經是民眾聚集的地方，但聚集起來做什麼？觀察天象？表示新的季節開始？崇拜太陽和月亮？把祖先當成神祇供奉或敬拜死者？很有可能這些理由都沒錯，而且還有其他的目的。除了我們能想到的用途，巨石陣也曾是墓地：考古學家最近發現該處埋了兩百多人的骨灰。但宗教儀式總無法完全脫離宇宙哲學，尤其有時候天體本身一定是祈禱的對象，而在複雜的宇宙階層中，日月就在最上層。遺跡就像萬神殿，容納神明以及動物和人類的靈魂。我們也要記得，像巨石陣這樣的遺址一千多年來都是人群集會的地方，過了那麼多個世紀，功能當然也會改變。艾文尼說，我們可以把巨石陣當成「社交聚會、宗教集會、做禮拜的中心、加了防禦的住所、祭天的聖殿和觀測站的所在。這些定義縱橫交錯，在某個時期內，可能比較偏重某些用途。」

不論像巨石陣這樣的遺跡有什麼象徵意義，除了空間外，肯定也和時間有關。建立這樣的構造，除了單單記錄季節變化外，當時的人一定也想到了其他跟時間有關的問題。在巨石陣發現這麼多遺骨，拉格斯和同僚波拉德認為，可以把這個現象當成「對過去的參考，或許也牽涉到神話的開端」。在這些地方，時間看起來彷彿靜止不動；天際的節奏和公開的儀式不斷舉行，更強化了這種感覺。學者說：「在社會變化間斷出現的世界中，巨石陣具體呈現了時間概念，同時涵蓋過去的時間和延續性。」惠特爾觀察到，遺跡就像「永恆的準則」、「留住過去以便開啟未來」的神祕舞台。來到這裡的人覺得和祖先、神祇、大地和蒼穹合為一體，參與的人覺得自己能夠超越時間。

*和太陽相比，月球升起和降落最北的位置更偏北邊一點，升起和降落最南的位置則更向南偏，日月北邊位置的差距跟南邊的一樣。

在歐洲大陸，考古學家也發現了魅力程度不相上下的遺址。最近他們在德國東部的革塞克鎮挖掘出青銅器時代的聚落。遺址中有圓形土墩和壕溝，直徑約七十五公尺。起源還不確定，但很有可能最早於西元前五千年的新石器時代晚期啟用，因此古老程度遠超過巨石陣。考古學家相信當時的人在這裡舉行膜拜儀式，但此處顯然也有天文用途——遺址的「大門」對準了夏至和冬至日出的位置。最引人注目的發現是：直徑約三十公分的青銅圓盤上用金子浮雕描繪出的天空。這塊「天體圖」的時代比較晚，大約在西元前一千六百年，上面有太陽、新月和三十二顆星（可能包括昴宿星團）。考古學家梅勒把銅盤形容成「肯定是最早對宇宙的真誠描述」。這表示出土的遺址「功能必定……就像天文觀測站，跟英國的巨石陣一樣」。

除了西歐和北歐外，其他地方的人也對天際的節奏很有興趣。古埃及人和巴比倫人（我們會在下一章詳細討論他們的成就）利用數學和幾何學的方法，發展出一套精密的天文學。在中美洲，壯觀的馬雅金字塔對齊了春分和秋分的太陽位置，建造金字塔的人也發展出錯綜複雜的曆法（也會在下一章詳細討論）。再往南走，印加人在西元一千五百年前就建造出太陽觀測站。在北美洲的俄亥俄州和密西西比河谷也出現了巨大的土墩（很有可能用來當作防禦工事及舉辦儀式的地點），看來也具備天文觀測的用途。住在美國西南部沙漠地帶的霍皮族印第安人用當地的環境當作曆書，追蹤一整年內地平線上的太陽位置變化。在非洲，肯亞西北部有十九根玄武岩柱圍成的圓圈，或許也曾是天文觀測的工具，到了今日，當地居民仍用這些柱子在日曆上記錄重要的日期。中國北部發現的新石器時代墓地約出現在西元前五千年到三千年，也對齊了羅盤上的主要走向。其他的例子在此先不贅述。

考古學家不斷發現古代的石群和結構，代表人類對天體循環的關切。在二〇〇七年，在祕魯沿岸沙灘工作的考古小隊，宣布他們發現了有可能是美洲最古老的天文學遺址：這裡有連續十三座石群，叫做「堪基佑塔」，建造時間約為西元前十三世紀，主體沿著一道低矮的山脊南北縱走，整個遺址長度超過三百公尺。考古學家相信這些塔用來當作觀察太陽的地平線標記。在主軸的東邊和西邊，他們發現幾座禮堂的遺跡；考古學家相信這些建築物就是以前的觀測站。從兩個有可能曾是觀測點的地方來看，沿著南北分布的塔正好符合一年內太陽起落位置的範圍。在冬至（和夏至）的時候，太陽會從最北邊（或最南邊）的塔上升起和降落；在其他時候，可以用塔來追蹤太陽的位置，誤差不會超過兩天。

新石器時代的看法

所有對史前人類和其宇宙觀的主張，都不免會引起爭議。但很清楚的是，到了新石器時代晚期，生理上已經演化為現代人的人類遍布全球，他們打獵、農耕和照顧作物；夜晚的天空和有節奏的循環也吸引了他們的注意力。空中的時計喚醒了內心深處的某些東西。

我們當然無法確切明白石器時代建造石群的人心裡在想什麼。每一位考古學家一定都幻想過用時光機回到巨石陣正在建造的時候（或許你會很想靠近建造工人，問他們一長串問題，不過躲在遠處的樹叢後觀看建造過程比較不會破壞時空連續性，你可以帶著望遠鏡和筆記本）。但我們不得不接受巨石陣和其他新石器時代留下來的石群告訴我們的訊息。

再回到紐格蘭治，塔菲常常在想這些事情。她忍不住一直思量，當建造石群的工人費力搬運石頭和雕刻那些神祕的圖案時，心裡到底在想什麼。她說，最合理的猜測應該也跟現在的差不多。她也承認，我們無法克制想要從石頭上讀出建造工人可能有、也可能沒有的動機。塔菲在遺址工作了二十年，耳中聽到的遊客個人體驗通常都反映出在流行文化中隨著時間不斷變化的宇宙觀。在一九七〇年代，馮丹尼肯的書《諸神的戰車》問世後，遊客有時候會告訴她，土墩看起來很像太空船。（紐格蘭治由外星人建造的說法很令塔菲困擾，她哀嘆：「居然把功勞歸給來自外太空的生物。」）在一九八〇年代，環保運動開展後，大家開始追尋「大地的能量」，強調要和「大地之母」和諧共存。塔菲說，到了今日，很多遊客會想到靈性，渴望宇宙共通的信仰，「在眾人放棄既有信仰的世界中，分支愈來愈多，大家就想回到這些地方尋找答案。」

我們再看一眼墓室後方石頭上的螺旋圖案。考古學家認為這些印記象徵太陽——這個想法也算有理，正好符合這裡對齊冬至日出的設計。但塔菲要問，這種象徵對建造紐格蘭治的人來說究竟有什麼意義？她說：「我們跟他們的天性不一樣。太陽對五千年前的人有什麼意義？那是一道我們永遠無法跨過的鴻溝。」

走出洞穴時，清晨的陽光讓我們兩人都瞇起了眼睛。

「就算我們能搭上古老的時光機，衝回西元前三千一百年，」塔菲思忖，「我不太確定我們能否找出適當的溝通方式來了解他們，從他們的角度看世界。」

第二章　日日，月月，年年

追尋完美曆法

凡事都有定期，天下萬物都有定時。

《聖經．傳道書》第三章第一節

每年到了秋天（或幾乎每年秋天），滿肚子經典笑話的脫口秀主持人大衛賴特曼就會找個合乎時節的笑話，說出如下的至理名言：「好，那就祝猶太人朋友新年快樂。今天是猶太新年，也是猶太曆五七六八年的開始」──這是二〇〇八年版的笑話，「喂，你跟我一樣嗎？支票上還繼續寫五七六七年？」（提示鼓手連續敲鼓邊，樂隊領班沙佛也縱聲大笑。）當然，住在耶路撒冷的正宗猶太人也一樣，沒有人會在支票上寫五七六七或五七六八。相反地，從美國西雅圖到新加坡，起碼在日常事務上，所有人都用格里曆，也就是陽曆，這項偉大的發明結合了巴比倫人和埃及人的想法，經過羅馬人修改，由十六世紀的教宗和一群快要被遺忘的天文學家和數學家琢磨成現代的模樣。在人類開化的歷史中，格里曆也包含在最成功的構想之列（道金斯或許會稱之為成功的「瀰因」：在一段時間內傳播出去的一組文化資訊）。

人類發明的計時系統不只格里曆一種；我們下面也會提到，（在一定程度上）曆書甚至沒那麼準確。但曆書的由來也值得注意，這項成就經過了好幾個世紀才成型，甚至可說花了好幾千年。在前一章我們看到夜空中的規律活動抓住了遠古人類的注意力，他們還想辦法記下來。在偉大的古老文明開始前，這種有系統的觀察變成虛擬產業；每種文化都根據他們的天象觀察以及自己的特殊需要和優先順序，發展出涵蓋整年時間的曆法。現今最盛行的是基督教使用的格里曆，利用許多不同文化的概念，每種文化對天體的意義都有獨特的看法，在追蹤天體移動時，解決問題也有獨特的方法。在這一章，我們會探討歷代以來想要成為曆匠的人要面臨的挑戰，因為他們想要馴服日月星辰展現出來的無數活動。

正如前文所述，早從舊石器時代，人類就開始追蹤天體的活動。但在最早的文明（特色就是複雜、以農業為基礎的都會聚落，具備成熟的書寫系統）出現後，我們才能確定人類會記錄日子、月份和年份。然而，月球運行周期的日數和每年的月球運行周期數目都不是好記的概數（的確，甚至不是整數），所以要明白天體循環的意義並不容易。前面已經提過，太陰月的長度約為二十九天半（實際上是二十九．五三〇六天）；太陽年（也稱為「回歸」年，指太陽回歸黃道）約長三百六十五又四分之一天（實際上還要少一點點，三六五．二四二二）。大家都知道，這些周期彼此不一致：早在西元前第五世紀，在希臘詩人亞里斯多芬尼茲的劇作《雲》中，月亮就抱怨日子不肯配合她的陰晴圓缺。

不一致的周期

用太陰月的天數除一整年的天數，結果又帶有小數點，超過十二但不到十三；實際數字接近十二・三六八三。在過去幾千年來，有許多不同的文明試過種種妙計，想要調和這些不一致的周期。有些把月份天數四捨五入變成三十天，古代的蘇美人就採取這個做法；每個月都是三十天的話，一年十二個月就有三百六十天，只比真正的太陽年（大約）少五天。其他人則用比較精確的太陰月長度，然後假設一年正好有十二個月：結果一年只有三百五十四天，比真正的太陽年（大約）少了十一天。用這種曆法的話，每年的新年都會比前一年的早十一天。過了十六年，夏至的慶祝活動就會變成慶祝冬至。

利用月相記錄月份，但又想調和月份和季節循環的曆法叫做**太陰太陽曆**。巴比倫人就採用這種系統。在西方的天空看到新月，就表示新的月份開始了，回教國家至今仍遵行這種做法（注意到了嗎？很多回教國家的國旗上都有新月的圖案）。為了讓月份和太陽年齊步並行，巴比倫人使用的周期中，七年有十三個月，十二年只有十二個月，兩種互相交替。總和起來共有十九年，稱為「默冬周期」，以西元前第五世紀希臘雅典的天文學家默冬的名字來命名。（默冬發現兩百三十五個太陰月加起來的總天數就跟十九個太陽年一樣；根據這個周期的曆法，每隔兩百一十九年只會跟真正的太陽年相差一天*。）

*跟常見的情況一樣，功勞並未歸給第一個想到的人；除了巴比倫人外，中國人比默冬早好幾個世紀就找出十九年的周期。同樣地，巴比倫人早就知道「勾股弦定理」，比希臘思想家畢達哥拉斯早了一千年。

從西元前兩千年開始，巴比倫曆就加入了額外的月份（閏月），不是跟著第六個月（以祿月），就是跟著第十二個月（亞達月）。歷史上載明，西元前十九世紀，國王漢摩拉比下令要調整月份：

此年要額外加一個月。即將來到的月份應該指明為以祿月的第二個月，巴比倫人要在提斯利月的第二十四日繳交的年度稅金，現在應該在以祿月後的第二個月第二十四日繳交。

猶太曆幾乎完全仿效巴比倫曆。（這兩種文化的交互影響可以追溯到西元前六世紀，當時由尼布甲尼撒二世統治的巴比倫征服了耶路撒冷；接下來的七十多年，猶太人都在外流亡。）猶太曆跟巴比倫曆一樣，以十九年的默冬周期為基礎，結合十二個月和十三個月的年份。周期中某些月份的長度也可能出現變化，所以「正常」年份可能有三百五十三、三百五十四或三百五十五天，而閏年（包含額外的月份）則可能有三百八十三、三百八十四或三百八十五天（這就是為什麼光明節等猶太節日的日期在格里曆上看來變化多端的原因）。

河流的節奏

古埃及人最關心的問題跟巴比倫人不一樣：在埃及的一年中，最重要的事件就是每年夏末尼羅河的氾濫。洪水讓沙漠充滿生機；河流就是埃及文明的焦點。難怪希臘歷史學家希羅多德在描述西元前五世紀的埃及地理時也提到「尼羅河的禮物」。埃及人會細心追蹤天空中最亮的天狼星（他們認為天狼星是人頭蛇身神索提斯的化身）來預測每年的洪水。每年春天，天狼星會被太陽的閃焰蓋住，消失幾個星期，埃及人認為這表示蛇神到陰間一遊。當黎明來到前，天狼星首度重現在天空中（現代的天文學行話稱之為「偕日升」），新年即將到來；天狼星再度現身，表示尼羅河馬上就要氾濫。當地最壯觀的紀念碑反映出天狼星在埃及天文學中的重要性，包括吉薩的奇歐帕斯大金字塔。考古學家相信通往中心墓室的狹窄走道對齊了天狼星在空中行進的路徑。（至少有一個英文口語用法跟這種曆法傳說有關：天狼星又稱「天狗星」，出現後表示「瘋狗溽暑」的日子即將到來。）

埃及人最關心每年的洪水氾濫，因此在曆法上棄陰採陽。他們也分月份，一年有十二個月，每個月有三十天；但他們的月份和月亮的陰晴圓缺毫無關聯。如此一來，一年只有三百六十天，因此埃及人在年末加了五天，進行宗教慶祝儀式。這樣一年就有三百六十五天，只比真正的太陽年少了四分之一天。值得玩味的是，埃及人很早就發現其中細微的差別；他們發現一年加四分之一天（或每四年加一天），曆書和真正的太陽年就只差幾分鐘。但負責曆書系統的祭司過了好幾個世紀才採納這樣的變化。到了西元前二三八年，埃及國王托勒密三世要求採用閏年系統。（當時埃及由古希臘人統治，托勒密三世——和這位國王同名的希臘天文學家托勒密是好幾個世紀後的人——或許從來自薩摩斯的知名希臘天文學家和數學家愛里斯塔克斯那邊得到相關建議，愛里斯塔克斯跟一千八百年後的哥白尼持同樣意見，認為太陽是宇宙的中心。）然而，又過了兩個世紀，埃及曆法才採納閏年系統。羅馬人征服了埃及後強制加入閏年；奧古斯都大帝命令埃及人使用閏年，讓埃及的曆法跟羅馬使用的儒略曆一致。

凱撒的曆法

羅馬人跟早期的埃及人一樣，一開始使用一年十二個太陰月的曆法，不時加入額外的日數或月份，以便跟上四季的腳步。這套系統稱不上完美：作家鄧肯解釋，除了不受重視，也有政治操作。他的文章提到，負責曆書的教士「有時候會增加一年的長度，他們偏袒的執政官和議員得以延長任期，或者縮短一年的天數，讓對手早點下台」。他們也用曆書「增加或減少稅金和租金，有時候是為了個人的財務利益」。在凱撒上台之前，羅馬曆法急需改革。希臘的歷史學家蒲魯塔克指出，羅馬人想要建立

> 確鑿的規則，讓月份循環符合一年四季的變化，因此節慶和進行祭拜的重要日子就可以慢慢改變，最後完全脫離起初設立的目的，配合季節的流動，但當時的人不懂如何計算太陽年；只有教士知道時間，他們按著自己的心願，不公開通知就私自加入閏月。

蒲魯塔克在文中提到凱撒的改革「流露出科學獨創性」，因為凱撒大帝「召集了當代最傑出的哲學家和數學家提出定案」，最後他們採用「更精確的新方法來修正曆法」。新系統上路後，羅馬的成功「超越其他各國，能夠避免不平衡的周期惹出的錯誤」。凱撒改革的核心想法和兩百年前托勒密三世提議的一樣；每四年增加一天。四年中的三年有三百六十五天，第四年則有三百六十六天（一年的平均長度就是三百六十五又四分之一天）。儒略曆一年的月份有的有三十天，有的有三十一天（起始

都和月相沒有關係），奇怪的只有二月（平年有二十八天，閏年有二十九天）。為了修正累積到當時的「游移」，凱撒下令在我們所謂的西元前四十六年另外加兩個月；那一年長達四百四十五天。他稱之為「終結混亂的一年」。

對羅馬的精英人士來說，改革後的新曆法不只是學術研究。鄧肯說曆法也「注入新的精神，改變群眾對時間的想法」。在凱撒改革前，時間

在眾人心目中就是自然活動不斷復發的循環，或者是權力的手段。現在人人都有曆法這樣實用客觀的工具來安排運輸行程、種植作物、祭拜神明、規畫婚禮和寄信給朋友……新的儒略曆引進了新觀念，人類不依賴月亮、季節和神祇，按著線性發展安排自己的生活。

比較「線性發展」和其他文化的時間概念非常有趣。在凱撒統治下的羅馬所出現的時間觀念似乎是西方獨有的，把時間看成量尺上的刻度；很像現在我們在看手錶或在行事曆上寫下約會時腦海中會浮現的景象。這個概念很深奧，我們會在後面的章節中繼續討論。

大概從這個時候開始，羅馬人開始把新年標在一月，取代之前的三月，或許想讓這個日期更靠近冬至。為了對凱撒表示敬意，元老院最後把第七個月（舊系統的第五個月，叫做昆提留斯）的名字改成朱理烏斯（凱撒的名字，英文的July）。奧古斯都大帝之後亂改了月份長度：如果代表凱撒的七月要有三十一天，那麼代表他的八月也應該一樣。結果雖未改變一年的天數，但到了今日，月份長度的分布看起來就有些隨意。

過了幾個世紀，羅馬帝國採用基督教為國教，名叫艾克西古斯（外號「矮子丹尼斯」，約西元四七〇至五四四年）的僧侶改變了曆書的起點，將基督出生後的年份標記為西元（縮寫是A.D.，拉丁文中「真主的年」之意）。當然，艾克西古斯只能估算基督誕生的年份；現代歷史學家推算出基督出生的年份應該是西元前四年或前五年。艾克西古斯也沒想到要包括西元零年（當時西方人還沒有零的概念），因此西元前一年之後就立刻是西元一年。（順帶一提，西元前的英文縮寫B.C.代表「在基督前」，到了十七世紀初期才有人採納。另外也要注意，A.D.是拉丁文的縮寫，但B.C.卻是英文的縮寫，當B.C.廣為使用時，受過教育的人多半也用英文取代拉丁文成為日常語言。）

我們上面說過羅馬人最後如何把新年移到一月一日，之後西方世界也逐漸接受這個做法（但花了很長一段時間，英國和各地的殖民地到了一七五二年才採用一月一日作為新年）。但何時要慶祝新年的做法終究十分多變。很多文化選擇把春季當成一年的開始，因為春天象徵重生和復甦。在南美洲，很多原生文化跟埃及人一樣使用恆星的偕日升，但不像埃及人那麼看重天狼星，他們的焦點是昴宿星團（在多種土話中，「年份」和「昴宿星團」是同一個字）。當地目前留存下來的古蹟彰顯出昴宿星團的主要作用，印加文化的遺址尤為明顯。比方說，在祕魯的馬丘比丘，一座叫作托雷翁的橢圓形石造建築上的窗戶對齊了地平線上昴宿星團升起的位置。（最近在亞克達巴塔發現的印加城市算是馬丘比丘的「郊區」，中間隔著烏魯斑巴河，這裡的建築物也有同樣的對齊設計；廟宇和觀測站也對齊夏至、冬至、春分和秋分時太陽升起的位置，有些也對齊昴宿星團。）

要注意的是，曆書上決定新年開始的信號不需要和天象有關。西太平洋上的特洛布里安島民在沙蠶開始產卵的「蠕蟲日」開始新的一年，通常介於十月中到十一月中。

用月亮計時

從新月出現到下一次新月之間的日子稱為太陰月，或許比一年四季的變化更容易引人注意；我們在前一章看到月亮的盈缺或許早在舊石器時代就讓人留下了類似曆書的刻痕。至少要觀察月球周期的開始（或結束）還算簡單。例如信奉伊斯蘭教的某些文化就完全用月亮規畫曆法。為了嚴格遵守每日禱告的規定，伊斯蘭教徒需要正確計時，因此在中世紀時，回教國家的天文學就非常發達。西元年份即將滿一千年時，回教科學家已經製作出星盤等完美的天文儀器，也在中東各地建造了精良的觀測站。回教世界目前留存下來最老的觀測站位於伊朗北部馬拉蓋，在西元十三世紀建造完成，最近才剛修復。回教年份完全按月球的運轉，包含十二個周期；長二十九天和三十天的「月份」彼此交錯。「年」只有三百五十四天，比太陽年少了約十一天。因此，回曆的一年和所有的回教假期都跟著季節變換。但是阿拉伯學者已經察覺太陽年的實際長度。學者兼詩人奧瑪開儼（約為西元一〇四八至一一三一年）算出太陽年的長度為三六五．二四二一九八五八一五六天；這個數字很正確，一年大約有三六五．二四二二天，但鄧肯也指出，奧瑪開儼的計算「過度準確」，因為地球旋轉其實不規則（表示額外的小數點位數其實沒有實用價值）。奧瑪開儼也擬定一套曆法，每三十三年有八個閏年，雖然有點不好用，卻比格里曆更精確。

在討論曆法和古文明時，一定要特別提到中美洲馬雅人的成就。在追尋最精確的計時方法時（或許可用沉迷來描述），馬雅人的大周期內還有小周期：除了注意到（大約）三百六十五天的四季循環，他們還有一個比較短的三百六十天周期，稱為「盾」，還有跟金星運行有關的周期，長達五百八十四天；他們認為金星代表衝突。馬雅人在記錄時間時用了一個更基本的概念，也就是長兩百六十天的「神聖循環」。馬雅人為何這麼喜歡這個數字，我們無從得知詳細的理由，但艾文尼猜測，這個數字和大自然中的許多循環彼此協調。艾文尼指出，在傍晚或清晨的天空能看到金星的日子，平均約有兩百六十天（實際上是兩百六十三天），這個數字很接近人類的平均孕期（兩百五十三天），此外也是墨西哥許多區域農耕季節的平均長度。由於這些因素，艾文尼說：「兩百六十天在馬雅世界中就是黃金循環，凝聚眾神的力量，這些神祇掌管時間、太陽、地球、月球、繁殖力和雨水。」兩百六十這個數字可以當成「馬雅的神聖時間公分母」。

馬雅曆上的太陽年長度為三六五．二四二〇天，比我們用的更接近標準，和實際值三六五．二四二二只差了一點（格里曆的值為三六五．二四二五）。看到奧瑪開儼計算出的年份長度，我們很想說馬雅曆比西曆更「準確」，但因著某些不可捉摸的因素，我們應該避免提出這種主張。第一個因素是，地球的轉速幾千年來都不穩定；這一點我們會在下一章詳細討論。此外，曆法發展不只是估算太陽年的長度，設計格里曆的學者也希望每年春分的日子都能固定下來*。天文學家和作家史帝爾指出，我們用的西曆在這方面就比馬雅曆優越，但他也承認比較兩種曆法就像「比較蘋果和柳橙」。

對馬雅人而言，曆法和周期讓人在心理上能夠超脫時間的混沌，一窺嚮往的永恆。想要任意窺探古往今來，要從盾開始，乘以二十就可以擴展：二十盾稱為「卡盾」（七千兩百天，接近二十年）；二十卡盾稱為「伯克盾」（十四萬四千天，超過三百九十四年）；到了「亞拉盾」，已經接近六萬三千年了。

馬雅人和「有生命的時間」

然而，馬雅人和西方人在時間概念上最明顯的差別並非計數系統的變化，而是兩方對時間本質的想像。西方人認為時間**沒有生命**：時間似乎以固定的速率消逝，不在意人類或機器。我們不能推動時間，也不能讓時間慢下來。然而，馬雅人覺得時間有生命；不論是男是女，都與時間的流逝有密切的關係。馬雅的統治者要負責保持時間的和諧，在眾人眼中，他們體現了時間的真正本質。在哈佛大學任教的史都華寫道，該角色「對神聖王權的宇宙論基礎十分重要」，在馬雅世界中，「很明確地指出君王代表宇宙的時間機制」。

艾文尼在文章中提到，馬雅人對人間與天上的事件發生的時機，有一股「持續的狂熱」；甚至無法察覺到兩者之間的區隔：

馬雅人本質上是宿命論者。他們觀測和記錄蒼穹中發生過的活動，努力從中找出一些能夠重複的型態，作為預測未來的指引。馬雅人向來相信從過去就能看到未來，他們覺得這些型態充分證明了這種信念；事實上只要反省曾經發生過的事，就能預言即將發生的事，和未來會發生的事。

「德勒斯敦抄本」是馬雅文化留存下來的工藝品中最有名的，透露出馬雅人想要駕馭無窮盡天

＊春分代表北半球春天的開始；對南半球的居民來說，則是秋天的開始。

際循環的渴望（此抄本於十二世紀寫成，大約過了七百年在德國的德勒斯敦被人重新發現，故此命名）。抄本包含了一萬一千九百六十八天內兩百零五個月球周期的紀錄。以數字二十為基礎發展出數學公式（跟我們的十進位系統不一樣），抄本可用來預測日食和月食；能夠預言這樣的事情，當然能讓統治階級在他人心目中更有權威。

馬雅人的宿命論甚至也反映在命名日期的方式上。馬雅曆上二十個有名字的日期實質上已被奉為神明，據說有不同的個性；某些日子適合做某些事，有些事做了則會觸霉頭。父母期待在特定日子出生的小孩人格特質可能受到當天的日期和代表的神明影響。也在哈佛大學畢巴帝博物館負責管理馬雅收藏物的史都華說，馬雅人認為每一天「都有自己的生命」。

由於時間有生命，也會回應人類的活動。事實上，讓時間循序漸進要靠集體的努力；每個人都要貢獻心力。然而，最重大的責任仍落在君王身上。得到神授的君權後，他就是時間的化身，也必須用時間來維護社會、政治和宇宙的規律。

畢巴帝博物館有一項展示品非常引人注目，體現出君王的時間責任；最近一次到哈佛參觀時，史都華教授就帶我來看這塊來自宏都拉斯馬雅城市科潘的Q祭壇，博物館裡放了這塊石頭遺跡的石膏模。方形石碑上刻了十六個馬雅王的形象，每邊四個，橫跨將近四百年的歷史。石碑上的雕刻按照時間排序，所以第十六個馬雅王和第一個面對面。最老的馬雅王把類似火焰的東西傳給新王。

「石碑其實是這人下令建造的，」史都華告訴我，指向最後一位排名十六的君王，「當時馬雅由他統治，他叫作雅克斯潘。」旁邊的雕像標出他繼位的時間，紀念開國君王象徵性的傳位。

雅克斯潘的確是最後一位國王，他退位後不久政權就瓦解了。或許是因為當時（西元第八世紀）的科潘紛亂不已，發生了旱災、饑荒和戰爭。但史都華卻忍不住懷疑曆法也是紛亂的原因：在雅克斯潘統治馬雅時，歷時三百九十四年的伯克盾接近尾聲。史都華猜測，科潘的歷史終止於這位國王，有可能是「因為歷史真的會回到原點。後續的君王應該很難找到方法讓自己真正融入這種宇宙論的體制。」他說，科潘的馬雅人「可能覺得這時候該做出改變了。」

古怪的周期：一周

我們討論過一天、一個月和一年，天體行動清楚地描述出這些概念。相反地，一周似乎跟自然的關係沒那麼密切。現代的一周除了規定嚴格，也不像一個月或一年那麼容易預測。現在（格里曆上的）一年不是三百六十五天，就是三百六十六天，一個月的長度少則二十八天，多則三十一天，每周固定七天的制度似乎太僵化。然而，一月一日就是新年份和新月份的開始（有時候也揭開新的十年、世紀或千禧年的序幕），這個日子七次中總有六次很隨意地落在一周的中間。

一周的起源比其他曆法單位更加模糊。有可能一開始時有人想把一個月粗分成四等份：新月、上弦月、滿月、下弦月；但技術上一周就不止七天了（二十九．五三天除以四等於七．三八天）。天象上還有另一個理由讓數字七脫穎而出：在古時候，天上「徘徊的星體」包括太陽、月亮和五顆行星（水星、金星、火星、木星和土星）；總共有七大天體。一周七天或許源自巴比倫人，他們認為七天的每一天都和行星代表的神祇有關。

一周的概念也和安息日密不可分；在希伯來聖經的第一本書《創世記》中，就很清楚地提到這個休息的特殊日子。安息日的原文*Sabbath*似乎來自巴比倫語言中的*sabattu*，這是一個和月神伊斯塔有關的邪惡日子。但巴比倫人看起來的確認為每到了第七天就有特殊的意義，巴比倫語中的另一個字*sibitu*就表示「第七個」的意思。學者多半同意一周七天、有一天要休息的想法來自猶太人，巴比倫人俘虜大批猶太人後也採用這個做法，但是有些許變化。

其他的宗教大多數也跟巴比倫人一樣，認定一周七天各由不同的神祇掌管。到了現在，我們可用一周七天的名字追溯到神祇的撒克遜名字。從對等的拉丁文可以清楚看出每天要敬拜的神：拉丁文*Dies Solis*是撒克遜人的太陽日，後來變成我們的星期日；*Dies Lunae*是月亮日，也就是星期一；*Dies Martis*是撒克遜人的戰神日（火星，星期二）；*Dies Mercurii*為沃登神日（水星，星期三）；*Dies Jovis*為雷神日（木星，星期四）；*Dies Veneris*為愛神日（金星，星期五）；*Dies Saturni*為農神日（土星，星期六）。我們一定會想，在德國和維京神話中掌管詩歌的沃登神在西方曆法中如果沒有因「駝峰日」而永恆不朽，就不會像現在這樣一天到晚出現在日常對話中了。

但為什麼星期幾會有特定的順序呢？並非按行星的亮度排列：如果真的按亮度，木星和土星應該排在火星和水星前面；也不是按一段時間內行星相對於背景恆星移動的速率——這是天文學家所謂的「恆星周期」（恆星周期從最長到最短的次序為土星、木星、火星、太陽、金星、水星、月球）；也並非根據行星在空中與太陽成一直線的速率（所謂的「朔望周期」，依序為火星、金星、木星、土星、水星、月球；太陽的朔望周期則無法確定）。歷史學家大多認為答案牽涉到星期幾和幾點鐘。古代的天文學家把一天分成二十四小時的時候，每個小時都和特定的天體有關，他們相信某個天體「掌管」某個小時。移動最慢的土星據信最有力量，天文學家也認為土星控制第一天（在古代是星期六）的第一個小時。然後，根據恆星周期，木星則和第一天的第二個小時有關，火星則掌管第三個小時，以此類推。把月亮和第七個小時配對後，我們又回到掌管第八個小時、第十五個小時和第二十二個小時（每隔七個小時）的土星。火星掌管第一天的第二十四個小時，所以太陽要負責掌管第二天（星期天）的第一個小時。按照這樣的順序輪流排列七大行星和每天的二十四個小時，我們就會得出現代一周七天的順序。最後（或許在古羅馬時代），一周的循環和一年或一個月脫離關係，星期天也取代星期六成為一周的開始。

制定一周七天結構的因素不僅包含天體。七天的間隔對做生意也很方便，農民和商人可以到市集買賣貨物。不過並非全世界的市場都七天開一次：有些非洲部落每五天開一次市，南美洲的印加人則間隔八天，古代的中國人每十天上一次市集。法國大革命後，法國人在一七九二年想要改制為一周十天，結果並未成功。古羅馬人原本每隔八天舉行一次市集，在西元三二一年，君士坦丁大帝規定一周有七天，從星期天開始。（作家史帝爾開玩笑說，披頭四的歌曲〈一周八天〉或許訴求的對象就是君士坦丁大帝前那個時代的羅馬女孩。）

凱撒的曆法雖然是重大的成就，卻有嚴重的缺陷。平均一年有三六五．二五天，比真正的太陽年少了十一分鐘。邦孔帕尼（一五〇二至一五八五年）原本是律師兼政治家，受封為教宗格勒哥里十三世時，儒略曆和真正太陽年的差異已經有整整十天。儒略曆的一年按著季節移動，所有的節日和宗教慶典都跟著變化。如果再不改革，復活節最後就會落在夏季。

復活節的問題

在討論格勒哥里的解決方法前，我們應該先來看看復活節這個日子，這是基督徒一年當中最重要的節日。基督徒在復活節慶祝耶穌復活，相信耶穌死在十字架上後，過了三天又復活（歷史學家現在認為耶穌大約歿於西元二十七到三十三年之間）。這個節日和猶太人的逾越節有很密切的關係：根據新約聖經中的描述，耶穌在受死前與門徒共進的「最後晚餐」應該就是逾越節的筵席。到了西元二世紀，基督徒才開始慶祝復活節；毫無疑問地，這個節日應該源自更古老的非基督教節日，慶祝春天的來臨（復活節的英文*Easter*來自挪威語中的春神：*Eostre*）。然而，不同的宗派也在不同的日期慶祝復活節。有些團體遵循猶太曆，在猶太人慶祝逾越節（猶太曆的七月十四日）時慶祝復活節，沒有固定的日期。其他的基督教團體則喜歡固定在一周內的某一天，接下來的星期日就是復活節。

固定日期的做法最後變得比較普遍：基督徒決定把釘十字架的受難日訂在星期五，然後在下一個星期日慶祝耶穌復活。但要選哪一個星期日？最簡單的方法就是選擇逾越節後的第一個星期日，但當時的人考慮到幾個原因，就放棄了這個想法。其中一個原因和猶太曆的本質有關，逾越節的日期涵蓋範圍很廣。通常逾越節應該落在「春季的第一次月圓時」，但這種說法過度簡化了事實。因為猶太曆在閏年時會用到閏月，而不像儒略曆只是單單加一天，如果以儒略曆（之後則是格里曆）為比較基準，每年逾越節的日期都有很大的變化。在有十三個月、比較長的年份，逾越節可能落在春分後整整一個月（二〇〇八年就是這樣）。基督教會希望復活節跟春分的差距不要超過一個月。

還有其他的因素要考量：基督徒希望能跟猶太人有所區隔，也不希望他們最神聖的節日跟猶太節慶關係過於緊密。史帝爾在文章中提到，基督徒「發明了和猶太人唱反調的理由」。在第一個千禧年中期的那幾個世紀，教會領袖想出了好幾個方法來計算復活節的日期，所有的方法都經過人為操控，復活節和逾越節永遠不可能是同一天。

西元三二五年，基督教會的領袖在今日土耳其西北部的尼西亞聚會時，復活節的爭議也是一個大家熱烈討論的話題。（君士坦丁大帝親自主持會議；雖然他一直等到臨死前才受洗，但一直以來都十分支持愈來愈興旺的基督教。）與會者包括三百多名神職人員和學者。他們到底對復活節做出了什麼結論，我們不得而知，原始的紀錄已經失傳了，但與會者一定曾敦促所有的基督教國家在同一天慶祝復活節。即便如此，爭議從未消逝；有些團體仰賴埃及學者的忠告來選擇適當的日期，有些則繼續使用猶太曆。

最後，信奉基督教的當權者決定避免採用天文學的方法，使用模擬日月星辰實際活動的數學模型。一旦建立起正確的模型，就可以輕鬆計算出復活節的日期，不需要諮詢埃及亞歷山大港的天文學家或耶路撒冷的祭司。到了某個時間點（應該在尼西亞聚會結束後），大家決議在「復活節月圓日」過了十四天後的第一個星期天慶祝復活節；復活節月圓日指第十四天落在春分後的第一個太陰月（別忘了陰曆月份從新月開始）。聽了一頭霧水嗎？或許不重要，但這個算法大致上（但不確切）就等於春分後第一次月圓後的第一個星期日。（要注意的是，如果月圓日**正好**也是星期日，復活節就要延到下一個星期日。）這些相當迂迴的規則至少達成了一個目標：復活節絕對不會跟逾越節落在同一天。儘管如此，不同的教會仍在不同的日子慶祝復活節；其中的一個理由是亞歷山大港和羅馬的兩位教宗不同意對方判斷出來的春分日期，因此計算出來的復活節日期也不一樣。

順帶一提，眾人對天主教會和科學的關係常有誤解，復活節引起的諸多爭議正好闡明了最嚴重的一項。在伽利略遭教會指控為異端後，我們常認為教會對科學探索充滿敵意。但在中世紀（還有現代），為了解決復活節的糾紛，教會事實上非常積極地支持精確天文學和計時。事實上，分布在羅馬、米蘭、佛羅倫斯和波隆那等地的幾十所大小教堂也是天文觀測站；很多教堂在牆上或天花板上都特地開孔，好讓一束陽光在地板上投射下南北走向的「子午線」。用這些方法留下的測量結果就可以拿來計算冬至夏至和春分秋分的日期，也有助於計算復活節的日期。

修士艾克西古斯踏出了重要的下一步。在第六世紀時，他研擬出一套表格，可以計算未來幾十年或甚至幾個世紀的復活節日期。艾克西古斯的表格可以用好幾個世紀，但原本就有缺陷。首先，他採用的月球周期長度稍微偏離了正確的數值。但第二點更重要，他用來計算的年份長度取自儒略曆，比真正的太陽年短，到了教宗格勒哥里上任時，累積的偏移已經超過一個星期了。

格勒哥里解決了問題

在一五七〇年代中期，教宗格勒哥里十三世召集了曆書委員會來解決這個問題。委員會成員包括物理學家里利烏斯（約為一五一〇至一五七六年）、耶穌會天文學家克拉維爾斯（一五三八至一六一二年，對數學有獨到的洞察，所以歷史學家稱他為「十六世紀的歐幾里德」）和其他幾位名氣比較不響亮的專家。委員會成員奮力解讀他們的圖表和表格，想推論出一年的真正長度，努力想要結合平年和閏年來算出平均的天數。找到勝出公式的人是里利烏斯博士。他發覺儒略曆每一百三十四年就會少一天，或每四百零二年會少三天。為了看起來簡單明瞭，他建議新的曆法每四百年要減掉三天。在儒略曆上，一五〇〇、一六〇〇和一七〇〇等整數年是閏年，因為可以用四整除。在新計畫中，只有能用四百整除的整數年才是閏年（例如一六〇〇）；其他在儒略曆上為閏年的整數年變成只有三百六十五天。（順帶要注意的是，在新的提案下，第一個會受到影響的年份是一七〇〇年，到了這一年，所有參與改革的人應該都已經作古，不再受限於時間。）

里利烏斯很幸運，因為計畫實行非常順利。他的計算根據一二五二年訂下的數字，也就是所謂的「阿方索天文表」。這些表格以西班牙國王阿方索十世的名字命名，假定太陽年的長度是三百六十五天五小時四十九分十六秒，比真正的太陽年多

教宗格勒哥里十三世召集委員會進行曆法改革，約為一五八二年。

出約三十秒。然而，里利烏斯提議的改革計畫所訂下的年份長度比較靠近標準，為三百六十五天五小時四十八分二十秒，比真正的太陽年少了二十六秒。格里曆和四季比起來仍稍微「快」了一點，每三千三百年就會多出一天。

委員會也絞盡腦汁要定下復活節的日期，紛擾了幾個世紀的難題終於得到解答；但對外行人來說，他們用來計算日期的解決方法似乎更複雜。他們仍用數學模型模擬月球的移動，以長十九年的默冬周期為基礎，也根據叫做「黃金數字」和「歲首月齡」等複雜的結構，還好我們不必在這裡討論這些概念。儘管用了這麼多晦澀的數學算法，復活節的日期仍然很接近「春季第一次月圓後的第一個星期日」。基督徒仍使用陰陽曆，跟隨季節的腳步，但也按月亮的陰晴圓缺來慶祝某些節日，復活節就是一個例子。

里利烏斯和委員會的建議說服了教宗格勒哥里，一五七八年一月五日，他頒布了二十頁長的概要來說明改革的計畫。概要中宣布跟十五世紀前凱撒的做法一樣，一月一日就是新年的開始。最後在一五八二年二月二十四日頒布的教宗訓諭中明令要執行改革。

改革命令也要從曆書中刪掉十天，一次彌補許多世紀來使用儒略曆而流失的日子。因此一五八二年十月四日的第二天變成十月十五日。有些人很痛苦，覺得「少了」十天。商人也發愁，不知道如何計算利潤和損失；銀行也搞不清楚怎麼計算利率。

大多數天主教國家立刻奉行。義大利、西班牙和葡萄牙馬上採用格里曆，法國和比利時過了幾個月也加入，德國和瑞士信奉天主教的區域則在一兩年內就轉成格里曆。信奉新教的國家，包括德國境內屬於新教的行政區，都反對改革計畫；鄧肯的文章提到，一名充滿怨恨的神學家說教宗格勒哥里是「反對基督的羅馬人」，駁斥他的曆法是「特洛伊木馬，設計用來欺瞞真正的基督徒，在錯誤的宗教節日敬拜神」。過了幾十年，愈來愈多國家和人民接納改革的做法，反抗也愈來愈無效。到了一七〇〇年，德國大部分地區和丹麥遵從新曆法。一七五三年，煩擾良久的瑞典也加入了。

「把十一天還給我們！」

英格蘭的問題最多，信奉新教的女王（伊麗莎白一世）周圍一直有信奉天主教的煽動人士鼓譟不已；不過她最信任的顧問約翰．迪（一五二七至一六〇八年）卻勸她採行和改革計畫稍有不同的做法。最後，又過了一百七十年，英格蘭（那時已經變成大不列顛王國）才採用格里曆。已經退休的政治家、曾擔任過大臣的史坦荷普（一六九四至一七七三年，封號是蔡斯特費伯爵）擬定了一項法案，並在國會宣讀。法案通過了，一七五一年五月二十二日由英王喬治二世簽署（鄧肯指出，雖然史坦荷普承認他自己「不了解」法案背後爭論的細節）。

為了追上格里曆，英國和殖民地必須減掉十一天；天主教國家在教宗格勒哥里改革時加了十天，另外還有一天則是因為這些國家把一七〇〇年標成閏年，而英國仍採用儒略曆，這一年就不是閏年。因此，一七五二年九月二日過後，就變成九月十四日。從那時候起，新年的開始也從三月二十五日改成一月一日。同樣地，老百姓很不高興「損失」了日子，倫敦和布里斯托都發生暴動，抗議者嘶吼：「把十一天還給我們！」

東正教會也拒絕改革。到了今天，東正教徒慶祝復活節的日子仍和世界各地的基督徒不一樣。然而，很多東正教國家到了二十世紀初，為了民事便利，也採用格里曆。俄羅斯在一九一八年的革命後開始採行；一九四九年共產黨開始統治中國後，也開始用格里曆。

我們無法確定人類文明是否能夠再延續一千年（正如洋基鐵捕貝拉說過：「要預言很難，預測未來更難。」這話應該帶有諷刺的意思），但如果到了三十一世紀，仍有人要觀賞晚間脫口秀，那時候的大衛賴特曼還可以把支票簿的老笑話再拿出來講一次。如果那時繼續用曆書，我打賭還是格里曆。事實上，如果格里曆的壽命比賦予其生命的宗教更長久，我覺得這是理所當然。等到最後的教宗都被人遺忘了，格里曆應該還在。

第三章　時時，分分，秒秒

切割一天

右邊那道狹縫露出一條銀鍊，尾端連著一個奇妙的器具……他把這器具放到我們耳旁，它像水車一樣不斷發出噪音，我們猜想它是一種不知名的動物或是「巨人山」所膜拜的神祇，但我們覺得後者比較有可能，因為他告訴我們……他幾乎做任何事情都會先參考它的意見，他稱之為「神諭」，並說這器具可以指出他生活中所有活動的時間。

斯威夫特，《格列佛遊記》

麻州大道在華盛頓市中心的西北邊，離市中心只有幾公里遠，我從這裡走上另一條往下傾斜的長車道，快到盡頭時我發現自己引起一名武裝警衛的注意。他從站崗的亭子快步走過來，用相當嚴肅的口氣問我是否需要協助。我感覺到無數的監視攝影機鏡頭對著我。我向警衛解釋：「我跟馬薩吉斯博士約好在天文台見面。」原來我走錯路了；我應該走左邊那條路，往山丘上走才對。看來不少要去美國海軍天文台參觀的訪客也犯過同樣的錯誤。第一條車道通往副總統官邸。我沒有什麼迫切的事務需要錢尼先生幫忙，便繼續往下走。（別人一定一看就知道我走錯路了。錢尼先生的訪客應該搭乘閃亮的黑頭車，而不是像我徒步從公車站走來。）不知道副總統和他的老闆是否用過天文台的望遠鏡瞭望天空。林肯就來過。他說透過天文台的巨型折射望遠鏡，看到的月球和大角星非常美麗。

走了一小段路後，我來到位於天文台園區中心、外表宏偉的行政大樓。建築物西側豎立著白色的望遠鏡圓頂；在旁邊的屋頂上有個金色的「報時球」，每天中午都會下降，波多馬克河上的船隻就可以調整經線儀。這項服務從一八四五年開始，當時的人肯定更珍視報時球，不像現代到處都有數位手錶、無線電報時信號和衛星定位器。

時間的工廠

過了一會兒，我和天文台報時服務部的主任馬薩吉斯博士坐下聊天。他的穿著非常正式：灰色西裝外套、白色襯衫、條紋領帶；如果他的下巴再寬一點，就很像演員李卡多蒙塔本。馬薩吉斯擁有物理博士學位，本來是天文台的無線電天文學家，後來照他的說法，「被計時的藝術誘惑」（似乎說明了為什麼愛因斯坦和巨石陣的海報同時掛在他辦公室的牆上）。十年前他接下部門主任的職位。

我試探地稱他為負責全美國時間的人，馬薩吉斯卻糾正我：他負責國防部的時間。但大體上來說，其實都一樣；在很多民生應用上，時間最終都來自美國海軍天文台的時鐘。拿全球衛星定位系統網路來當例子。網路中的衛星要依靠一組精確定時的信號，信號在衛星上的時鐘和天文台的母鐘之間來回傳遞。如果時鐘只差了十億分之一秒（一毫微秒），系統的定位就會差了三十公分*。「如果你想找到自己的車子，差三十公分還無所謂，」馬薩吉斯說：「但差了十毫微秒或二十毫微秒，錯誤就更嚴重了，還會立刻按比例增加。就有問題了。」他並未誇大其詞。如果你要降落太空船，或要把載滿乘客的七六七降落在芝加哥的奧亥爾機場，一公尺的距離也很重要。毫微秒亦不可小覷。

母鐘可說是這裡最重要的機器，但馬薩吉斯說天文台總共有將近一百座鐘（他說「如果日晷也算在內」，或許正好是一百）。大多數是銫原子鐘：計算銫原子的振動次數來計時，在自然狀態下，銫原子每秒鐘的頻率是九十一億九千兩百六十三萬一千七百七十次循環。另外還有氫微波激射鐘：運作的原理是把氫原子射入一個叫做「共振腔」的反應室裡，讓氫原子在裡面以自己獨特（且穩定）的頻率震盪。激射鐘的技術比銫原子鐘更新，甚至更為準確。（如果你想買一個，我推薦銫原子鐘。馬薩吉斯說一座才六萬美元。激射鐘的價格比較貴，要二十五萬美元。）

然而，最困難的工作是要讓所有的鐘都顯示一樣的時間。馬薩吉斯說每座鐘「對時間都有自己的意見」。彼此之間的差異可能多達數毫微秒。俗諺說：「有一隻錶的人知道現在幾點鐘。有兩隻錶的人永遠不確定。」馬薩吉斯的工作內容也包括開發電腦演算法，好把所有的報時結果結合成一個可以傳送給母鐘的信號。他說：「『什麼才是正確的演算法？』這個問題本身就很值得探討。」他解釋說，他們會舉辦會議，全心鑽研正確的方程式組合。在我到訪的時候，他正在安排第五屆國際時標演算法研討會，二〇〇八年初在西班牙舉行。（我忍不住思忖，一心想著時間的科學家是否會和當地人一樣，到了下午就暫停會議睡個午覺。）

馬薩吉斯帶我參觀美國海軍天文台的時鐘，這些鐘散落在天文台園區內不同的建築物中。所有的

---

*光線每秒行進約三十萬公里。在一毫微秒內可以行進十億分之一的距離，也就是三十公分。

鐘都裝在溫溼度經過控制的地窖裡，溫度保持在攝氏十度。銫原子鐘的外表不引人注目，四四方方的米黃色盒子像電腦的硬碟，也像高級的音響擴大機。黑色的激射鐘比較高，尺寸和外形都像飯店房間裡的小冰箱。

天文台裡的鐘也有分階級。馬薩吉斯解釋：「我們有一個母鐘，還有其他的主鐘，它們控制自己的測量系統，同時進行同樣的工作。萬一母鐘出了問題，就可以派上用場。」

我不禁要問：母鐘出過問題嗎？

「噢，當然，」他說，「在我任職的十年內，母鐘壞過兩次。每次我要出遠門，母鐘就有問題。有一次我已經搭上飛機，準備要起飛了。還有一次我正要開車去參加我兒子的婚禮。」他向我保證，問題不嚴重。「儀器總會出問題。我們已經定好應變程序。整個小組都會集合起來。」我腦海中出現了一個垂頭喪氣、嘟著嘴巴的「母鐘」暫時卸下職務，生氣盎然、充滿熱情的「主鐘」站上舞台，擔起精確報時的責任，滿足全美各地的需要。

我從走廊隔著玻璃觀看母鐘，這座鐘看起來就像很普通的藍色、黑色和灰色電子元件堆疊在一起。它的代號是NAV-18，上面有形形色色的旋鈕和按鍵；另外有六七條連到其他機器上的同軸電纜，和好幾組LED顯示器，其中有兩組不知道為什麼讀數是「零」。第三個顯示器明眼人一看就知道是世界標準時間，於一九七二年取代格林威治標準時間成為全球標準。

不要被母鐘樸實的外表騙了：這座非凡的機器和美國海軍天文台其他的時鐘「對話」，持續自我修正，有效地反映出集體的報時結果。母鐘的精確度非常驚人。日復一日，每天計時的精確度都在一百微微秒內（一微微秒等於一兆分之一秒）。如果在六千萬年前恐龍絕種時母鐘就已經存在，到現在只會比標準時間快兩秒或慢兩秒。我看看我的手錶，跟母鐘差了五十秒。看來是我該校準時間了。

計時的工具：太陽、沙子和水

數千年來，計時工具愈來愈精準，馬薩吉斯的時鐘集其大成。我們提過古代觀察天象的人學會注意月相來追蹤月份；記錄太陽每天的起落一定也是與生俱來的本能。但要把一整天分成更小的單位就更困難了，也是人類歷史到了最近才開始的發展。

太陽每天從東方升起，在南方的天空爬到天頂，然後從西方落下*。在很久以前，一定有人注意到，如果你把棍子垂直插在地上，就會在地上投下陰影，陰影的移動跟隨太陽在空中的路徑；日晷就此誕生。那根棍子演化成日晷的指標，叫做「日規」（*gnomon*），此字源自希臘文，有「展現」或「表明」的意思。最早的日晷出現在西元前第四個千禧年的中期，製造地點有可能是埃及或近東地區。

埃及人建造的日晷有大有小，大的像巨石柱，小的可以拿在手裡。可以隨身攜帶的「影子鐘」約始於西元前一千五百年，既精巧又簡單：T形裝置上的橫栓指向太陽時，陰影落在畫了記號的垂直軸

*在北半球觀察天象的人應該會看到這樣的變化。在南半球的人仍會看到太陽由東向西移動，但弧形的軌跡則畫過北方的天空。

上，就能估算出當下的時間。埃及人把一天分成二十四個小時，這個概念或許來自巴比倫人*。埃及人用日晷來追蹤白天的十二個小時，另外十二個小時則屬於黑夜（數字十二一定有特別的意義，因為一年大概就有十二個月球周期）。

我們留下一天二十四小時的傳統，但做了一個很重要的改變：埃及人的一小時長短會隨季節變化；夏天的一小時比較長，因為白天比較長。我們現在用的小時則有固定的長度；因此在夏季時，白天的小時數會比冬天多。

在羅馬帝國興起前，日晷已經十分普遍，設計也很精巧。在西元前一世紀，一名叫做維楚維斯的建築師能列出十三種不同的日晷，有的放在公共廣場上，有的則在私人的庭院裡。日晷很快就成為羅馬社會不可或缺的用品，讓人可以安排一天的行程，就像現在用小時計畫一天，小時還分成半小時和一刻鐘。

並非每個人都喜歡這種做法。「願天神擊敗第一個發現如何切割每個鐘頭的人，」羅馬劇作家普勞特斯在西元前二世紀呼喊，「也擊敗那個在此地建造日晷的人，他用卑劣的方法把我一整天的時間亂切亂劈成好多段！」

還有其他不需要太陽的計時裝置。沙鐘很像現代的沙漏：可以運轉一段固定的時間，之後只要倒過來，就可以再來一次。也有人用燒得很慢的蠟燭，側邊按照固定的間隔標記刻痕。

漏壺也叫水鐘，是另一種古老的計時器。漏壺的構造可以很簡單，底部有小孔、能讓水定速滴出來的水桶就行了。水桶側邊的標記標明時間間隔。另外，也可以讓水滴到另一個器皿內，用上面的印記計算過了幾個小時。古羅馬的法庭就用水鐘控管雙方律師可以開口說話的時間。如果觀眾想多聽一點，他們就會大喊：「加水！」羅馬人會用「失水」形容人浪費時間。

雖然古文明世界使用水鐘的情況十分普遍，但最精細的裝置卻出現在遠東地區。事實上，中國的機械水鐘比歐洲最早的機械鐘早了好幾個世紀出現。最出名的就是宋朝官員蘇頌於一〇七七年開始製作的「水運儀象台」，只能用鬼斧神工來形容。這座非凡的機械使用流水控制巨輪以準確的速率轉動。輪子上有三十六個水桶，按穩定的順序裝滿和倒空。一〇九〇年完工時，水運儀象台幾乎有十公尺高，裝了數十個輪子、鳴鐘和銅鑼，放置在五層樓高的亭子裡。（可惜的是，新皇帝在一〇九四年登基時，蘇頌的水運儀象台和其他會引人想起前朝的東西都被拆除，最後也遭人淡忘。幾百年後，歐洲的時鐘傳到中國，反而變成人見人愛的「新」發明。）

這些儀器都有明顯的缺點：夜間和烏雲密布時，日晷就沒有用了，沙鐘和水鐘需要持續維修，天氣冷的時候水也可能結冰。

---

*巴比倫人使用六十進位法，很像我們使用的位值系統，但基數為六十，跟我們的十進位法不一樣（六十可以被很多其他數字整除，例如二、三、四、五、六、十、十二、二十和三十，使用相當便利）。我們把一天分成二十四小時（二乘以十二等於二十四），一小時分成六十分鐘，一分鐘分成六十秒，都反映出六十進位法的影響，還有把圓形分成三百六十度也是（六乘以六十等於三百六十）。

教會的時間

在中古時代的歐洲，教會最需要可靠的報時。歐洲各地建造了很多大教堂和修道院，住在裡面的修士每天的活動都有相當嚴格的安排，其中最重要的就是按時禱告。每天的禱告從一大清早的晨禱開始，到晚上的晚禱結束（英文裡的「中午」*noon*來自拉丁文的*none*，也就是午禱的意思）。到了晚上，會有一名修士保持清醒，看著水鐘或沙鐘。到了指定的時間，他就要負責敲鐘，叫醒其他人起床晨禱（童謠〈傑克修士〉就提到了這個儀式）。萬一那可憐的修士在當班時睡著了，不知道會惹上多大的麻煩呢。

十三世紀時出現了解決辦法。我們不知道發現的地方在哪裡，也不知道要歸功給誰；或許是在歐洲北部工作的工匠或鐵匠。他可能聽別人說中國人發明了壯觀的水鐘，或憑自己的力量發現。他不知怎地突破了，創造出全新的時間測量工具。

這項重要的發明叫做「擒縱器」。擒縱器這種裝置可以讓連續的動作規律化，比如用落錘牽動輪子旋轉。擒縱器過了固定的時間，就會擋住轉動的輪子，然後放開。輪子旋轉的速度就會變慢，更重要的是，輪子的旋轉速率就能保持不變。接下來，輪子可以配合某種機制，在特定的小時敲鐘。正如歷史學家布爾斯廷所說：「時鐘擒縱器發出的滴答聲就是時間的聲音。」

雖然日晷顯示的「小時」長度四季都會變化，但機械鐘上的小時長度則保持固定。夏天的一個小時現在就跟冬天的一個小時一樣長。布爾斯廷說，創造出「等長的小時」是人類經驗中非常偉大的改革，「人類發表宣言，脫離太陽獨立，證明他能夠成為自己的主人，掌管周圍的環境。稍後才會看出來，在實現這樣的主權時，其實人要先屈服於一項自行其是的專横機器。」可以說，計時再也不用完全依賴天體的行進。在這個階段，日晷仍是最可靠的計時裝置；時鐘必須定時調整時間，有時候每天都要改，因為時鐘上的時間可能不符合日晷上的「真實」時間。

這些古老的時鐘因為擒縱器的規律動作，才能發出滴答聲，但最早的時鐘沒有「指針」；只用鳴鐘報時。英文裡的時鐘*clock*來自法文字裡的「鳴鐘」*cloche*（德文的*Glocke*，中古英文的*clok*）；不過同一個字也可以拿來代表水鐘或沙鐘。同樣地，拉丁文中的「鐘塔」（*horologium*）也可以用來代表所有的計時裝置。

雖然我們不確定機械鐘是誰發明的，也不知道正確的發明時間，但到了十三世紀末的一、二十年，機械鐘的確已經出現了。歷史紀錄顯示一二八三年，英格蘭貝福遜的鄧斯塔布爾修道院裝了第一座全自動、用重物驅動的時鐘。在接下來的幾十年內，大多數的教堂和修道院只要有經費，很有可能都裝了機械鐘。

索爾茲伯里的鐵鐘聲

埃及的金字塔以古老為特色，中國的萬里長城則以綿長著名，而英國的小城市索爾茲伯里則以美景出名。在這座小城裡，一排保存良好的木桁架屋佇立在中世紀的街道旁，星期二和星期四上午，廣場上的市集鬧哄哄的，就跟過去七百年來一模一樣。口渴想來一杯啤酒的遊客只要腰一彎，就可以進入地板發出嘰嘎聲、樓層低矮的酒吧，有典型的英國名字（「陳年麥酒屋」、「國王之首」）、純粹的英國名字（「馬車和馬匹」、「假髮與鵝毛筆」），或英國特有的名字（「野味腰腿肉」）。但索爾茲伯里最吸引人的景點卻是在十三世紀建造的宏偉教堂和周圍綠意盎然、寧靜祥和的院子。作家布萊森在《哈！小不列顛》一書中宣告：「我百分之百認為索爾茲伯里大教堂是全英格蘭最美麗的建築，教堂的院子則是全英格蘭最美麗的空間。」無怪乎畫家康斯塔伯會在對面的河岸架起畫架，捕捉大教堂和四周草地流露出來的寧靜莊嚴。

索爾茲伯里大教堂以許多紀錄出名：一百二十三公尺的高聳尖塔是全英國最高的，院子的面積也最大；目前僅存四份原始版本的大憲章就有一份存放在會議廳裡；這裡收藏的時鐘很有可能是全世界最古老的，而且目前還能運作。時鐘在十四世紀末期造成，原本放在教堂的鐘塔裡，鐘塔在十八世紀時遭到毀壞，這座中世紀的古董鐘被送到儲藏室，接著就被遺忘了。二十世紀初期又被人發現，經過整修後放在地面層的北翼長廊上，離大教堂西側的入口不遠，現在仍放在同樣的位置。

在最近一次參觀時，我約了普雷斯特，他的職稱就跟這個城市一樣充滿英國味：他是隸屬索爾茲伯里大教堂教長和參事的守鐘人。我們耳朵聽著似乎有催眠能力的時鐘滴答聲，普雷斯特解釋鐘上許多零件的重要性。一眼就能看到的部件就是垂直的鐵質齒輪。普雷斯特指出，齒輪利用地心引力的力量轉動：後方的滑輪上掛了兩塊重石，重石落下時的拉扯力量讓繩子從一雙橫向木頭圓柱上鬆開，轉動其中兩個齒輪（其中一個控制所謂的「時間列車」，另一個則控制時鐘的敲打裝置）。當重石掉到地上，時鐘就需要「上發條」：用一對外形像汽車方向盤的鐵輪把重石吊回原處。

大多數訪客可能都沒注意到時鐘最重要的零件，也就是擒縱器。擒縱器由兩個重要部件組成：叫做「立軸」的垂直軸，和來回擺盪的水平鐵條，叫做「擺桿」。擺桿兩端吊著兩個小重物，控制時鐘滴答聲的速率。操著一口英格蘭西南部上流社會口音的普雷斯特說：「運作了六百多年的時鐘當然換過一些零件，但這座鐘大致上還保持原本的樣子。」

這套機械和我們心目中的「時鐘」形象相去甚遠。就跟所有的古代裝置一樣，沒有指針也沒有鐘面，只用鳴鐘（現在已經拿掉了）來報時。整座機械放在邊長一公尺多的方形鐵框盒裡，從外面就能看得一清二楚。

索爾茲伯里的鐘跟當代的機械鐘一樣，並不特別準確，一天內就有可能快慢多達十五分鐘。羅馬人只要用好一點的日晷，基本上在晴天的效果也差不多。普雷斯特說：「這座鐘製作出來的時候，一個小時只分成四等份。當時的人還沒有分鐘的概念。」不像今日，我們「戴著時髦的手錶，匆忙到分秒必爭。古人守時的概念是最近的一刻鐘或一小時。」

普雷斯特告訴我，雖然確切的起源未定，但教堂歷史記載了早在一三八六年，就有雇員負責幫鐘上發條。他說：「我敢大膽地說，這是英國最早出現的時鐘。捫心自問，或許在世界上其他地方還有更古老的鐘。但我想我們這座鐘一開始就占了上風。」

以教堂出名的小鎮威爾斯在索爾茲伯里西方六十公里處，正好在薛普頓和切達中間。這裡也有一口中世紀的鐘；事實上，設計師可能和索爾茲伯里的大鐘是同一個人。但這兩座鐘可說是南轅北轍。威爾斯的鐘有華麗的鐘面，精巧地描繪出地球、月亮、太陽和星辰；展現出十四世紀大眾心目中色彩繽紛的宇宙（以地球為中心的世界觀後來被哥白尼推翻了，留下來的描繪也非常少）。鐘上有指出小時的指針，在顯示二十四小時的鐘盤上移動；分鐘的指針應該是在十六世紀時加上去的。

除了一天的時刻外，威爾斯的鐘亦顯示太陰月的日期和月相。還會定時表演：在鐘盤上方，迷你的中世紀比武每一刻鐘上演一次，四名小小的武士騎在馬上繞圈奔馳；每個方向各有兩個人。當戰士們在轉圈時，一名武士一定會把敵手打得躺平，過了幾秒他又會跳回原位，準備面對下一次戰鬥。過了這麼多個世紀，他已經被打敗五千三百多萬次了。教堂的資料庫管理師妮爾說：「我們老說他現在應該學會閃躲了，但是他總學不會。」

在十四世紀，這兩座鐘是革命性的產物，但未來的發展卻超乎想像。十四世紀中就已經有了真正的「自鳴鐘」（每小時都會響，從一聲到十二聲）。這是人類歷史上第一次只要能聽到鐘聲就知道現在幾點。製鐘匠開始在機械上安裝鐘盤和指針；事實上，剛開始只有一支顯示小時的針，早期的鐘只要能告訴大家現在大約幾點鐘就夠了。

但時鐘演變得愈來愈可靠、愈來愈準確、愈來愈精密。少數時鐘根本就是耀眼的展示品，成為整個城市的焦點，出現在史特拉斯堡、布拉格、哥本哈根和歐洲其他重要城市的巨型天文鐘就是一例。

不久之後，法院和市政廳開始傳出鐘聲，接著銀行和商店也裝了時鐘。富裕的市民也買鐘放在家裡。縮小的時鐘很快就出現了：不用落錘，裝了可以旋緊的彈簧後，時鐘更便於隨身攜帶；十六世紀一開始，隨身懷錶問世了。過了還不到一百年，女皇伊麗莎白一世就把錶戴在手指上（這支錶甚至有個小鬧鈴——指定的時間到了，就會有一支小叉伸出來搔她的指頭），鐘錶變成非常普遍的裝置。

時間的價值

時鐘出現後，為人類開創了更匆忙的全新生活方式，這方面的文獻著作早已不勝枚舉。公共場所中的時計當然更如雨後春筍，到處都看得到現在幾點鐘；至少，大家一定開始把時間當成不斷流逝的東西，不留情地攤開來，一小時接著一小時過去。然而，就算在中世紀，最早的機械鐘還沒出現前，生活的步調一定就漸漸變快了。新科技或許只是最新的手段，來滿足人類根深柢固的渴望。機械鐘的發展「比較像是結果，中世紀和文藝復興時代興起的那股急迫感並非源自於此，」歷史學家佘喜娜如是說，「時鐘是一種工具，輔助管理市民的生活，用鐘聲來協調工作時間，但日晷、沙漏和曆書也能發揮同樣的功效。」

的確，當時的大趨勢是把很多之前沒有計數（或計數方法差強人意）的實體加上數目或單位，時間的量化應該就屬於這個大趨勢，歷史學家克羅斯比稱之為「計量革命」。人類學家艾文尼指出，透視畫法、複試簿記、複音音樂、貨幣標準以及前所未有的重量和度量單位大約都同時出現。他在文章中提到：「在一三〇〇年左右，一段相對來說不怎麼長的幾年內，西方世界中所有的事物幾乎都變成可以指定數字的本體；對現實的感知出現了天翻地覆的變化。」

時間變成可以測量的量化物質後，也變成眾人眼中可以賦予價值的商品。富蘭克林的名言「時間就是金錢*」這時尚未普及，但時間已經變成有價值的東西。大家除了覺得浪費時間很愚蠢，也認為這是罪惡。十七世紀時的清教徒牧師貝克斯特曾說：「愛惜時間，就不會浪擲光陰，而是把每一分鐘

*這個句子出現在富蘭克林一七四八年出版《富蘭克林的智慧》一書中。然而，這個觀點出現在更早之前。古希臘的演說家安提豐曾宣告：「代價最高的花費就是時間。」

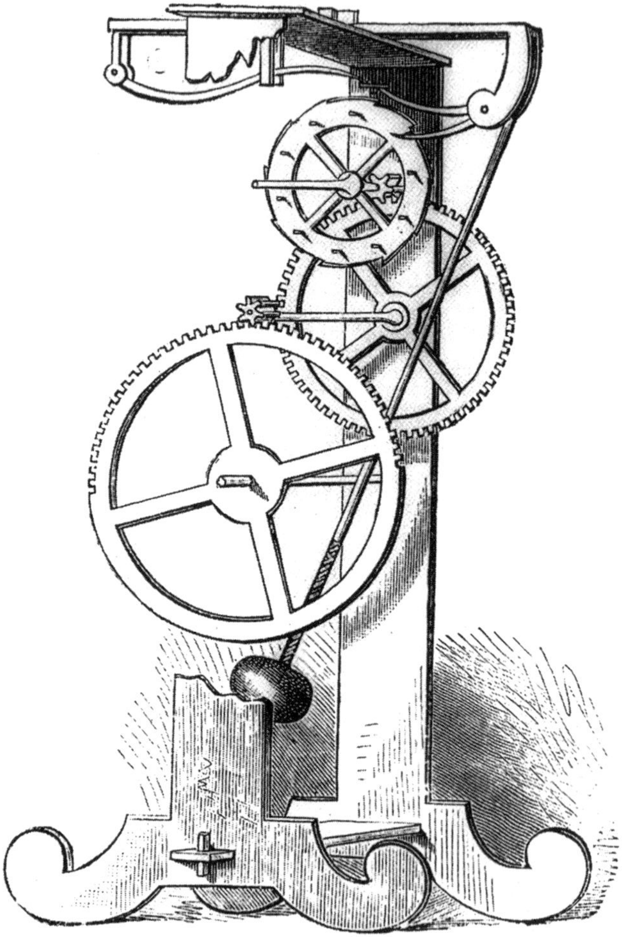

伽利略的圖畫說明如何用鐘擺來精確計時。這張圖很有可能由他的兒子溫琴佐繪製（時間約為一六四一年）。

都當成最寶貴的東西來使用……也要想想，時間過了就無法挽回。現在不珍惜，永遠無法收復。世界上所有的人，用盡所有的力量和智慧，都無法召回已經消逝的時間。」

十七世紀時，新的時計出現了；時鐘不再用立軸和擺桿控制，而是用來回搖動的鐘擺。最早想到這種機械裝置的人是義大利的天文學家兼數學家伽利略（一五六四至一六四二年）。伽利略注意到來回搖動的擺錘具有規律性；有可能他看到比薩大教堂天花板上微微搖擺的吊燈而得到靈感，甚至在晚年還擬定了製作擺鐘的計畫。但到了一六五〇年代，最早的擺鐘才根據荷蘭天文學家惠更斯（一六二九至一六九五年）的設計製作出來。

十七世紀結束前，擺鐘的精確度已經大幅改進，每天的誤差從十五分鐘減少到只有十五秒。到了這個時候，大多數的時鐘和手錶都有分針，秒針也快出現了。時鐘的實用性終於超越日晷。或許不是巧合，在一六六〇年以前，「準時」已經變成耳熟能詳的說法。

海上的困境：算不出經度

在海上航行的船長迫切需要精確的計時工具。要能順利航行，就必須精確測量出經緯度，所有的地點都有這兩個座標。緯度不論南北，就是和赤道之間的距離，可以用六分儀推算；比方說，測量北極星在水平線上的高度。經度則是向東或向西移動的距離，但決定經度的方法都很複雜。像英國這樣以船運和貿易為命脈的國家，在海上一出錯，可能就要損失船隻、貨物或甚至幾百條人命。為了解決這個問題，歐洲最優秀的地理學家、天文學家和工匠努力不懈，想要找出答案。英國於一六七五年在格林威治成立皇家天文台，主要就是為了解決這個問題。（查理二世任命弗拉姆斯蒂德為第一任皇室天文學家，指派他「投注最高度的心血和努力，改正天體運行的圖表和恆星的位置，以便找出本國急需的各地經度，精進航海的藝術。」）

原則上你可以計算出經度，但你必須知道目前所在位置和啟程港口之間的時間差異。舉例來說，你從倫敦揚帆出發，穿過英吉利海峽駛向大西洋。幾天後，你知道自己在英格蘭西方的幾百公里遠，但是到底走了多遠？如果你知道倫敦現在幾點，然後用數學公式，就可以算出你的經度。假設現在在倫敦是下午一點。但根據太陽畫過天空的路徑，你推論出所在位置的時間是正午十二點。在二十四小時內，地球會旋轉三百六十度，通過所有的經度。也就是說，在一小時內，地球會轉過十五度。反之，每一小時的差異表示經度差了十五度。所以你應該在倫敦西邊差十五度的地方。

問題的癥結在於，你要知道啟程港口目前是幾點。在出發前先把擺鐘設好，如果擺鐘運作的狀況不錯，就可以幫你解決問題，但在船隻搖搖晃晃的甲板上，擺鐘其實沒有用。當時已經問世的隨身鐘和手錶不準確的程度無可救藥。能帶上船的時計必須準確，而且便於攜帶；能夠適應溫度變化，在顛簸的海洋上也能正確報時。

各國政府開始重視這個問題，希望能找到在海上決定經度的方法。一七一四年，英國國會透過剛剛成立的經度委員會，提供兩萬英鎊的獎金（換成今日的幣值則超過一千萬美元，也就是三億多台幣）給能夠解決經度問題的人。

認真接下這項挑戰的是一名英國人哈里遜（一六九三至一七七六年）。他在約克郡出生，沒受過正式教育，一生致力於製作精確的計時裝置＊。他造出四項偉大的機械裝置，也就是花了幾十年努力鑽研出的時計，現在是倫敦市郊格林威治天文台博物館中最重要的展覽品，上面也刻了他的名字。

最先造好的三只時計叫做H1、H2和H3，和我們心目中「可攜帶」的物品相去甚遠，大小都和汽車引擎差不多。H1約重三十五公斤，複雜度令人望之卻步。前方有一塊橢圓形的銅牌，上面有四個顯示時間的大型轉盤。銅牌後面時鐘的內部構造完全暴露出來，有幾十個銅輪和齒輪，還有幾百根不同長度的閃亮銅棒以奇怪的角度插在機械上。這座鐘仍能運作：以彈簧為動力的機械裝置嗡嗡作響，不同的零件跟著前後滑動或轉動。在海上，每天可能會快十秒或慢十秒，還算差強人意，但哈里遜覺得他還有進步的空間。

哈里遜相信跟H1一樣巨大複雜的H2有缺陷；他連測試都提不起勁來，反而把希望放在H3上，他相信H3是他的經典之作。這第三套機械令人嘆為觀止，總共有七百五十三個零件。其中的雙金屬片是一項重大的突破：把薄薄的銅片連到平行的薄鋼片上，時鐘的擒縱器就能完美地抵銷溫度的變化。H3比H1和H2略小；即便如此，仍有六十公分高，重量接近三十公斤。接下來的二十年內，哈里遜反覆重製H3，但總覺得不夠完美。

博物館的鐘錶學館長貝慈說：「可憐的老哈里遜花了十九年的生命，想說服他的鐘保持穩定的計時，但他永遠無法滿意。後來他只能咬牙切齒地把這口鐘稱為『我那古怪的第三套機械』。他一定對

＊哈里遜的研究過程，在梭貝爾的暢銷書《尋找地球刻度的人》（一九九五年出版）中有詳細的介紹。

H3非常失望。」

刻在鐘上的文字或許也反映了哈里遜的挫折感。H2上用花稍的大字體刻了「獻給英王喬治二世」。H3的正面只刻了他自己的名字。

看來H3走進了死胡同，哈里遜改採激進的新方法。他描繪出小懷錶的藍圖，委託朋友幫忙製作。他想用小懷錶測試大鐘的準確度。在哈里遜那個時代，大多數的手錶不太可能當作精確的時計。但當哈里遜反覆思索新懷錶的設計時，他發現事實上精準的手錶還是造得出來。

哈里遜終於開始思考如何製造小機械，也得到了報償。結果他造出了卓越的H4。H4和前三代的差異宛若日夜。前三座鐘碩大無匹，H4的寬度只有十二公分，跟甜點碟子差不多大，重量只有一．五公斤。裝在閃亮的銀質外殼裡，就像普通懷錶的放大版。但H4絕對無法用普通來形容。鑲了寶石的軸心以紅寶石和鑽石打造，內部構造幾乎沒有摩擦力。在海上測試時，過了兩個半月只慢了五秒。H4成為當時世界上的頂級時計。

哈里遜最出色的精確航海時計，代號就是H4。

雖然H4非常成功，經度委員會卻顧左右而言他；貝慈說，他們一直把頒獎的「門檻提高」，只陸陸續續給了哈里遜幾筆小錢。等他直接跟新上任的喬治三世訴願，他才拿到獎金*。三年後哈里遜就過世了。

雖然到了近代才得到應有的賞識，哈里遜的成就可說非常傑出。貝慈說：「哈里遜是精確時計之父。H4出現後，大家才發現我們的口袋裡和手腕上也能有分毫不差的時間。」

十八世紀末，英國經歷了驚天動地的變化（我們現在稱之為工業革命），如果沒有準確的計時方法，就不可能出現這麼了不起的變化。

主要衍生自煤炭的蒸氣動力讓製造業一飛沖天。工廠雇用更多的工人，貨物由汽船和火車頭運送。到了十九世紀末，電報和電話在一瞬間就能把資訊送到遙遠的地方。這些發展都讓世界變得更有秩序。即使在變化剛開始時，工業上的新工具就改變了人類的生活方式。時鐘愈來愈重要。歷史學家惠特羅寫道：

> 蒸氣提供工業革命的驅動力。雖然從前住在農舍裡用手搖紡織機工作的織布工為了生活必須很努力工作，至少他們可以在想工作時工作，但工廠工人必須在蒸氣啟動時上工。他們一定要準時到達，除了要知道幾點鐘，更要一分鐘不差。

---

*最後在英王堅持下，國會把錢付給哈里遜。經度委員會從未真正把獎金頒發給任何人。

在這個變化劇烈的時代，蒸氣引擎就是當時的象徵，但沒有時鐘，一切都不可能發生。歷史學家孟福觀察到：「蒸氣引擎還不算是當今工業時代最主要的機械，時鐘才是。」

時鐘為社會帶來了深刻的影響，最明顯的地方就是在工作場合。時鐘一清二楚地宣布你現在要貢獻多少時間給雇主，又有多少時間真的屬於你自己。到了二十世紀開始的時候，工作和休閒已經完全分開了。

一團亂的列車時間：時區的問題

然而，時間仍局限在**某地**。在十九世紀初期，不同的城市也有不同的時間。在英格蘭，雖然時鐘和手錶已經很普遍了，但上面的時間仍靠太陽來控制：太陽爬到天頂時，就表示現在是正午，而正午的時間當然在每個城鎮都不一樣。兩個相鄰的小鎮之間的時間差異或許不算什麼，但累積起來也很可觀。東邊的多佛和西邊的彭贊斯差了將近半個小時；倫敦和布里斯托差了二十分鐘。在北美洲，差距更為顯著：比方說，芝加哥現在是正午十二點，匹茲堡是十二點三十分，紐約是十二點五十五分，波士頓則是一點零八分。

在馬車還是主要交通工具的時代，要到另外一座城必須要花好幾天，時差不太可能造成問題。但十九世紀開始興建鐵路後，人類移動的速度愈來愈快，世界看起來愈來愈小。德國的作家兼詩人海涅一八四三年在巴黎寫作時，就提過縮小的大陸：

> 我們對事物的看法、觀點，現在發生了怎樣的變化！……鐵路縮小了空間，我們只剩下時間了……現在你只要四個半小時就可以到奧爾良，到盧昂的時間也差不多。想想看，等比利時和德國的鐵路連起來，世界又會變成什麼樣！我覺得各國的高山和森林都朝著巴黎前進。即使在現在，我也聞得到德國菩提樹的味道，北海的碎浪就打在我的門前。

然而，由於時間的問題，世界要「連結起來」可不簡單。各地時間的差別開始造成嚴重的混淆。英國大西部鐵路公司一八四一年的時間表就是典型的例子：

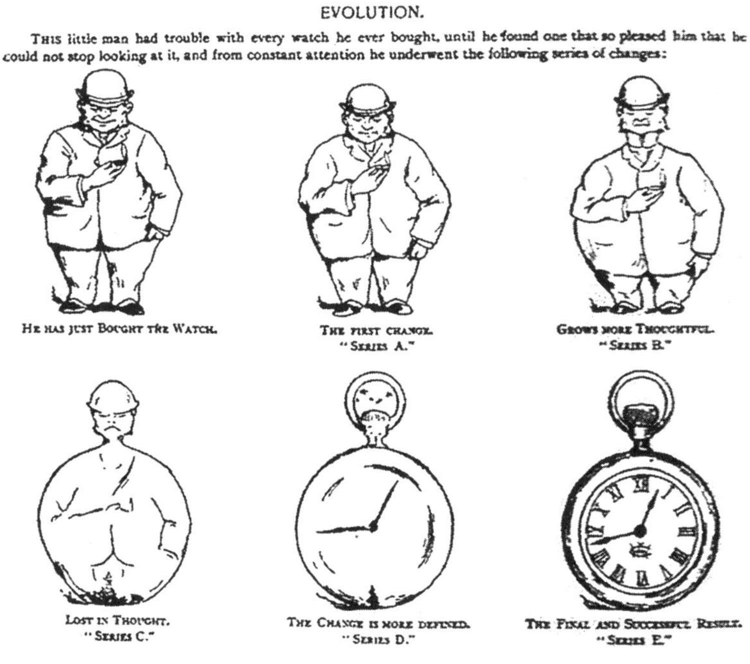
EVOLUTION.
THIS little man had trouble with every watch he ever bought, until he found one that so pleased him that he could not stop looking at it, and from constant attention he underwent the following series of changes:
HE HAS JUST BOUGHT THE WATCH.
THE FIRST CHANGE. "SERIES A."
GROWS MORE THOUGHTFUL. "SERIES B."
LOST IN THOUGHT. "SERIES C."
THE CHANGE IS MORE DEFINED. "SERIES D."
THE FINAL AND SUCCESSFUL RESULT. "SERIES E."

在這幅瓦特柏利鐘錶公司一八八三年的廣告中，人和機器逐漸地合而為一。

鐵路上所有的車站都以倫敦時間為準，約比瑞汀快四分鐘，比史蒂文生快五分鐘半，比賽倫斯特快七分鐘半，比奇彭翰快八分鐘，比布瑞奇瓦特快十四分鐘。

英國首先踏出第一步：一八四七年，全國所有車站的時刻表都依照格林威治標準時間——在格林威治觀測到的「平均太陽時間」*。一八五一年，當萬國博覽會在倫敦舉行時，很多英國人第一次品味到新的系統。那年倫敦的訪客超過六百萬人，大多數人搭火車前往。在一八八〇年，格林威治標準時間成為英國的法定標準。

在北美洲，情況更加複雜。鐵路公司也分出了一些比較小的區域時區。到了一八七〇年代，在整個北美洲至少有八十個鐵路時區。列車時間表讀起來就像技術手冊，城市之間的列車會經過各地無數的時區。

工程師佛萊明（一八二七至一九一五年）的解答很合乎邏輯。佛萊明生於蘇格蘭，在加拿大長大，他提出一套系統，讓全球各地的時間標準化。一八七九年，他建議把全世界分成二十四等份，每一區橫跨十五度的經度。每個時區內的時鐘都設成同樣的時間，也就是時區內中央子午線上的平均太陽時間。每一區都比相鄰的時區快一個小時或慢一個小時。持批評態度的人覺得這個想法不切實際，但佛萊明非常堅持，年復一年，在所有出席的會議上倡導他的計畫。

要實行這套系統，必須有測量時間的「起點」，也就是作為其他時區基準的本初子午線。當然每個國家都想要爭取這份榮耀，讓本初子午線穿過自己的土地。然而，英國搶得了先機：格林威治的天文台擁有最精密的望遠鏡和時鐘，也是全球航運最常使用的時間標準。在激烈的辯論後，國際團體贊成格林威治就是本初子午線的地點。一八八四年，國際本初子午線會議在華盛頓舉行，與會代表採納了佛萊明的標準時間提議**。但法國人在所有的官方文件中都避免提到格林威治標準時間。在一八九八年，法國的時間正式定義為「巴黎標準時間，延遲了九分鐘二十一秒」；作家布列斯說巴黎標準時間「正好跟某個滿地綠蔭的倫敦郊區一模一樣」。

我們現在已經很習慣標準時間：搭飛機進入新的時區時，我們會按機長的建議調整手錶時間。一般來說，我們根本感受不到這套系統出現前的混亂狀態。但標準時間的寓意非常深刻。在維吉尼亞州喬治梅森大學任教的歷史學家奧馬利著有《長期觀察：美國的時間史》一書，他認為標準時間甚至有助於國族認同。一項深遠的影響就是某種「縱向的結合力」，連結相隔數千公里遠、但正好靠近同一條經線的城鎮。他說：「因此我和亞特蘭大的人屬於同一個團體，我跟他們沒什麼共同之處，但我們都會在同樣的時間起床。亞特蘭大日出的時間和這裡完全不一樣。」今日，在緬因州的老師、在巴爾的摩的律師和在佛羅里達的店員都同時開始工作，如果他們正好都是傑雷諾和大衛賴特曼的忠實觀眾，他們會在傍晚同時打開電視。奧馬利指出，像美式足球超級盃這麼重要的節目播出時，同步的動作會更加明顯，根據公用事業公司的紀錄，一到廣告時間，幾百萬戶的馬桶會同時沖水。

---

*日晷上的時間就是「太陽時間」。我們想用時鐘報出的時間則是「平均太陽時間」；如果太陽在一整年內都以穩定的速率穿過天空，日晷顯示的時間就是「平均太陽時間」。

**這裡最好提一下，新的系統是西方人發明的。在會議中，只有一名代表來自非洲，兩名來自亞洲的日本和土耳其（只有這兩個國家不信奉基督教）。

標準時間奠定根基後，我們用來看時間的機械也更靠近我們，成為衣著的一部分。在一開始的時候，腕錶就跟首飾一樣，佩戴的人大多為女性。第一次世界大戰時這個習慣也改變了，壕溝裡的士兵也開始戴手錶。從那時候起，貼身佩戴的時計成為我們不可或缺的配件*。

在一九二〇年代快結束時，有人發明了石英振盪器，計時的精準度不再受限於最好的機械鐘。科學家發現某些水晶受到電荷影響時就會振動，調整水晶大小，就可以控制振動頻率。然後反過來用振動控制積體電路，也就是一系列的微型電力開關，可以提供電力給類比或數位的顯示器（如果是數位的，就不用活動零件）。可靠的石英鐘最早出現在一九四〇年代。最好的石英鐘一年只會出現萬分之一秒的誤差；和最棒的機械時計比起來，不啻是一大躍進。最早的石英錶出現在一九六〇年代末期；連廉價商店出售的都很精確，一天差不到一秒鐘。今日大多數的鐘錶都利用這種微小的裝置，算是二十世紀的一項工程奇蹟。

活在原子時間裡

另一種振盪器利用振動原子的天然頻率，能提供更準確的結果。第一座原子鐘於一九四八年製成，使用氨的分子。幾年後，科學家找到方法，用銫原子造出更有效的時計。銫原子鐘內的原子局限在特殊的空間裡，接受微波輻射的轟炸。輻射線會導致原子在兩種能量狀態之間來回彈動，彈動的速率則保持非常穩定。世界各地的一流研究實驗室都有銫原子鐘；美國海軍天文台的馬薩吉斯博士就極以他那批精良的時計為傲，也算情有可原。

原子鐘出現後，我們測量時間的精確度實際上遠超過促發時鐘產生的自然界循環現象。人類一度用日晷來檢查鐘錶的正確度，但現在卻反過來：這些特別精準的時鐘事實上能夠揭露地球自轉的不規則（就像馬薩吉斯說的：「地球是座爛鐘。」）。因此，在一九六七年，國際上對一秒鐘的定義也出現變化。一秒鐘原本和太陽時間有關，也就是平均太陽日的八萬六千四百分之一。但如果一天的長度不斷變動，定義就有問題。現在，銫的特定同位素振動九十一億九千兩百六十三萬又一千七百七十次的時間長度，就等於一秒鐘。

新科技承諾未來的計時方法更能一絲不差，過去幾年才發展出來的原子噴泉鐘和離子阱鐘等裝置帶給我們希望。馬薩吉斯在美國海軍天文台的同仁，正在開發使用銣原子的噴泉鐘，等到這項技術爐火純青後，銣原子鐘會比目前這群原子鐘準確五十到一百倍。另一個方法則是利用以更高頻率振盪的元素。以鍶為例，這種元素的共鳴頻率為每秒四百二十九兆次循環。東京大學的研究人員最近宣布，他們能夠造出使用鍶的「光晶格鐘」，報時的精確度為十的十八次方之一，也就是一千兆分之一。這種時鐘過了三百億年，也只會有一秒的誤差。

＊幾年前我可能會寫「很多人沒戴手錶就覺得自己沒穿衣服」，或效果類似的說法，但現在情況又改變了。手機液晶螢幕上的時鐘讓腕錶變成多餘的東西，不過這不表示腕錶會完全退流行。現在應該說，沒帶手機會讓人覺得自己沒穿衣服。

原子時間並非由一座鐘或某個天文台決定，而要靠全球的原子鐘網路。世界各地的實驗室把原子鐘的信號饋入巴黎郊外國際度量衡局的辦公室，這裡的電腦會按這些時間的權重計算出平均值（美國海軍天文台的資料大概占平均值的百分之四十）。結果就是我們提過的世界標準時間。

不過故事還沒完：我們的時鐘也顯示出地球本身慢下來了，每年的旋轉速度都愈來愈慢。由於月球對地球和其上的海洋拉扯的力道不平均（太陽造成的摩擦力則沒那麼強），導致潮汐摩擦的力量出現，就會減緩地球轉動，彷彿在我們旋轉的星球上踩下巨大的煞車（事實上平均下來，每年增加不到一秒鐘。在恐龍橫行地球的時代，「一天」可能只有二十三個小時）。我們的原子鐘如果自行其是，最後會跟太陽時間出現明顯的分歧。解決方法就是偶爾加個「閏秒」。有需要的話，到了六月底或十二月底，世界標準時間就會加一閏秒，讓原子鐘的時間和地球的旋轉保持同步（也就是和平均太陽時間一致）。如果不加以修正，過了幾千年，時間顯示午夜，可是太陽卻高掛天空。閏秒的概念自一九七二年出現以來，已經加了二十三次。

並非所有人都喜歡閏秒系統。一定會有人犯錯：電腦工程師忘了在程式裡加入閏秒（或輸入錯誤），重要的時鐘就會出錯。一秒鐘到底能造成什麼差別？在今日的世界裡，差別可大了。我們前面說過衛星導航系統就要仰賴原子鐘的信號，馬薩吉斯說，在華盛頓的緯度，差一秒鐘，定位就會差了約三百公尺。他問：「只因為儀器認定的位置差了三百公尺，就導致飛機失事，你希望看到這樣的情況嗎？」

除了閏秒，還有其他的辦法嗎？最簡單的方法就是不要閏秒，讓原子時間和太陽時間漸行漸遠。如果選擇這麼做，不久之後天文學家就會發現工作非常不順利：要將望遠鏡對準正確的方向，就必須能以地球自轉為基準算出時間；如果差了幾秒，你要研究的物體可能根本不在望遠鏡的視野內。天文學家當然找得到修正的方法，但如果差異繼續累積，普通的老百姓也會開始感到緊張。紐約客真希望隆冬的太陽早上十點鐘才升起嗎？另一個方法是讓閏秒累積成整整一個小時，大概要花六百年的時間。然後我們就加一個閏時，習慣日光節約時間的人應該就很習慣把手錶往後調一個小時。持批評態度的人說這個做法就等於把問題暫緩幾百年，把責任推給二十七世紀的公民。（做出決定的國際機構是國際通信聯盟，二〇〇五年，該聯盟在日內瓦召開會議討論這個問題。他們的結論是：「需要更多的時間才能達成共識。」）

此類爭議的核心問題其實可追溯到中世紀。我們要仰望天上的太陽和星辰，透過自然現象判斷時間？還是要低頭看機械時計，硬要定義自然的時間？到目前為止，我們總能在這兩種彼此衝突的策動力之間找到微妙的平衡。

從智力的角度來看，原子鐘的確值得讚嘆，我們可能沒察覺到，每天都要靠這些鐘進行不少日常的活動。但我最喜歡的時計仍是索爾茲伯里大教堂中值得信賴的中世紀老鐘；傲然聳立了六百多年，從十四世紀到現在，見證過完整的英國歷史。守鐘人普雷斯特講起歷史時，口氣中流露出對這口鐘和對國家的深厚情感。「老天啊，黑死病、南北分裂的英國內戰、玫瑰戰爭……」在他重述大鐘經歷過的里程碑時，我想到那有條不紊的滴答聲：聲音柔和卻堅持不懈，渾然不覺周圍的戰爭與和平、饑荒與富足、革命和帝國。在那幾百年內，時鐘多半放在高高的鐘樓裡。或許在那兒比較安全吧。「它看過克倫威爾來這裡衝鋒陷陣，還好鐘在高塔裡，克倫威爾也管不著，」普雷斯特的語調很狂熱，「它也看過伊麗莎白一世的船隻在英吉利海峽上被敵人追趕，可憐的女皇。戰艦瑪麗羅絲號沉沒時，鐘聲滴答不止。還有近代對英國小孩來說非常刺激的故事，當福克斯想把國會炸掉時，這座鐘也沒停下來。它真的看過不少歷史軼事。」普雷斯特停下來喘了口氣。「我一直在想，製作這口鐘的人如果聽到我們說將來人類會登上月球，他們會說什麼？我想他們一定會覺得咱們失心瘋了。」

第四章　在時間的控制中

時間與文化

考慮到你該做的所有事情，當你浪費一個小時，卻讓我感覺像是一千個小時……因為對你的身體和靈魂來說，再沒有什麼事情比時間更重要了，我覺得你不夠珍惜光陰。

義大利富商達提尼之妻在一三九九年寫給丈夫的信

我們的生活愈來愈緊張，愈來愈有壓力，這是老生常談了，事實上，用這種方法描述現代生活，簡直就是陳腔濫調。不過檢查現在幾點鐘的頻率好像真的提高了，不是嗎？甚至當我們努力不去擔心時間的時候，時間也張牙舞爪地悄然潛行。很多人工作拿的是時薪；電信和網路公司按分鐘收費（有的算秒數）；廣告費用則照秒計算。在過去幾十年內，生活的步調似乎衝到驚險的速度。我們感到壓力，要在更短的時間內完成更多任務，起碼看起來是這樣。休閒時間當然仍占有一席之地；高爾夫球場和滑雪勝地生意也不錯。但感覺在休閒的時候，我們也要匆匆忙忙。躺在海灘上時，你旁邊的人是否盯著智慧型手機的螢幕不放？有人早上寄電子郵件給你，然後就打電話過來，問你為何午餐前還沒回信。在電腦前坐了一整天，我們一回到家又立刻打開電腦檢查私人的電子郵件，有些人甚至在通勤時工作。（最近一項研究結果指出，很多人覺得準備三明治「變得很麻煩」，因此不得不買更多「預先準備包裝好的現成食品」。）

法國的文化評論家圖尼埃認為，想在最短的時間內擠進最多的活動，讓我們「成為當下的囚徒……如果我們不慢下來，就是在冒險與自己的未來漸行漸遠」。我們活在「時間饑荒中」，多倫多大學睡眠和時間生物學中心的主任莫爾多夫斯基補充道：「醒著的時候，永遠沒有足夠的時間做完工業社會期待我們能夠完成的工作。」

但我們在前一章看到，幾世紀前的人不怎麼在乎分，完全不在意秒；的確，分秒都是相當新的概念。喬叟不知道一分鐘有多久；莎士比亞有分鐘的概念，可是從沒提過秒。即使到了莎士比亞的時代，「一小時」可能只表示「一會兒」；意味大多數人不需要更細的畫分也能過得很好。（《聖母經》禱文的最後幾個字就是很好的例子：「現在及死亡的那個鐘頭。」）

然而，就算在今日，並非所有人都這麼匆忙。過去一千年來，我們和時間互動的方式變動劇烈，不同文化之間的差異也愈加明顯；有的文化重視時間到偏執的程度，有的卻幾乎察覺不到過去和未來的存在。我們已經看過一些例子，人類建造的觀測

時間永遠不夠：紐約中央車站。

站、時鐘和曆法都反映出這些差異。但時間差異也用更微妙的方式顯現，例如我們信仰的宗教和遵行的儀式，甚至連日常用字也包含在內。

在第二章我們看過中美洲的馬雅人把時間當成有機、有生命的個體。他們並不孤單：從非洲的原始部落到古代遠東地區高度發達的文明，全球各地還有很多人抱持同樣的看法。

中國：時間就像編織的布

在古文明中，中國人對時間的看法或許最錯綜複雜。中國人巨細靡遺地追蹤夜空中的活動；西元前十三世紀時，商朝留下的甲骨文描述月食的情況，在特定天文活動現存的紀錄中，這或許是最古老的。馬雅人也一樣，他們認為天空的活動會影響地上的事物，每次有彗星、日食或月食，或行星連成一直線，就像是天神對地面的活動降下旨意。

中國人覺得時間在某種程度上是不斷循環的；改朝換代似乎跟天際循環的起落一致。西元前五世紀的聖人孔子把完美的統治者比喻成北極星，也就是整個宇宙的軸心*。但加諸其上卻是一種深厚的時間連續感，短期和長期都包括在內。正如我們在前一章看到的，中國人造出了精密的水鐘，過了一百年多，歐洲才出現機械鐘。但在西方人眼中，中國人對時間這種盤根錯節的想法離不開和因果律

*凱撒大帝也有同樣的看法，至少莎士比亞筆下的凱撒就曾宣稱：「我如此堅定，好似北極星，穩牢而故我，無星能匹敵。」

有關的特殊看法。在古代的中國，時間「就像一大塊織錦，來回編織在一起」，說這話的班大為在賓夕法尼亞州的理海大學任職，是中國歷史、語言和文化的權威。不論出現的前後順序，在帝國某處發生的事件會影響到其他地方的事件；就像在一大塊布料上拉住某個點，整塊布上都會出現皺褶。至少有一位君主放棄帝位，不讓自己的統治期超過六十年，只怕在位太久結果會違反自然順序。當朝代衰落時（再一次回應馬雅人對世界的看法），全國的子民都感到心神不寧。班大為說：「那是眼前的大趨勢，就像聽到音樂的曲調變得荒腔走板。」歷史學家費爾瑟說，中國人的目標是：「個人、人際、社會及自然之間都能和時間取得和諧。」

印度教和佛教：逃避時間的周期

印度和東南亞的宗教對時間的看法非常不一樣，或者我們可以說他們想要脫出時間的控制。印度教信仰的重點在於不斷循環的時間；最短的周期叫做「大時代」（*maha yuga*），延續四百三十二萬年。一千個「大時代」組成一個「劫」（*kalpa*），兩個「劫」就等於印度教主神梵天生命中的一天。梵天的百年壽命就等於三百一十一兆年。在循環的時間中，一切終將回歸到之前的狀態；歷史只是幻覺，或許時間本身也是。世上無恆久之物，死亡只是通往誕生和復活的途徑。

在印度教信仰中，迦梨女神是溼婆神的配偶，或許也是所有印度教神祇中最可怕的，她同時象徵時間的創造力和破壞力。四支手臂的迦梨雕像多半染了血跡，戴著人頭串成的項鍊。有時候表現得像是勝利的兇手，腳下踩著溼婆神毫無生氣的形體；有時候則可能描繪成和溼婆神交媾。但溼婆神總會復活，並讓所有的生物跟著回到人間。

時間無窮無盡的周期一再重複，虔誠的印度人也有逃避的方法：把意識和永恆的「解脫」（*Kaivalya*）融合在一起。時間是不祥的預兆，給人壓抑的感覺；但得到啟蒙後，人類就可以馴服時間。佛教提供類似的道路：透過冥想，佛教徒就能逃脫死亡復活永無止境的循環，最後從時間中解放出來，到達「涅槃」（*Nirvāna*）的境界。（的確，所謂的中觀派贊同的超越論，就完全否定時間的真實性。）哲學家諾瓦克的說法非常簡潔：「跳進時間可怕的浪潮中，只為了在醒著的時候駕馭後方的浪花。」

非洲：「事件時間」

某些文化則用事件和順序相對的重要性反映出時間的有機本質，而不用時鐘或曆書來做記號。非洲有不少地區重視「事件時間」的程度超過了「時鐘時間」。

一九三〇年代，英國人類學家伊凡斯普里查研究了蘇丹南部的半游牧民族努爾人。他發現努爾文化裡沒有可以對應到小時和分鐘的東西；他們的確沒有一個字等於我們對「時間」的抽象概念。日子沒有特別的名字，也沒有編號。因此，他們不會把時間當成某種個體，也不能節省或浪費時間。相反地，時間和活動有關。努爾人的一年有雨季和乾季，雨量和風向的變化標出不同的季節。如果在五月問努爾人現在是什麼時候，他會回答：「老人家要回到村子裡。」一月時再問一次，你會聽到：「所有人都要回到乾季的營區裡。」正如艾文尼在《時間帝國》一書中提到：「時間邏輯似乎是這樣：如果我要去教堂，今天一定是星期天；如果有人在營區和村落之間來回移動，現在一定是雨季……就我們所知的範圍內，活動取代了時間。」（想像一下，華爾街的交易所在「員工開始交易的時候」開始交易日，或前往芝加哥的火車在「乘客都上車後」啟程。）

努爾人的生活以社會結構為中心，男人或女人可能都不知道自己幾歲，但他們卻知道自己所屬的「年齡群」（少年、青年，一直到老年）。雖然如我們想像的，沒有「流動」的時間，過了幾年後，努爾人的確會移到下一個年齡群。伊凡斯普里查注意到社會關係非常重要，因此努爾人比較在意過去，而不重視未來，「因為關係一定要從過去的角度來解釋。」

非洲東部的莫西人也卡在「事件時間」裡，但略有變化。他們的確會追蹤月相，就知道目前是什麼月份。跟努爾人一樣，莫西人的每個月都有代表性的事件或活動：在第一個月河流開始消失，在第二個月就要清理河床上的菜園，第三個月必須灑下高粱的種子；每個月都有不同的事要做。然而，部落內的人對於現在是第幾個月一定會有不同的意見。艾文尼發現，如果你問莫西人現在是幾月，「他可能會告訴你村裡有些人說現在是第五個月，但也有人說是第六個月」，有時候為了爭辯誰才是對的，村民很有可能會大吵一架。人類學家一開始認為這種意見分歧的狀況表示莫西人不在乎精確的計時，後來才發現其中有種天生的邏輯。事實上，如果所有的莫西人都同意現在就是某個月，反而會有麻煩。因為月份和季節的活動有關（只是關係不那麼緊密），就某種程度而言，十二個月份必須和太陽年調和一致；我們在第二章說過，太陽年比十二個太陰月長，但不足十三個月。因此，最後一定要閏月或跳過某個月份；如果眾人無法明確指出當下是什麼月份，就比較容易進行調整。艾文尼指出：

「這些人常四處游牧，計時變成互動的過程，人與人之間的對話要根據社會規則，所以最好能接納彼此的分歧意見。」

對「星期」有類似想法的烏美達人不在非洲，他們來自新幾內亞中部。人類學家哲爾發現，烏美達人不管現在是幾月，他們也不知道一年有幾個月。一年的季節很粗略地分成雨季和乾季。烏美達人沒有每周的市集，也沒有休息的日子。然而，哲爾解釋說，烏美達人的確會數日子：他們畫出和「今天」有關、很明確的七天。烏美達人對某一天有下面的稱呼：

大前天
前天
昨天
今天
明天
後天
大後天

根據哲爾的觀察，「在烏美達人的一周內，可以說今天一定是星期三，一個星期的中心。」

哲爾也觀察到另外一件事，凸顯烏美達人和我們截然不同的時間觀念。前面提到，烏美達人不記錄太陰月，他們也的確沒發現每次新月到下次新月的時間都一樣長（大約是二十九天半）。哲爾寫道：「對烏美達人來說，月亮就像菜園裡的塊莖，有時候長得快，有時候長得慢，也不知道為什麼。因此，當他們注意到逐漸變圓的月亮時，他們覺得很漂亮，漲大的月亮就像偶爾幸運種出來的大塊莖，而不是規律到了極點、能夠預測的天文活動。」

不用時鐘和曆書，改用事件標出時間時，這些事件的順序就非常重要。對肯亞西部的盧奧人來說，除非某些事件按著指定的順序發生，否則時間可說是靜止不動。在芝加哥自然史博物館工作的庫辛巴是考古學家，也是非洲部落文化的權威，他說：「在多妻制的盧奧家族中，大老婆的角色非常清楚，她必須第一個種下作物和準備農地，然後才輪到其他人。她要第一個去除草，也比其他人先吃飯。」同樣地，長子「必須第一個結婚，不管他願不願意……一定要按照某種順序做事情，不能破壞規則。」盧奧人相信，如果不遵守規則，就會擾亂自然順序，導致作物歉收或死亡。

來自肯亞的哲學家和人類學家姆比蒂在著作《非洲的信仰與哲學》中提到，很多非洲文化都會展望「久遠的過去和現在，但幾乎沒有未來」；在他研究的東非語言中，有很多「沒有具體的字詞或表達方式來傳達遙遠未來的概念」*。很多部落只在乎現在和過去發生的事，因為這些事情有「真實感」，姆比蒂說，他們不考慮未來的時間，因為還沒發生的事無法組成時間。「因此實際的時間就是現在和過去。時間向『後』移動，而不是向『前』，大家不會想未來的事情，但比較在乎已經發生的事。」

美洲原住民：時間的陰影

西方人有時間觀念，但在某些文化中這種觀念卻似乎不存在。美洲和澳洲的不少原住民文化，以及非洲和太平洋群島的一些社群，都沒有一個詞能夠代表「時間」。蒲理查德來自加拿大東部的密克馬克族，他花了很多年的時間觀察部落中的長者。有些規律的活動在我們心目中跟時間流逝有關，密克馬克人也察覺到了：他們的語言裡有日夜、日出、日落、青少年、成年和老年，但時間卻沒有一個代表的詞，他把觀察結果寫成一本標題很恰當的書，叫做《說不出的時間》。他寫道：「除了時間體現的自然事物外，時間的概念不存在。」

美洲原住民對時間或許有不同的觀念，但最引人注意的是美國西南部的霍皮族。早期的民族誌學者假設霍皮人不怎麼重視時間，拿這點大作文章。一九三〇年代，美國的語言學家沃爾夫研究過霍皮人語言和文化的各個層面後作出結論，霍皮人「沒有字詞、文法型式、結構或表達方式，牽涉到時間或任何相關的層面。」

相反地，沃爾夫認為，霍皮人把存在分成兩大類，一類處理實質的物品和感官察覺到的東西，另一類涵蓋心理和靈性。我們稱為「過去」和「現在」的屬於他們的第一類，未來則屬於後者。霍皮人的動詞非常豐富，但沃爾夫宣稱他們的語言沒有時態。最近的研究相當質疑他的詮釋。舉例來說，哲爾就認為霍皮人使用的情態（表明說話者對他人主張的態度）和歐洲語言的時態作用一樣。霍皮人似

---

*有些人不贊同姆比蒂的看法。阿佑艾德就是一例，他說姆比蒂的看法「對優魯巴來說就不完全成立，他們對未來的看法甚至超越了今生的重點，延伸到來世」，另外他也補充，優魯巴人農耕為生，常需要規畫收成和貯存食物。

乎也常用空間譬喻傳達跟時間有關的事實。他的結論是：「霍皮語並非是一種沒有時間也沒有時態的語言。」

看來沃爾夫認為霍皮人的生活中沒有時間觀念，但歷史學家惠特羅認為這麼說就單純得太過分了。惠特羅提醒我們，霍皮人「已經根據天文學方面的知識，成功編寫出農業和喪葬的曆法，也算相當準確，特殊節慶很少差到兩天以上。」的確，霍皮族和鄰近的蘇尼族都是觀測太陽的專家，利用「地平線曆法」追蹤每一季日出的時間；要知道何時下種和收成，季節非常重要。

背對著未來

當政治人物在伊拉克提到「前方的路」，我們知道他們在討論未來，不是過去。聽到樂團「誘惑」唱的〈不要回頭〉，我們知道歌詞的意思是叫我們不要回顧過去的時光。這兩種說法似乎是直截了當的譬喻，我們可能覺得全世界的人都聽得懂；其實不然。以南美洲的愛瑪拉人為例，他們心目中空間和時間的關聯十分獨特。在大多數的文化中，我們覺得過去在背後，未來在眼前，提到過去和未來時，我們用的手勢和身體語言也會反映出這種想法。聖地牙哥加州大學的人類學家努涅茲在智利北部錄下了幾十個成年愛瑪拉人對話的過程，但他發現完全相反的做法：愛瑪拉人談論過去時會指向前方，討論未來時會向後比手勢。他們的語言也反映出這種相反的做法。愛瑪拉語中表示「前方」的字（*nayra*，也有「眼睛」、「正面」或「視力」的意思），也用來指過去。同時，意思是「後方」的字（*qhipa*，也有「臀部」的意思），也用來表示未來。

我們不清楚這種思考方式如何演進。然而，努涅茲注意到愛瑪拉人會區隔他們自己知道的陳述（親自目擊的事件），和他們從別人那邊聽說的事情。特別強調「可以看見的東西」，就能說明為什麼過去（事情確實已經發生了）和前方有關係，因為我們能清楚看到過去；未來則無法確定，因此跟背後看不到的東西有關聯。努涅茲發現年長的愛瑪拉人甚至拒絕討論未來，認為談論還沒發生的事情毫無意義。他也注意到這種文化特質似乎慢慢消失了。雖然愛瑪拉語的人口數還有好幾百萬，但只有住在安地斯山中央高地的人才使用這種語言，比較年輕的一代則傾向於使用流利的西班牙語，通常也用西方的手勢。

澳洲：「美夢時間」

最難理解的時間概念有可能是澳洲原住民的「美夢時間」，這段黃金時代一下子就成為久遠的歷史，而且永遠存在。活在古代的人物並未消失，反而以當代人的形體繼續活下去。要維持社會秩序，就必須用儀式重現活在「美夢時間」的人物和動物，也要把他們的故事一代一代傳下去；若能和古老的過去維持聯繫，才能擁有生命*。人類學家摩非指出，西方人注重「進度」和「目的」，「原住民對於時間的概念基本上與目的無關。或者應該說目的就在不受時間影響的永恆美夢中。」

社會學家德納遜發現在「美夢時間」中，「時間、地點和人物合而為一。你知道自己在哪裡，身旁有什麼人，就能知道現在的時間。」德納遜指出，社會上沒有表示時間的辭彙，並不代表群眾就不會計時。「一天的時間分成破曉、日出、早晨、中午、下午、傍晚、日落、晚上和深夜。睡眠的時間、月相和季節都可以代表時間，也可以用來計時。」看來對時間的看法就跟地球上的文化一樣不勝枚舉。然而，雖然彼此看起來南轅北轍，很有可能相似之處仍超過差異。正如哲爾說的：「在夢境中，別人體驗時間的方法跟我們完全不一樣，這裡沒有過去、現在和未來，時間完全靜止，或者一直繞圈圈，或者像鐘擺一樣來回搖動，可是夢境並不存在。」

希臘人：多樣化的時間

在古希臘，解答時間問題的方法非常多，不只一種而已，在希臘思想家留下的文獻中，我們可以看到問題的根源，一直到現在，這些最深奧的問題仍是哲學家極欲解開的謎團。

這些敘述慢慢地浮現出來，從荷馬和海希奧德的史詩開始。海希奧德的《工作與生活》讀起來就像西元前七世紀的農民年鑑，含蓄地以時間的概念為基礎（不過詩篇中從未提到「時間」這個詞）；內容全是何時下種和何時收成的說明，明確地指出天上的星宿。荷馬的看法則比較不確定：史詩《奧德賽》中到處可見時間的周期；「曙光女神玫瑰顏色的手指」宣布一天已經開始，但主角奧德賽航行了二十年，外表絲毫未變。（他的妻子潘妮若普留在綺色佳，同樣地也沒變老。然而，他們的兒子泰雷馬可士在這段時間內卻長大了；他的忠犬阿格斯也變老了，在主人回來時便安心地嚥下最後一口氣。）

過了幾百年，蘇格拉底之前的哲學家開始剖析時間。來自埃利亞的巴曼尼德斯（約為西元前五二〇至四三〇年）是當時最有深度的思想家，他把過去和未來當成幻覺；堅持真實的世界不受時間影響，永遠不會改變。他的看法和以弗所的赫拉克利特斯（約為西元前五三五至四七五年）形成鮮明的對比，後者認為宇宙原本就充滿動力，必須不停地創造、毀壞和改變。在西方的時間概念中，這種對比會演變成關鍵的哲學戰爭，我們在接下來的幾章會一直提到這個概念。

柏拉圖（西元前四二八至三四七年）則看到時間和宇宙本身之間的關聯；在著作《蒂邁歐篇》中，他描述時間如何從永恆中浮現。按照他的推論，上帝是永恆的，也要讓宇宙永恆存在；但祂必須勉強接受永恆的形象或倒影。柏拉圖說，造物主「決定要塑造出不斷變化的永恆形象，當祂制定天界的秩序時，這個形象就成為永恆，卻仍按著數字變化，當永恆本身堅定不移時，這形象就是我們口中的時間。」柏拉圖認為時間就是其中有日月星辰的「蒼穹」旋轉時留下的倒影。時間不是獨立的個體，而是宇宙的特質，西方思想一直到了今天仍脫離不了這個概念。

柏拉圖的弟子亞里斯多德（西元前三八四至三二二年）在很多方面都不同意老師的想法，時間的本質也是他質疑的一環。（從他的著作《物理學》第一段我們就看到完善的論述。亞里斯多德說：「最好的計畫就是一開始利用目前的爭論，明白其中困難之處。首先，該歸類給存在的事物？還是不

＊對西方的世俗生活來說，這個想法似乎無法相容，但或許在某種程度上卻符合西方的神學。比方說行聖餐儀式時，基督徒就在重現「主的晚餐」（耶穌基督和使徒的最後一餐）。一位學者說這種「基督教的崇拜方法，有效重現西元二十九年在耶路撒冷城外發生的事件，透過儀式變得永垂不朽，信徒在行禮時就能天天重現歷史。的確，儀式的整個過程會讓空間和時間已經固定的行動成為永恆的現在。」

存在的事物？接下來，本質是什麼？」）在絞盡腦汁後，亞里斯多德的結論是，時間深植於移動和變化之中；考慮到和時間流動分不開的事件，時間才有意義。然而時間跟移動不一樣，因為移動在變換位置的物體「之中」，時間卻無所不在。因此時間和移動無情地聯結在一起。他說：「兩者彼此定義。我們會按動作測量距離，以及按距離測量動作；舉個例子，我們說路很長，如果旅途很長是因為路很長，那麼時間也會移動，動作也等於時間。」

這些想法的影響深遠，我們會在接下來幾章看到，柏拉圖和亞里斯多德的真知灼見過了這麼久，依然影響辯論的內容。

希臘人除了對時間的看法各有不同，時間如何開始的問題十分令人煩惱，他們也有不同的態度。大家都知道柏拉圖相信一群理想的數學格式；正如他在《蒂邁歐篇》中的描述，當那些數學準則找到有形的化身後，真實的世界才能存在。我們也可以想見，亞里斯多德的看法當然完全不同。他覺得柏拉圖的描述暗指世界在過去的某一個特殊時刻變成真實；在亞里斯多德看來，這個想法一定會引起矛盾。難道柏拉圖認為時間本身不知怎地**在時間中**製造出來*？這個論點至少可說是很棘手。亞里斯多德的論點是，當某人說到時間的源頭時，馬上就可以問，在那之前呢？亞里斯多德寧可把世界當成永恆不變的，過去沒有開始，未來也沒有結束。

同時也有其他人的看法類似東方的宗教，他們覺得時間會不斷循環。所謂的斯多噶學派運動於西元前三世紀源自雅典，由來自埃利亞的哲學家季諾領導。斯多噶學派相信「大周期」（或「大年」），夜空中行星的位置也扮演重要的角色。當行星回到同樣的相對位置，宇宙歷史就會重新開始

（斯多噶學派可能從巴比倫人身上學到這個想法）。第四世紀時，伊梅沙的主教尼梅修斯在評論這個觀念時提出主張：「蘇格拉底和柏拉圖以及所有人都會重生，交同樣的朋友，周圍有同樣的市民。他們會再度經歷同樣的體驗和活動。所有的城市、村莊和田地都會恢復原樣，就跟從前一樣。宇宙的復甦不只重來一次，而會不斷重複；永遠沒有盡頭。」

後來的希臘人對永恆周期的想法深信不疑。在西元第六世紀，哲學家辛普利西烏斯解釋畢達哥拉斯學派（他們的哲學結合數學和神祕主義）對周期時間的想法有多麼熱愛。辛普利西烏斯引述一位畢氏學者歐德孟斯的話，很明顯地歐德孟斯已仔細思索過，不斷發生的**類似事件**和不斷發生的**時間周期**之間的區別：

> 你或許會覺得很好奇，時間是否如某些人所說真的會重新再來。我們現在所謂的「一模一樣」其實有不同的說法：同種類的事物的確會再來一次，例如一年四季和不同的時節；同樣的動作也會重複出現，例如太陽走過春分夏至秋分冬至的位置。但如果我們要相信畢氏學派的說法，認為同樣數目的東西會再度出現，以此類推，你以後又會坐在這裡，而我又會對你說話。相同的道理也能套用在其他事物上，因此，很有可能**同樣的時間也會不斷循環**。

＊其他人則詮釋說，柏拉圖對時間起源的看法事實上跟亞里斯多德很像。《蒂邁歐篇》裡面的這段話可供參考：「那麼，時間和天國同時創造出來，也在同一秒出現，因此，如果會出現崩潰，可能也會同時崩潰。」

周期時間的想法似乎影響了亞里斯多德，他觀察到：「會自然移動來去的所有其他事物都有循環。這是因為所有其他事物都由時間區別，結束和開始的方式彷彿都符合某個循環，就連時間本身看來也有周期。」在討論地球科學的著作《氣象通典》中，他講得更明白，提到在無止境的周期中不斷獲得和損失的知識。「我們必須說在周期中人類出現了同樣的意見，不只一兩次或少數幾次，而是極為頻繁。」

線性時間的誕生

在古代的近東地區，西元前第一個千禧年剛開始時，有一項特殊的文化孕育出非常獨特的時間觀念。猶太人認為，歷史就像一連串特殊的事件：創造、洪水、救世主（終於）出現，都按著上帝神聖的計畫展現出來。這確實是線性的時間觀念。從這個角度看來，時間毫不留情地從過去行進到現在，無法逆轉。也要有確切的開始：宇宙創造的過程只有一次。永恆屬於上帝，不屬於空間和時間。

線性時間的觀念不純屬於猶太教；猶太人有不少東西是從巴比倫人那邊繼承過來的，這點毫無疑問，例如類似的創世記神話，古代波斯人信奉的拜火教也有同樣的線性想法。但猶太人的觀點得到早期的基督教徒採納，和某些希臘哲學的關鍵元素最後一起奠定西方世界觀的基礎。

然而，希臘哲學並未完全成為基督教神學的中心思想；像斯多噶派關於周期時間的看法和其他某些元素，就遭到拒絕。聖奧古斯丁在《上帝之城》中提到他無法相信就像在這個時代，哲學家柏拉圖坐在雅典城裡名為「學園」的學校教導弟子，在過去無數的時代中，同樣的柏拉圖、同樣的城市、同樣的學校和同樣的學生一而再再而三地出現，未來也注定要重複再重複直到永遠。很抱歉，我不認為我們得相信這種無稽之談！

採用線性時間後，對西方思想留下了深厚而長遠的影響，也為「進步」的想法奠定基礎。歷史學家孟福認為，線性時間和前一章所述機械鐘的發展齊頭並進。他說時鐘「把時間和人類活動分開，提供助力創造出獨立的世界，其中的順序可用數學方法來測量：也就是屬於科學的世界。」十七世紀末，時間在人類心目中已經成為向前不斷行進的抽象個體，不受人類活動的支配。

槍枝、細菌和CCT

線性時間出現後，大家愈來愈希望能有更準確的時鐘和曆書來切割和測量時間，我們在前幾章已經討論過了。時鐘和曆書的發展成為現代科學和工業的基礎，此外不論如何，都會導向今日科技世界的急促步調。西方文化似乎也把這種高速生活風格出口到世界各地，但是西方人卻感覺不到自己散發出的影響。西方文化有很多有名的出口物，例如英文、自由民主和搖滾樂（其他的例子還有很多），但事實上，使用時鐘和曆法（尤其是格里曆）來看時間，或許影響更為深遠。人類學家柏斯提爾把「時鐘和曆書上的時間」簡化成英文字首縮寫CCT，他認為這「才是西方最成功的出口物」。根據他的說法，「從未聽說有人能夠成功抗拒。*」

CCT有很多呈現出來的方法，通常連實體的時鐘或曆書都用不到。有好幾位人類學家發現，電視就有報時的功能。像世界杯足球賽這種全世界幾乎都會轉播的節目就能聯合各國的居民，一起做共同活動（即使並非主動的），但要看世界杯，就要遵守時間：比賽按著CCT轉播，太晚開電視的觀眾就看不到開球。有一項研究的主題是一九七〇年代葉門偏遠地區的居民擁有電視後的情況。人類學家亞德拉指出，電視出現後，「立刻影響社會生活」。電視「改變了每天的工作和休憩模式，因為大多數人會看電視看到晚上十一點發電機關閉，因此比較晚睡」，結果很多人第二天早上爬不起來。

日本的情況特別有意思，除了欣然接受CCT，還進展成為地球上步調最快的國家。（正如社會學家西本郁子指出：「在其他國家被迫西化時，日本卻選擇西化。」）十九世紀末，日本工業化程度愈來愈高時，變化就開始了。在一八七三年的教科書中，學童要學習讀出時鐘上的時間。就連語言也受到影響：新詞*jikan*（「時間」或「小時」）出現了，取代*toki*（用來指日本傳統陰曆上的時間）；日本人也開始提到分（*fun*）和秒（*byo*）。不能緬懷過去。到了現在的日本，如果火車入站的時間比預定的晚了一分鐘，就算「遲到」。同樣的準則在英國是十分鐘，在法國是十四分鐘，在義大利則是十五分鐘。為了準時，還有可能鬧出人命：二〇〇五年，日本國鐵列車為了彌補九十秒的延誤而出了意外，造成一百零七人死亡。《紐約時報》的報導說：「在其他國家，晚了九十秒的火車或許還算準時呢。」

生活的步調

西方的時鐘和曆法愈來愈普及，但不同文化的生活步調仍相去甚遠；曾經到其他國家旅行的人應該就會注意到。人類學家博斯寫了一本叫做《永遠活在千里達時間》（一九九九年出版），標題只是引用島上常聽到的說法。在巴西，遲到一小時沒什麼大不了的，但在紐約、法蘭克福或東京，遲到十分鐘就要提出解釋。

加州大學弗列斯諾分校的社會心理學家勒范恩所做的研究或許是最全方位的時間變動性研究；幾十年的研究心力都集結在他引人入勝的著作《時間地圖》（一九九七年出版）中。在研究的某個階段，勒范恩和同事使用三種不同的測量方法來判斷三十一個國家的生活步調：城市街道上行人走路的速度、公共時鐘的準確度以及向郵局職員購買郵票所需的時間。步調最快的五個國家是瑞士、愛爾蘭、德國、日本和義大利；最慢的五個國家是敘利亞、薩爾瓦多、巴西、印尼和墨西哥（美國排名十六；加拿大排名十七）。或許大家都覺得「快速」的國家相對來說經濟實力也比較強，「緩慢」的國家則比較貧窮。勒范恩並未深入研究其中的關聯，但他注意到：「經濟變動和生活步調似乎相輔相成，不會單獨出現。」

在類似的研究中，以美國的三十六座城市為研究對象，勒范恩發現（或許會讓人覺得很驚訝）波

---

*柏斯提爾說過：「『時間錯誤』（故意毀壞時鐘和其他與時間有關的手工藝品）這個詞不在我的字典上。」然而，小說中出現過這個詞：康拉德一九〇七年出版的《特務》中，有一段情節是叛亂份子計畫要炸燬格林威治天文台。（這個詞也出現在Urban Dictionary網站中，不過意思不太一樣：「發現實際的時間或日期與你所認為的具有極大差異時，而暫時出現疲憊煩躁的心理狀態。」）

士頓是步調最快的城市，而洛杉磯（或許也會讓人覺得很驚訝）則最慢。紐約市占了第三名（在水牛城之後），實驗人員在兩座城市遭到郵局職員羞辱，一個是紐約，另一個則是布達佩斯。

勒范恩解釋一開始他察覺到生活步調的明顯差異時，正在巴西教書。學生來上課時，最多會遲到一個小時，然後待到下課時間就離開。公共時鐘（和私人的手錶）上面的時間千變萬化，大家常在同一時間安排好幾個約會，結果全部爽約。

在印度，勒范恩花了好幾個小時在火車站排隊；當地人早已習慣排隊排到地老天荒，還邀請勒范恩跟他們一起在車站大廳的地板上坐下來吃午餐。最後終於輪到他買票時，票卻賣完了，但他靠著給小費賄賂買到車票。最後，「火車很晚才開，到達的時間更晚，不過都沒關係，跟我約好見面的男士甚至比我還晚到。」在尼泊爾，勒范恩花了四天的時間等加德滿都電話局的職員幫他接通國際電話。其他人也要等這麼久，大家似乎都習以為常。

勒范恩很謹慎，對步調緩慢的文化不作任何評斷，也告誡其他人要小心：「當我們把巴西人遲到的習慣歸咎於不負責任，或說轉移注意力的摩洛哥人缺乏重心，除了草率的態度外，也是因著種族優越感而變得心胸狹窄。」但他也指出起碼在美國境內，很多少數族群認為他們悠閒的步調跟大多數更匆忙的英裔美國人不一樣。「美裔印第安人喜歡說『用印第安時間過活』。墨西哥裔美國人則把時間分成『英國時間』，指時鐘上實際的時間，以及『墨西哥時間』，也就是用更隨性的態度對待時鐘上的時間。*」勒范恩在墨西哥時想把問卷翻成西班牙文，卻碰到問題。他想問別人訂下約會時，什麼時候他們「期待」對方會到、什麼時候「希望」對方會到、會「等候」對方多久；結果發現這三個詞在西班牙文裡都是同一個動詞：*esperar*。

在僅存的少數採獵社群中，勒范恩發現他們享有全世界最悠閒的生活步調。住在新幾內亞西部高地的卡保庫人不願意連續兩天都在工作，非洲南部住在叢林中的孔族人通常每周只工作兩天半，一天六個小時。勒范恩覺得氣候較溫暖的國家，生活步調也比較緩慢：在他調查的三十一個國家中，最緩慢的國家都在熱帶。

我們的祖先因為不得已才開始計量時間：農民必須注意四季變化，要提高收成，就要了解太陽星辰，以及天體不斷重複的行進路徑。但時間所能控制的範圍不僅止於此，更影響了公眾和私人生活的所有層面。有些人覺得時間是有機體，非常靈活；有些人則覺得時間不斷循環，模擬自然中的周期。還有人（包括我們在內）覺得時間沒有生命，毫不留情地不斷前進。

有些人可能已經受不了了。作家歐諾黑在最近的著作《慢活》（二〇〇四年出版）中詳盡闡述歐洲和北美洲興起的各種「緩慢」活動，例如慢食和緩慢城市，還有更出名的緩慢性愛。源自義大利的慢食宣言一開始就說：「我們的世紀從一開始和後來的發展過程，都脫離不了工業革命的影響，先發

＊人類學家雖然可以描述這三種文化差異，但最近在加拿大發生的事件則讓我們看到隨意批評這種差別有可能會冒犯別人；尤其當你批評某個人的時候。在二〇〇七年，印紐特族的藝術家法柏想知道加拿大稅務局為什麼要稽核他，便透過資訊公開法要求政府提供稅務資料。稽核員的評注令他大吃一驚，資料上說「典型的原住民都一樣，不像我們會覺得很急迫，要在期限前完成工作。」法柏認為這種說法「泯滅人性」，向加拿大人權委員會提出申訴，該委員會已經展開調查。

明了機器，然後機器成為本世紀的生活模式。我們成為速度的奴隸，全部臣服於狡詐的病毒：快速生活。」（歐諾黑讀到一篇文章，裡面提到有一系列的經典童話故事為了配合生活忙碌的家長，都被濃縮成一分鐘長度的版本，引發他寫《慢活》這本書的想法。他覺得這個主題很不錯，之後又問自己：「我真的瘋了嗎？」）

快速生活似乎早已根深柢固，但西方文化還在變化，我們對時間的看法也繼續演化。記者哲妮可指出，手機出現後（一九九〇年代快結束時，工業國家幾乎人手一支），時間「比以前更黏答答」。這裡的「黏答答」和緩慢沒有關係，只是表示人際關係比從前更加緊密，因此，我們管理時間的方法也跟著急速改變。哲妮可說，由於我們的文化變得很匆忙，便含有很多小塊的「軟性時間」；尤其在規畫晚間和周末的活動時。很多人活在「泡泡裡，預期見面的地點和時間不斷變化，因為我們期待能隨時找到其他人。八點半仍算是八點鐘，只要你及時打電話來告訴別人你無法在約定的時間到達約好的地點，再晚幾分鐘也沒關係。」（如果這樣的行為會讓你有罪惡感，請舉手。）哲妮可說，某項研究的結論是「美國愈來愈像巴西了，後者早已習慣很有彈性的時間。」另一方面，在巴西，「習慣晚到的人現在卻抱怨他們必須打電話解釋為什麼晚到。」

西方文化這種要把愈來愈多的體驗擠進每一分每一秒的傾向是否和我們調查過的各種非西方傳統有任何關聯呢？或許有。在面對無可避免的人生大限時，東方宗教無止境的周期，以及藉由開示脫離時間的承諾，也算是一種策略。在今日的俗世中，不斷聽到「你就活這麼一次」，或許也會讓我們更想盡情利用每個時刻。

第五章　記憶的持久度

跨越時間的橋梁

記憶的缺點也是其優點，記憶構成跨越時間的橋梁，讓我們的心智和實際的世界聯結在一起。

沙克特

想得愈多，忘得愈快……

波赫士

頭顱裡那塊一公斤多的柔軟灰色物質怎麼能察覺到時間流動？三百多年前，和牛頓同時的英國科學家虎克就反覆思索過這個問題：

我想問我們是用哪一種官能察覺到時間，因為來自五官的資訊都只留存在一瞬間——僅在物體於我們心中留下印象時的那段短暫時間內。我們仍缺乏能夠領會時間的感官；只有概念。但集合我們所有的官能，依然不能達成這個目的。

雖然已經有無數的人根據知識和經驗進行猜測，尤其在過去幾十年來，有許多人透過科學方法狂熱地探索，虎克的問題到現在仍沒有簡單的解答。

生物學家早就知道人體會回應自然環境的節奏（的確，植物和其他動物也會），近來發展迅速的「時間生物學」開始研究人體在健康和生病時對這些節奏的反應。大家最常聽到的就是每天起落的節奏：心跳、新陳代謝、消化和很多其他的功能，看起來都配合日夜的自然循環。這些是所謂的晝夜節律*，原文來自拉丁文，直譯則是「近」（*circa*）和「日」（*diem*）兩個字的組合。還有其他無數的循環周期，有的更長，有的更短。

還有大腦，這個在人體內提供知覺經驗的器官。我們知道大腦包含一千億個神經細胞（也稱神經元），很巧的是，在典型的星系中，大約也有一千億顆星星。我們也知道，每個神經元和其他神經元之間大約會建立一萬個突觸連結。這些連結就是大腦所有功能的源頭。和其他人一起發現DNA結構的科學家克里克稱之為「令人驚訝的假設」：大量的神經元活動讓我們能夠感覺到自我、察覺到周圍的世界、具備意識。因此可以推測，能夠感覺到時間流逝的能力應該也來自同樣的地方。

心理學家和神經科學家一直都想找出大腦中是否有像「內建時鐘」的東西，也就是某種幫助大腦記錄時間的機制。但現在他們卻開始懷疑大腦內並無特殊的結構能夠發揮時計的作用**。我們對時間的意識似乎分布到很多不同的大腦區域中，每一個區域都有各自記錄時間距離和順序的方法。在加州大學洛杉磯分校腦部研究中心工作的波諾馬諾說：「很多複雜的人類行為，例如了解語言、練習接球和演奏音樂，都要仰賴大腦能夠正確報時的能力。但沒有人知道大腦是怎麼做到的。」另外兩位傑出的心理學家薩登朵夫和柯貝利斯也有同樣的審慎評估：「我們仍不清楚內建時鐘、順序代碼或其他過程如何讓成年人建立時間維度的概念。」等一下我馬上會再提到這兩位心理學家的研究成果。

要研究腦內的時間，還會有個問題：這不僅是一門相對來說很新的學問，其研究內容更橫跨許多學科，很多專精領域之間的界限因此變得更不明顯。這些學科包括電生理學（研究細胞和活組織與電流有關的特質）和心理物理學（研究物理刺激以及人類接受刺激後的主觀體驗之間的關係）；腦部造影和運算模型方面的技術也很重要。神經生物學家伊葛門說過，這些新領域逐漸「描繪出腦部如何處理、學習和感知時間的方式。」

一些包羅萬象的問題激發了最新的研究：隨著時間的推移，我們的大腦如何編碼／解碼流入的資訊？來自不同腦部區域的信號如何在短短的時間內彼此協調？我們對時間長度的感知如何反映外在的世界？有哪些因素會影響我們對時間的判斷？伊葛門說：「雖然對行為和感知來說非常重要，但時間感知用到的神經基礎依然籠罩在神祕中。」

雖然我們才漸漸開始了解大腦**如何**詮釋時間，但大腦有種顯而易見且作用相當廣泛的功能——記憶，似乎便以時間為中心。事實上，虎克更進一步結論，記憶就是我們感知時間的「器官」：

＊大多數人都能感覺到這些節奏有多容易變得一團亂，比方說必須值夜班的時候，或者越過好幾個時區後會有時差。

＊＊然而，有些特定的區域要負責調節晝夜節律。最重要的區域叫做「視叉上核」，在靠近大腦底部的地方。在實驗中，取出老鼠的視叉上核後，牠們的晝夜節律就減弱了。

考慮到這一點，我認為我們有必要假設，有另一個器官能夠理解時間留下的印象。就我的猜想，除了我們一般稱為記憶的器官外，別無他物……我假設記憶就像耳朵、眼睛或鼻子，也是一種器官，位置很靠近其他感官的神經起共同作用和匯集的地方。

現代的神經科學家一般不會把記憶稱為器官，而比較常稱為過程，或很多過程的組合。但是，他們的研究結果開始顯露腦部的記憶系統有多複雜，有多麼多元化。跟記憶相關的科學是一門龐大的學問，不可能用書中一章的篇幅講完。我不想摘要說明研究人員從記憶運作中學到了什麼，但會把重心單單放在某些腦部功能上，以便清楚說明記憶和時間的關聯。

回憶過去，想像未來

你能在腦海中描繪小時候住的地方嗎？閉上眼睛，是否能想像自己穿過舊居的客廳走向廚房？小時候發生的事情呢，例如玩最心愛的玩具或慶祝生日？就算你的記憶力普通，要喚起這種回憶，很有可能也沒什麼困難，或許還能編織出不少細節。心理學家稱之為「情節記憶」，這個說法是加拿大的神經科學家圖威於一九七〇年代早期發明的。那你能換個方向看穿時間嗎？是否能夠想像未來你要參加的活動？比方說明天去雜貨店，明年冬天去溫暖的地方度假？

結果證明我們能夠穿越時間投射心裡的想法，在腦海中叫出和過去有關的影像，或我們想像未來會發生的事情。（小說家常操弄這個想法：例如吳爾芙的《戴洛維夫人》，雖然故事情節只延續了一天，但在主角的心裡卻發展成好幾十年。）人類的這種投射能力其實很強，我們可以在腦海中回溯很久以前的事；你可以想像在出生前發生過的事（不過這有點難度），還有等你死後很久才會發生的事。

心理學家和認知科學家把這種卓越的能力稱為**心智的時光旅行**＊。很粗略地說，就是結合情節記憶和預料未來事件的能力。沒有這種能力，人類就不能規畫和發展，也不會有文化；失去了想像出來的未來藍圖後，文明也跟著消失。人類毫無疑問擁有優秀的心智時光旅行能力，但我們還希望能更深入了解。其他的動物也有這種能力嗎？如果沒有，在人類的演化過程中，這種能力在什麼時候出現？有原因嗎？出現在我們成長過程的哪一點呢？我們從何得知想像時間流逝的方法以及時間的本質？

現年八十多歲的圖威已經從多倫多大學退休，但仍在多倫多北邊的羅特曼研究院積極進行研究方案。他的主題就是記憶，但他仍努力提出深刻的問題，探索實境的本質。年輕時的圖威對「更加哲學」的東西有興趣，因此「會思考時間是什麼、從何時開始、時間存在前的世界是什麼樣子。」圖威覺得大家對記憶和時間有很多誤解，最普遍的是兩者之間的關聯在人類心目中有多強。我們會一直感覺到時間的明顯流動，而我們可以說，記憶就是人類用來感受時間流動的媒介。但圖威幾

＊我們會在第八章討論有形的時光旅行，這兩者不可混淆。順帶一提，當我們的心智進入另一個時間，通常也會進入另一個**空間**；如果你小時候住在其他地方，回憶起成長過程時，除了穿越時間，心智也會跨過空間。然而，科學文獻都沒有提過「空間旅行」的術語。

十年的研究結果卻推翻了這種想法。他說：「人類內在的記憶類型大多和時間無關，在動物身上也一樣。」記憶的很多面向只重此時此刻，例如學習新技能，或回憶起某件事。但情節記憶則是一個值得注意的例外，圖威相信情節記憶為人類獨有，讓我們能夠利用想像力重臨自己選擇的事件，回顧過去的時光。

心理學家開始調查情節記憶和心智時光旅行能力之間的關聯也不過是最近幾十年的事，他們也想推測人類怎麼會擁有這麼精密的能力。圖威研究情節記憶將近五十年，是最早使用「心智時光旅行」這個說法的先驅。他特別強調，負責記憶的人（他口中的「記憶者」），會覺得某段情節記憶是真實事件：感覺就像過去某個事件或個人的獨特經歷精確地（或至少看起來非常有道理）重演一遍。他在著作《情節記憶的元素》（一九八三年出版）中提到：「對記憶者來說，想起某件事，就是心智進行時光旅行，重新體驗過去已經發生的事。」

我們前面曾提到兩位來自南半球的心理學家，他們在心智時光旅行上的最新研究成果非常值得探討：澳洲昆士蘭大學的薩登朵夫和紐西蘭奧克蘭大學的柯貝利斯。薩登朵夫和柯貝利斯的主張很有說服力，他們認為心智時光旅行的能力讓人類祖先在求生存的過程中得到非常寶貴的優勢。他們相信回憶過去和想像未來之間的聯繫非常深奧。這兩位學者說，記憶的行為提供「素材」來塑造未來可能發生的情景，以便採取適當的行動。心智時光旅行「提供更高的行為靈活度，使當下的行動能夠提高未來生存的機會。」如果他們的論點沒錯，那麼回想過去的心智時光旅行「附屬於我們想像未來情景的能力。」圖威同意這種說法：「知道過去發生的事有什麼好處？為什麼要在意？重點在於，你學到了一些東西。或許演化的優勢在於未來，而不是過去。」

現代的神經科學似乎證明了這種推論：只要跟大腦有關，記憶的行為就很像想像未來的行為。乍看之下或許會覺得這種說法很奇怪；卡洛爾的著作《鏡中奇緣》中的紅皇后只記得未來，不記得過去，讀者都覺得很荒謬，正因為我們一向認為「記憶」和「過去」理所當然就該連在一起，和未來似乎沒什麼關係。雖然我們不「記得」未來，卻會在心中描繪，我們描繪的方法就跟描繪過去事件的做法非常相似。腦部造影的研究結果指出，不論是回憶過去還是想像未來，在腦部額葉和顳葉中用到的區域都非常類似。

任職哈佛的心理學家沙克特最近在《自然評論：神經科學》期刊上發表的文章中提到：「我們可以把大腦當成基本上有預測能力的器官，預定要用來自過去和現在的資訊去預測未來。記憶可以說是一種工具，具備預測能力的大腦就用這工具模擬出未來可能發生的事件。」

最近和沙克特碰面時，他向我解釋，這種詮釋記憶功能的方式仍算相當新穎，或許能幫助我們了解大腦記憶之所以演化出來的理由。他說：「我們總以為記憶一定和過去有關。人類的記憶很有可能就是要讓我們在緬懷過去時有種溫暖的感覺，諸如此類的說法。但我認為這種說法就忽略了記憶讓我們能夠預測和模擬未來的作用。」

想像未來的時候，我們要做好幾件事。我們必須用到大腦記憶系統所謂的「語意記憶」那一塊，主要是我們對一切事實的常識，為想像的情景建立架構（除非你記得巴黎在法國，不然很難想像去法國旅行時要到巴黎參觀）。然而，我們也必須用到情節記憶，這可能更重要：想像的假期會利用真實假期的記憶，你會想起真實的飯店餐廳等地方。這種記憶通常不夠完美（等一下我們就會討論到），但那可能只是因為這些記憶的主要目的並非提供精確的回憶。薩登朵夫和柯貝利斯認為，情節記憶

「可能來自更籠統的工具箱，讓我們能夠逃離現在和培養遠見，或許也能幫我們建立認同個人身分的感覺。」他們主張，我們傳統認定記憶的主要作用（在腦海中喚起過去），事實上可能「只是構造上的特質，讓我們能夠設想未來。」

其他人的觀察結果也支持這個想法。心理學家發現想像很久以後才會發生的事件比較難，想像不久之後就會發生的事件比較簡單，同理可證，要記起不久之前的事情比較簡單，要回憶很久之前的事就難了。我們似乎同時在兩個「方向」上迷路：隨著年齡增長，使用情節記憶的能力開始衰退，展望未來的能力也愈來愈差。

更值得注意的是，得了失憶症、想不起過去的病患在想像未來時也碰到同樣的挫折。心理學上有一個很悲慘的案例，圖威和其他的心理學家花了很多年的時間深入研究多倫多一名叫做K·C的男性。K·C年輕時碰到一場摩托車交通事故。他的頭部受傷，嚴重損壞腦部，從此完全失去情節記憶。

K·C行為大致上看起來完全正常。他會玩西洋棋和彈鋼琴，在車禍發生前他就學會了，這些技能利用第三種記憶系統，叫做「程序記憶」。他在家附近散步時不會迷路。他的語意記憶和使用語言的能力都沒有受到影響。但他的自傳式記憶（知道**自己是誰**）消失了。他不記得過去和個人有關的事件。說不出來昨天做了什麼，也說不出來明天可能會做什麼。想要回答這些問題時，他的心智很單純地「變成一片空白」。某位心理學家說，K·C「完全扎根在當下，認知能力無法回到過去，也不能向前移動。」當然，他根本察覺不到自己的處境，這才是最諷刺的地方。沙克特說「當你受困在當下，就真的變成一具空殼、一塊碎片」，在這樣的處境中，「對個人的自我感覺有強烈的影響。」但在五級分制中，K·C覺得他的快樂程度是四。

聖地牙哥有一個叫做E・P的人，症狀幾乎一模一樣。十五年前的一場感染幾乎毀掉了他的腦部顳葉。他忘了自己的過去，無法形成新的記憶。有一期「國家地理」雜誌以E・P為封面故事的主角，作家佛爾的描述非常動人：「沒有記憶的E・P完全沒有時間觀念。他失去了連續的意識，發生過的事就像立即蒸發的水滴……被困在永恆的現在中，回想不起過去，盤算不了未來，他的生活定住了……他陷入終極的存在夢魘，完全看不見自己所在的實境。」不過他女兒說E・P「一向都很快樂。非常快樂。我想這是因為他的生活完全沒有壓力。」

我們都把記憶看得非常重要，但或許某種程度的遺忘也一樣有價值。

靈長類的規畫

只有人類才懂得心智時光旅行嗎？過去幾十年來，數名研究人員認為，動物實際上也只活在當下，沒有回憶過去或想像未來的能力*。（舉

*有很多種動物看來都會根據季節因應環境的變化：松鼠把堅果埋起來、熊類冬眠、候鳥遷徙。然而，此類活動一般都認為出自本能（無法「捨棄」），並非心智時光旅行的範例。

Mutts © Patrick McDonnell / King Features Syndicate

例來說，圖威宣稱：「記住過去的事件是非常獨特的普遍經驗，也是人類才有的。」）近來有關大猿、某些鳥類和其他動物的研究動搖了這個看法，但結論依然充滿爭議。

在有關動物認知能力的研究中，最知名的就是大猿使用語言的方法。然而，薩登朵夫和柯貝利斯認為，靈長類動物的溝通內容卻未顯示出牠們記得過去的事件。比方說，有隻黑猩猩叫潘奇，能表達食物藏在哪裡（牠懂得引導人類去藏食物的地方），但這「並不證明牠**記得**藏食物的動作，就像你知道車鑰匙在何處，可是不記得你把鑰匙放在那裡的這個過程。」薩登朵夫和柯貝利斯的文章中這麼寫。他們相信，經過訓練的靈長類「產生的『語言』並不包括在記憶中來回移動的描述，也無法提供心智時光旅行的證據。到目前為止，牠們的語言不包含時態，也無法證明牠們會訴說有關過去的活動或預料到的情節。」

野生的黑猩猩似乎展現出更強的先見之明和規畫能力。牠們會在某個地點用棍子製作「長矛」，然後在另一個地點用這些長矛來收集白蟻；也有人看過黑猩猩把石頭從一個地方搬到另一個地方，然後在新的地點用石頭敲開堅果。但分析觀察結果時要小心。路易斯安那大學認知演化團體的主任鮑文奈利告誡我們，使用工具並不代表事先規畫。黑猩猩真的在盤算未來嗎？鮑文奈利說：「牠們也會思考，但是在想什麼？」很重要的是，牠們是否在想像要找個時間去獵捕白蟻或敲開堅果，抑或找件事來做，忘了**現在**肚子餓的感覺。薩登朵夫和柯貝利斯認為「牠們的預期脫離不了當下的**背景**」，因此不算是心智的時光旅行。

鳥兒、大腦和早餐

很有意思的是，動物懂得心智時光旅行的證據並非來自大猿，而是一種叫做灌叢鴉的鳥兒。灌叢鴉習慣把食物藏在很多地方，之後再拿出來。此外，牠們還能分辨藏起食物後到底過了多久：會先找出最近貯藏的蟲子，而不是堅果，因為新鮮的蟲子比較美味；但如果蟲子放了太久，牠們就會改選堅果，看來牠們知道蟲子已經變得不新鮮了。

在一次非常有趣的灌叢鴉實驗中，心理學家克蕾敦和同事準備了兩個隔間，每隔一天就交換灌叢鴉的住所；在其中一個隔間，灌叢鴉每天都會吃到「早餐」，在另一間就沒有。然後研究人員會在傍晚隨機餵食，地點在鳥兒可以任意進出兩個隔間的地方。灌叢鴉立刻把多餘的食物貯藏起來，而且牠們喜歡藏在「不供應早餐」的隔間裡。在貯藏食物時灌叢鴉並不覺得餓，所以研究人員主張，牠們真的預料到第二天早上會覺得肚子餓。目前任職於劍橋大學的克蕾敦覺得其中的涵義很清楚：灌叢鴉「不論目前的動機為何，都能自發地規畫明日，從而撼搖了原本這只屬於人類能力的想法。」（她的小組也觀察到另一個很有趣的行為：灌叢鴉似乎能記住自己在藏食物時旁邊是否有其他的鳥兒看到。如果被看到了，灌叢鴉稍後會回來把食物移到其他地方。此外，偷過食物的鳥兒這種反應會特別強烈，或許這就說明了「做過賊的才懂抓賊」。）

心理學家羅柏茲在《當代生物學》期刊發表的文章探討了最新的研究結果，他的結論認為灌叢鴉和除人類以外的靈長類動物，「能夠預料未來，規畫現在尚未體驗到的需要。」這些研究指出，「某些動物的心智能夠旅行到過去和未來。」（羅柏茲似乎讓步了：他在五年前的文章中寫到，動物「或許會察覺到永久的現在，而人類早就能從不同的時間觀點來看世界。」）曾拓爾在最近出版的另一篇評論中也做出相同的結論：「想像過去和未來事件的能力或許並非人類獨有。」

灌叢鴉研究雖然令人印象深刻，但懷疑二人組薩登朵夫和柯貝利斯認為這些研究不具有決定性。他們認為灌叢鴉很有可能「記得住」食物藏在哪裡，但並不需要在心理上重新塑造出過去。這兩位研究人員仍舊「不相信這些案例展現出真正的心智時光旅行」*。圖威也保持同樣的懷疑態度。他說，克蕾敦差點把灌叢鴉的能力稱為「情節記憶」，但後來卻改口說是「類似情節」的記憶，這點讓他很高興。

心智時光旅行的演進

就算心智時光旅行的能力僅屬於人類，很有可能具備這種能力的前輩除了早期的人科動物外，人類和大猿共同的祖先也有這種能力**。人類和靈長類動物都是高度社會化的生物，很有可能在記錄群體成員的動向時（比方說要預知同伴接下來會做什麼），也能順便磨練跨越時空追蹤物體所需的技能。在這種情況下，薩登朵夫和柯貝利斯就放棄堅持了，今日的大猿或許也有心智時光旅行的徵兆。另一方面，發展成熟的心智時光旅行可能最近才成形；舉例來說，圖威推算或許在五萬年前智人發展成熟後，這種能力才出現。

心智時光旅行的能力很有可能並非獨立發展，而需要伴隨其他重要的認知能力。薩登朵夫和柯貝利斯的文章提到：「遙想未來的事件需要某種想像力，心智中必須有某種具像空間分配給想像力。」語言的作用可能也很重要。我們的語言能力包含時態和遞迴思考的用法，徹底支持心智時光旅行。當我們說「再過一年他就退休了」，就是想像在未來的事件點，某件現在還沒發生的事也會變成過去式。薩登朵夫和柯貝利斯指出，這句的原文用未來完成式，只是英文三十多個時態中的某一個，「且反映語言和心智時光旅行的密切關係。」（很有趣的是，心智時光旅行雖然扎根在腦部構造中，但不同文化之間的差異卻很明顯。惠特羅就觀察到，「雖然我們對時間的感知是人類演化的產物，我們對事件的概念卻並非與生俱來或自動學得，而是來自經驗和行為的智力解釋。」）

薩登朵夫和柯貝利斯認為，心智時光旅行有可能是「語言演化固有的先決條件」。如果心智時光旅行的確是人類獨有的能力，或許就能解釋為什麼複雜的語言很顯然也是人類才有的。（另一個能力可能和心理學家口中的「心智理論」有密切關係，人類用這種能力辨別其他人和自己不一樣的心智狀態。舉例來說，到了三四歲，小孩子就能分辨另一個人是否有錯誤的信念。）

大約兩百萬年前，人屬最早的成員出現在地球上，他們的腦子（按身體比例來說）比之前的生物都大，通過了物競天擇。薩登朵夫和柯貝利斯主張，或許這些腦部較大的人科動物出現，反映出自然選擇的重點是「像心智理論、語言等這類相關的特質，而我們認為，心智時光旅行的能力也是選擇的重點之一。」我們在第一章已經看過早期的人科動物會製造工具並搬移到其他地方以便將來使用；薩

＊薩登朵夫和柯貝利斯堅持結果並未讓他們覺得沾沾自喜：「講出這些『掃興』的話，並非因為我們對世界早有定見。如果能證實其他動物也有心智時光旅行的能力，我們也會覺得欣喜。很多人都覺得人類是宇宙的中心，如果動物也有這種能力，對他們來說可不是開玩笑，也具備十分深奧的道德蘊涵。」但他們認為科學家找不到證據，「我們主張到目前為止所提出的資料都指出，只有人類才懂得心智時光旅行。」

＊＊最後的黑猩猩屬和我們人屬的共同祖先，應該存活在五、六百萬年前。

登朵夫和柯貝利斯認為，這是最早顯現出來的徵兆，表示全新的認知能力愈來愈旺盛，帶領我們的祖先超越以往，愈來愈繁盛。他們認為心智時光旅行「提供適應未來的終極步驟」*。

一百多萬年以來，歐亞非三地的平原上隨時都有好幾種人科動物到處漫遊，最後生存下來的只有智人。我們前面已經討論過這個故事的結局：尼安德塔人於兩萬五千年前消失。薩登朵夫和柯貝利斯指出，人類贏得勝利是「因為不斷培養前瞻力、語言、文化，以及合力侵略，讓我們在非凡的演化競賽中成為唯一的贏家。我們或許是唯一具備心智時光旅行能力的物種，因為其他和我們競爭的物種都絕種或遭到滅絕。」

最後留下的生物懂得直立行走、利用工具、使用精密的語言，也是史上第一種具備完整「過去」和「未來」概念的生物。這就是「時間」概念出現的方法嗎？薩登朵夫和柯貝利斯的文章提到：「在腦海中重建過去的事件，以及建構未來的事件，或許就是時間概念的起源，也讓人明白過去和未來之間的連續性。」

孩童的心智時光旅行

小孩子一生下來並不懂得心智時光旅行。動物的案例上我們雖然已經有了定案，但一出生到十八個月大的幼兒似乎都活在「永恆的現在」中。所有的渴望、每一句兒語，似乎都深植在幼兒對周遭環境在當下的看法。小孩的時間感會跟著記憶力和語言能力逐漸發展。很小的嬰兒就展現出具備短期記憶的徵象：三個月大就能認出一兩個星期前看到的手機。兩歲的小孩能夠按順序說出好幾個星期前看到的數個物品**。他們也學會使用「現在」這個詞，稍後也學會使用「馬上」，但詞彙中幾乎沒有和過去有關的字眼。幾乎所有小孩都先學會「明天」，然後才會用「昨天」。

到了三至五歲，孩童才有思考和描述過去和未來事件的能力，以及規畫未來的活動。四歲左右的小孩被問到關於昨天發生的事和明天有可能發生的事情時，能夠正確地回答（三歲小孩也能回答類似的問題，但答案通常有誤***）。羅柏茲認為，不到四歲的小孩「或許尚未具備語言運用技能，來表達時間是一種從當下向後或向前移動的維度。」（這個年齡的孩子也會自發選擇延遲享樂：拒絕眼前的享受，知道馬上就能拿到更多的獎勵。）

到了六歲，就一路向前衝了。這個年紀的小孩常會提到昨天、今天和明天。他們記得起發生過的事，也會想像未來。他們可能會提早開始倒數耶誕節和生日還有幾天，具體期待（或許也會提出要求）當天能得到的東西。六歲小孩的認知能力大大超越了有史以來最聰明的黑猩猩或灌叢鴉。八至十歲的孩童更聰明，開始把時間當成抽象概念，正如惠特羅所說：「某一段所有事件都會發生的時

---

*並非所有對未來的領悟大家都能正面接受。我們在第一章提過，薩登朵夫和柯貝利斯也同意，察覺到未來的存在，就會領悟到人生必有一死。他們兩人承認這會「帶來其他的心智壓力」。

**雖然很明顯幼兒已經有形成記憶的能力，但他們的記憶不持久。大多數成人不記得三四歲之前的事情。幼兒就是無法儲存長期記憶，研究人員相信或許這是因為海馬迴和新皮質層等關鍵的腦部結構尚未發育完成的關係。

***這種實驗的難度很高。心理學家芭絲碧指出：「我們不清楚三歲大的孩子表現不佳是因為他們尚未具備心智時光旅行的能力，還是因為他們聽不懂我們的問題。」

間。」（很有趣的是，實施日光節約時間時要把鐘錶往前撥，大多數十歲的小孩相信他們就此又老了一個小時；大多數十五歲的少年卻明白時鐘上的時間只是一種習俗。）

上述現象至少是我們在西方文化中的小孩身上觀察到的。惠特羅要大家注意，孩童發展時間感的方法和文化環境關係密切。（剛才我們才說過羅柏茲關切的問題是幼兒「或許尚未具備語言運用技能，來表達時間是一種從當下向後或向前移動的維度。」但到底為什麼他們**應該**用這種方法來設想？）惠特羅在著作《歷史上的時間觀念》（一九八八年出版）中提到在烏干達進行的一項研究，和針對澳洲原住民做的另一項研究，他指出其他文化中的孩童「很難把在時鐘上看到的時間和當天的實際時間建立關聯」，這不是因為智力落於人後，而是因為「他們的生活跟我們不一樣，不受時間支配。」人類學家哲爾後來也提出主張，回應虎克關心的問題，強調我們在探討時間觀念時面對的難題：那種「概念」有多少來自生理，又有多少來自文化呢？哲爾的文章中寫道：「我們沒有計算到底過了多少時間的專屬器官。說到時間『感知』，就已經是一種比喻。」

記憶的弱點

心智時光旅行的確能操控認知能力，讓我們的大腦在時間的長河中遊走。但這段旅程的兩個方向雖然牽涉到類似的腦部流程，感覺卻大不相同。想像未來時，我們知道腦海中的圖畫其實只是按照經驗和知識模擬出來的；大方向或許沒錯，但小地方一定錯誤百出。我們總把記憶想得更可靠。在大多數情況下，我們覺得自己的記憶不只是有一定根據的猜測，確能反映出**真正發生過的事**。當其他人提起上星期的派對，說法跟我們的記憶卻互相衝突時，我們會堅持自己的信念：**他一定弄錯了，我知道我看到了什麼**。然而，隨著時間流逝，記憶也跟著褪色。翻開日記或翻閱相簿時，可能會讓我們想起之前的回憶。普魯斯特作品《追憶似水年華》中的敘事者吃到檸檬風味的糕點小瑪德蓮，就彷彿穿越時間回到童年居住的村落。有時候，就算不能重新體驗很久以前的快樂時光，能夠回味也算聊勝於無。但記憶有多可靠？

記憶力也有缺陷，這個說法聽到也不驚訝吧。我們都碰過很尷尬的情況，碰到認識的人卻想不起來他的名字，承認自己忘了會覺得很丟臉，不然就只能裝著自己沒忘記，暗自祈禱能突然想起來。大多數人也有這樣的經驗，瘋狂地尋找不見的皮夾、皮包或一串鑰匙，結果卻發現東西就放在最顯眼的地方。隨著年齡漸長，記憶力自然會衰退，而老年痴呆症等神經性疾病真的會毀壞記憶。

更令人驚訝的是，健康的成年人就算對自己栩栩如生的記憶充滿自信，也不能保證記憶完全正確。我們記得的東西常常大錯特錯。有一項很知名的實驗非常簡單，你可以找朋友試試看，列出意義相關聯的字詞。負責實驗的人唸出這一串字，如「疲倦」、「床鋪」、「醒來」、「作夢」、「夜晚」、「毛毯」、「打鼾」和「打哈欠」等全部和「誘餌」詞有關的字詞，這裡的誘餌則是「睡覺」。受試者稍後會看到另一串詞，他們會馬上辨別出和主題無關的新詞（例如「廚房」或「奶油」）。然而，他們常常宣稱誘餌字也在第一份清單裡，就答錯了。沙克特說他曾在近千人的會眾前做這個實驗，通常有百分之八十到九十的人認為他們「聽到」不在清單上的詞。通常大家都確定自己聽到了那個詞，還控訴做實驗的人說謊！

我們為什麼會犯這種錯誤，沙克特也有一套理論：就演化而言，記住事件的要點比較重要，細節就不必了。我們可以消化故事的主旨和做出反應，一長串的細節只會讓我們陷入僵局。沙克特說：「從正面的角度來說，面對眼前的事物，我們能馬上抓住重點。缺點則是凸顯了我們不太能夠記下學習過程中的所有細節……因此我們可能會犯錯，把強烈的熟悉感或回憶演繹成從未發生過的事。」

如果這裡討論的事件目擊者很多，比方說一場很有名的電影，我們通常會發展出**集體**的記憶突變。很多人都以為在《北非諜影》中，鮑嘉飾演的瑞克有一句台詞是「山姆，再彈一次」，其實不然。（瑞克是說「你都彈給她聽了，當然也可以彈給我聽」，然後說「如果她受不了，我沒問題！彈吧！」）電影《碧血金沙》中也有一句幾乎同樣有名的台詞常造成擾亂。阿方索．貝多亞飾演的強盜頭子從沒說過「識別證？識別你個大頭證！」（實際的台詞是：「我們不需要識別證。我不用給你看什麼狗屁識別證。」）身為科學記者，我最喜歡想起沙根在迷你電視影集「宇宙」中常說的「數十億又數十億」，很有可能這就是他的口頭禪。事實上，他發誓他從沒說過這幾個字；但卡森常在「今夜秀」以戲謔方式模仿沙根，他就常說「數十億又數十億」。

我們很容易產生錯誤記憶，不過這也有好處，可以幫我們記住要點，不過仍會讓人有些憂心，實驗人員列出的詞和記錯的電影台詞只是起頭。科學家發現，不管是不是有心，要在受試者腦海中注入精心計畫的錯誤記憶其實不難。在一項廣為人知的研究中，加州大學爾灣分校的羅芙托斯和同事告訴受試者他們小時候曾在購物中心裡走丟了，居然有將近三分之一的人被說服（在實驗前他們和受試者的近親面談過，這些介於十八歲到五十三歲的實驗對象，事實上並沒有走失的經驗）。更具爭議性的錯誤記憶範例，則是和受虐或性侵有關的記憶——那些本來「被壓抑」但後來在治療師的幫助下重新想起來的經驗，通常會透過催眠、「引導想像」或其他很容易引發爭議的做法來治療。

瞬間記憶

還有另外一種一直都很引人注目的記憶，最近心理學家才開始仔細研究。如果我問你二〇〇一年九月九號或十號你在做什麼，大概很難想起來。但很有可能你清清楚楚記得那年九月十一日早上自己人在哪裡、當時在做什麼。和強烈創傷或重大事件（尤其是震驚全國的事件）有關的記憶叫做「鎂光燈記憶」。這個名詞由兩位哈佛大學的教授布朗和庫利克發明，他們在一九六〇和七〇年代研究人類對動蕩混亂的回憶。這個術語一看就明白意思：記憶深刻到就像照片般銘刻在腦海中。對老一輩的人來說，甘迺迪總統遭到刺殺的記憶就深刻到這種程度；更近代的事件則有一九八六年挑戰者號太空梭爆炸、一九九五年涉嫌殺妻的辛普森被判無罪、一九九七年英國的黛安娜王妃死於車禍，二〇〇一年恐怖份子攻擊世貿中心當然也算。布朗和庫利克相信這些記憶留存在大腦中的方法基本上和普通的記憶不一樣，一定涉及到他們稱為「立可印」的特殊大腦機制，藉此把我們得知消息的那個事件點凍結住了。

由於九一一恐怖攻擊震驚全球，在研究此類造成嚴重創傷的公共事件時，自然很容易被選為案例。我們現在都用事件發生的日期「九一一」來指稱，表示日期本身已經在我們的集體記憶中留下永久的刻痕*。

紐約大學的心理學家菲爾普絲最近做了一項研究，仔細調查關於九一一事件的記憶，也第一次用腦部照影技術檢查這種記憶背後的機制。七月的某個午後，我和菲爾普絲教授會面；這天天氣悶熱，走在紐約的人行道上，就像走在披薩烤爐裡，太陽正好在頭頂上，摩天大樓的影子也只有短短一截。紐約大學心理學系館的八樓不知道為什麼也一樣悶熱。

菲爾普絲解釋，她的研究出現了好幾個耐人尋味的結果。過了三年後，她和同事詢問當時在曼哈頓市中心、離世貿中心只有幾公里的人，還有七八公里外在中城的人。結果發現，受試者對九一一事件的記憶強度跟他們與攻擊地點的距離成正比。愈靠近雙塔的人講的內容愈仔細，比離得遠的人更生動、更具說服力。

菲爾普絲相信其間的關係很直接：靠近雙塔的人情緒反應比較強烈。他們看得到、聽得到，甚至聞得到發生了什麼事。菲爾普絲說：「靠近事件地點的人那天很有可能感覺得到威脅，還會跑去找掩護什麼的。他們比較有可能描述真實的感官經驗。」雖然當天的事件很可怕，但靠近紐約市北邊的人比較不容易感覺到實際的威脅。事實上，距離比較遠的人所呈現出來的回憶從品質上來說跟其他重大的個人事件差不多，比方說去年夏天搬家到紐約，或舉辦難忘的生日派對。換句話說，只有在市中心的人才有真正的鎂光燈記憶。

菲爾普絲和小組成員掃描腦部的結果也支持這個想法。要求受試者回想起所有和九一一事件有關的經驗時，他們使用fMRI掃描器研究受試者的腦部活動**。菲爾普絲發現比較靠近雙塔的人腦中杏仁核的活動比較頻繁；杏仁核是位於顳葉深處一對杏仁形狀的區域，主要負責處理充滿情緒的記憶，和恐懼反應尤其有關係。

值得探討的是，正如布朗和庫利克所述，造成創傷的事件雖然會在我們腦海中留下深刻清晰的記憶，但這些記憶和其他事件的記憶一樣，不一定完全正確。好幾項研究的結果顯示過了一段時間後，鎂光燈記憶的正確度就跟一般的記憶一樣不斷降低。在一項調查中，心理學家發現挑戰者號太空梭爆炸後過了兩年半，接受調查的人在回答基本的問卷時，答案就跟事件發生後第二天的完全不一樣；另一項研究發現，三年後有三分之一的人講的話前後不一致。

以九一一攻擊事件為案例，也出現了類似的結果。菲爾普絲說：「要說服別人他們不知道自己九月十一日在幹什麼還滿難的。」但研究結果發現，「很多人所知九一一事件的細節其實不盡正確，跟昨天晚上參加的派對能記得的程度差不多，」她說，「這些記憶之間的差異在於**感覺**自己的記憶是否正確。」

為什麼我們很有信心自己能記得造成強烈創傷的事件，但事實上相關記憶的正確度卻跟平凡事件的記憶差不多？菲爾普絲相信這是人類大腦的優勢，忽略無關緊要的細節。她說：「我們用情緒判斷哪件事比較重要。如果眼前有老虎要把你吃掉，細節就不重要。重要的是『老虎呀，快跑吧』。」聽起來很像前面講到列出字詞時，沙克特說我們無法記住：我們只記得要點，不記得細節，因為要點比

＊九一一事件過了五年後，《華盛頓郵報》在二〇〇六年做了調查，卻發現百分之三十的美國人說不出攻擊事件發生在哪一年，實在難以置信（但百分之九十五的人能說出月份和日期）。

＊＊fMRI是「功能性核磁共振造影」的縮寫，這種方法能夠有效測量腦內的神經活動。（理由很明顯，九一一的記憶成形時，當下並沒有相關的資料。）

較重要。菲爾普絲說：「我們覺得在面對會讓你十分情緒化的事件時，這個優勢可以幫你快速作出決定。這是我們的一貫主張，但是我們沒辦法證明。」

小布希在想什麼？

如果發現自己愈來愈記不起九一一事件的細節，沒關係，大家都一樣。攻擊事件過了幾個月以後，就連當時的美國總統都快想不起來當天發生的事。加州大學洛杉磯分校的心理學家格林伯格發現，小布希的九一一記憶在那一年的變化十分值得注意。二〇〇一年十二月四日，攻擊事件過了快三個月，布希回憶起當時的情況：

> 我人在佛羅里達。幕僚長卡德——事實上，我要去教室裡討論一套不錯的閱讀方案。我正坐在教室外面，等著要進去，就看到飛機撞上世貿中心；那邊剛好有電視可以看吧，我自己也開過飛機，便說：「那機長技術太糟了。」然後我說：「一定是一場很可怕的意外。」馬上有人把我帶走了——我連想都沒時間想，我坐在教室裡，幕僚長卡德坐在這兒，他走進來告訴我：「第二架飛機撞上了塔樓。美國受到攻擊了。」

過了兩個星期，接受《華盛頓郵報》訪問時，回憶起當天的情況他又有另一種說法。《華盛頓郵報》的報導如下：

布希總統記得資深顧問羅夫告訴他這個消息，羅夫說好像有一架雙引擎小飛機出了意外。事實上那是一架美國航空編號十一的航班，從波士頓洛根國際機場起飛的波音七六七班機。根據別人告訴他的內容，布希總統假設那是一場意外。「一定是機長犯錯了，」總統記得他自己這麼說，「很難相信有人故意這麼做。」和幕僚長卡德商談後，布希總統說：「那傢伙一定心臟病發了。」……到了九點零五分，另一架波音七六七班機，聯合航空的一七五號航班撞上了世貿中心的南塔。布希正坐在教室裡的凳子上，卡德輕聲告訴他發生的壞消息：「第二架飛機撞上南塔。美國受到攻擊了。」

到了二〇〇二年一月，小布希的記憶又變了：

我人坐在那兒，我的幕僚長——嗳，一開始我們走到教室裡，我已經看到飛機撞上了第一棟樓。那裡有一台正在播放的電視。你也知道，我以為機長出錯了，很驚訝居然有人能犯下這麼可怕的錯誤。那架飛機看起來怪怪的——總之，我正坐在那裡聽簡報，然後卡德過來說：「美國受到攻擊了。」

小布希似乎不記得是羅夫告訴他第一架飛機撞上高塔，還是他自己在電視上看到的；要說他自己看到其實不可能，因為第一架飛機失事的鏡頭（正好有電視台的工作人員在拍其他的節目，不小心就拍到了），要過一會兒才會上電視。可以想見陰謀論者正中下懷，宣稱如果小布希看到了第一次失事的影像，他跟「同夥」一定裝了攝影機來拍攝整個過程。格林伯格問：「我們一定要相信總統聰明到用這麼可怕的陰謀來攻擊美國，卻又笨到說溜了嘴嗎？還不只一次。」

事實上，格林伯格說如果我們能「考慮到人類記憶力的缺陷」，還有一個更溫和的解釋。問題在於接下來的日子裡，九一一事件震撼人心的影像一直出現在我們眼前（可說是災難事件的冠軍）。最後這些圖片可能也影響到我們對原始事件的記憶。（一九九二年，以色列航空的貨機在荷蘭阿姆斯特丹失事，在後來荷蘭人做的一份研究中，被問到的人裡面有百分之六十說他們在電視上看到失事那一刻的鏡頭，可是從來沒有人拍到當時的畫面。）我們也覺得電視就是新聞的**來源**，但事實上我們是從其他地方得到消息，比如說和別人對話或有人打電話來通知你（心理學家說的「來源失憶」就可以拿這個現象當例子）。此外，心理學家也發現我們很容易把不同時間的回憶結合在一起；無意間以事件發生前後的真實記憶為依據，創造出不正確的回憶（有時也叫做「不正確的時間片段」錯誤）。

小布希對九一一的記憶變化無常，格林伯格的結論是：「總統先生就像大多數美國人一樣，在接下來的幾個月內想必看了無數的片段，包括第一次失事的鏡頭。然後，當小布希想記起第一次怎麼聽到攻擊消息時，他就跟其他人一樣，從錯誤的時間片段擷取資訊，回想起生動且難忘的影像，而非羅夫平淡無奇的陳述。」要注意的是，即使小布希自己的回憶變化多端，有一項元素幾乎保持不變：他的幕僚長卡德在他耳邊輕聲告知第二次失事的消息。接下來的幾個星期內，捕捉到那一刻的照片頻頻出現在各大報章上，應該不是巧合了。

第六章　牛頓的時間

牛頓、萊布尼茲和時間之箭

自然與自然定律，在黑夜裡隱藏。
上帝說，讓牛頓來，於是，一切化為光。

波普

在牛頓的鉅作《自然哲學的數學原理》（以下簡稱《原理》）中，同事英國天文學家哈雷幫忙寫序，他說：「和我一起頌揚牛頓，他打開了寶箱，揭發隱藏的真相，」哈雷的口氣非常激昂，「再沒有其他人能像他這麼超凡入聖。」他的稱讚絕非言過其實：牛頓（一六四二至一七二七年）在《原理》中詳述的數學架構，成為物理學兩百多年來的基礎*。

但《原理》幾乎失去了見天日的機會。年輕時的牛頓在別人口中是名「持重、沉默、好思考的小

*我的第一本書《T恤上的宇宙》第三章中，簡要敘述了牛頓的生平和著作，也提到科學革命的概要。

夥子」，鮮少與人往來。他待在劍橋的房間裡，就著燭光草草寫下偉大的想法；鼠疫爆發時，劍橋暫時休課，他避居到家族在林肯郡烏爾索普的鄉間別墅，享受離群索居的感覺。這段隱居的日子從一六六五年底開始，長達十八個月，有些人說這是牛頓的「奇蹟年」。後來回憶起這段時間時，他說：「那是我從事發明的全盛時期，也是我花最多心思研究數學和哲學的時候。」在一六六七年，鼠疫逐漸退散，牛頓回到劍橋，最重要的想法已經在腦海中成形。他用三大運動定律囊括伽利略的動力學，為其建立數學基礎；他制定現代所謂「微積分」的規則，能夠計算極小的量；他開始研究光線和色彩，並發揮驚人的想像力，用從樹上掉下來的蘋果和轉動的行星或月球，來告訴我們這些現象都在回應同樣的力量，用精確的萬有引力定律闡述這個現象。那時，他才二十四歲。

牛頓主張「絕對、真實且精確的時間……會穩定地流動。」他認為眼前發生的事件以絕對的空間和時間為固定的背景。

通往《原理》的路

然而，牛頓並未大肆宣揚這些看法。歐洲各地有很多學究寫信給他；通常他不會回信，選擇「拒讀討論數學和哲學問題的信件」，稍後他回憶說，他覺得這些信件「流於辯論和爭議」。他關於物理學的著作不多，多半都是未完成的論文，在劍橋三一學院的研究室裡放了二十多年，跟有關煉金術和神學的文章一起蓋滿了灰塵。但一六八四年八月哈雷來訪後，他的態度就改變了。哈雷大部分的時間都待在倫敦，他知道其他學者正準備發表的構想跟牛頓的研究內容差不多。（以虎克為例，似乎跟牛頓同時想到重力的平方反比定律。）牛頓才明白，如果要眾人賞識他充滿創新的科學貢獻，就得加快腳步了。他用狂熱的速度寫作，把他知道的宇宙結構全部寫下來。在寫作時有一段短暫的期間，他更進一步避開外在的世界。他常常忘了吃東西；真的決定要去餐廳和同事吃飯時，雖然只是短短一段路，有時候他也會迷路。（牛頓的助理後來想起當時的情況，離開研究室時，有時他忘了要右轉，卻往左邊走；發現走錯路了，他就會回頭，但又錯過餐廳的入口，走回自己的房間。偶爾他會「在書桌前站著寫字，連拉張椅子過來坐下的時間都不給自己。」）

在牛頓描述世界時，時間就是重心。他的目標是要用數學描述動作，而運動當然就是一段時間內的位置變化。但他在《原理》中提到的時間概念卻是物理學家和哲學家一直無法解開的難題。在大作一開始的地方，他說：「我不會定義眾所周知的時間、空間、地點和運動」，接下來卻開始提出定義。（他之前的老師貝若帶來的影響一定很深厚，貝若曾說過：「由於數學家常常利用到時間，他們應該清楚了解這個詞的意義，不然就是騙子。」）。如果我們靠著直覺就了解時間的意義，為什麼牛頓覺得他必須定義「時間」？他說他的目標在於分辨「精確時間」和一般人都持有的「普通」時間概念，才能消除「某些偏見」。因此我們才能看到他非常有名的定義：

絕對、真實且精確的時間，就其本身且從本質來看，會穩定地流動，與任何外物無干。

牛頓究竟是什麼意思？如前所述，運動就是一段時間內的變化，但**如何**測量時間？在牛頓的時代，每天誤差幾分鐘的時鐘仍算新穎；追求精確計時的人可以仰望天空觀察日月星辰的規律運行。但運行不夠規律，變數很多，這點牛頓早就發現了。他在《原理》中提到的範例是「時間的等式」，這個術語代表太陽每日運行軌道和運行軌道理想化**平均值**之間的差異；前者是日晷標示的「太陽時間」，後者是現代所謂的「平均太陽時間」。兩者之間的差異不容忽視：日晷顯示的時間可能會比平均太陽時間快上二十分鐘，或甚至慢二十分鐘。到哪兒去找完美的時計呢？牛頓發覺地上或天上都沒有完美的時鐘可以仰賴，和地面物體一起遵守同樣定律的星辰也無法準確計時。根據牛頓的推理，在這些不完美的實體時鐘下，一定有真正的「普遍」時鐘：具備精確動作的完美宇宙鐘，真正的時鐘只能仿效那種精確度。

牛頓的時間概念以伽利略和笛卡兒當時的研究為根據，卻又背離他們兩人的看法。伽利略從幾何學的角度來想像時間，時間就像一條有規律刻度的直線；牛頓的前輩貝若也認同這個看法*。笛卡兒（一五九六至一六五〇年）則認為時間是測量運動的方法，但持續的期間則是主觀的看法，一種「思考的模式」。雖然發展出用幾何方法來分析空間的座標系統，但笛卡兒不從幾何的角度來思考時間。牛頓更進一步，他想像時間和空間都是真實存在的幾何結構。（正如哲學家圖雷茨基指出，當時的機械鐘愈來愈普遍，雖然不完美，但牛頓也可能受到影響，激發了「時間和空間的類比」，並加強了

「時間超越運動的重要性」。）牛頓的宇宙鐘滴答計時的速率與星辰和行星無關，不受人類感知的支配。就是**獨立存在**。即使宇宙中所有的物質都消失了，時間**仍然**存在，就是最基本的。

「絕對時間」的問題

從牛頓的架構可以衍生出所有的方程式，來預測物體移動的方式。在學校唸書的時候，我們學了幾個最有用的式子。假設有一個物體以穩定的速度移動。在這種情況下，物體移動的距離可以用方程式 $d = v \times t$ 來計算（距離等於速度乘以時間）。類似的（複雜度稍微提高的）等式則可以算出，在穩定施加力量讓物體加速時，物體如何用移動的方式來反應。在這些方程式裡，時間是一個**參數**，描述兩個量如何互相影響而變化。牛頓的架構要有一致的時間和空間，才能發展出這一類的定律，因此他才能把時間和空間當作抽象概念。的確，在定義絕對時間前，他已經先定義了絕對空間，兩者的說法大同小異：「絕對空間從本質來看，永遠保持同質且不可移動，與任何外物無干。」牛頓覺得這種抽象的時間和空間是最基本的。沒有絕對時間（比方說，我們決定測量速度和距離時一定要以所在地的某座鐘為準），牛頓的定律就失去了普遍性。

＊事實上，貝若的時間概念和牛頓後來提出的想法非常類似：「只要考慮到時間絕對和固有的本質，時間就不一定包含動作，也不必然包含靜止；不論物品在移動還是靜止不動，不論我們在睡夢中還是醒著，時間都按著本身一致的步調前進。」

有幾位哲學家立刻對牛頓的絕對時間提出反對意見，他們認為時間應該是「相對」的，當實際的物體移動時，相關的時間才有意義。在跟牛頓同時代的學者中，支持相對看法的人則以德國數學家和哲學家萊布尼茲（一六四六至一七一六年）最知名。在去世前一年，萊布尼茲和支持牛頓的英國神學家克拉克（一六四六至一七一六年）魚雁往返十分熱烈。相對派認為，時間只是一種比較兩項事件的方法。從相對的角度來看，時間和組成宇宙的物體並非**毫無關係**。事實上正好相反：有形的物體和動作就是**定義**時間流動的因素。我們或許會認為這個想法比較接近真正的體驗：人類「看不見」時間，就像我們看不到空間。我們只能察覺到時間中的**事件**和空間中的物體。

任職於加拿大安大略省滑鐵盧圓周研究所的物理學家施莫林提出的比擬可以幫我們更了解。想像你在空蕩蕩的音樂廳裡，有人忘了帶走節拍器，你只聽到節拍器的滴答聲。節拍器就是牛頓想出來的絕對時間，不管發生什麼事，就一直持續計時。然後音樂家進場了，可能是弦樂四重奏，也可能是爵士樂團。他們不管節拍器（有可能根本沒聽到），就開始演奏。施莫林解釋，從音樂中浮現的「時間」則是「根據思維和樂章之間發展出來的真正關係而存在的相對時間。」演奏者聆聽彼此的音樂，「透過音樂的交流，他們創

德國哲學家萊布尼茲反對牛頓的「絕對」時間和空間。相反地，他提出「相對」的看法，只按物體的活動來測量時間。

造出的時間僅屬於宇宙中的此時此地。」牛頓覺得音樂家的時間「是節拍器真實且絕對的時間留下的影子。」另一方面，萊布尼茲則認為節拍器「是虛構的，結合我們和眼前真正發生的事件」，在音樂廳中唯一遇到的時間則是演奏者「編織起來的」。

要制定出一套有系統的機械定律來涵蓋相對時間很難；萊布尼茲自己也不知道該怎麼做（愛因斯坦做到了，我們在下一章會看到）。相對的時間觀本身也有難處。如果時間就是動作，動作停下來了呢？時間也會跟著停止嗎？相對派必須提出肯定的回答：沒有動作，就沒有時間。在牛頓的體制中，由於未知的原因，時間仍會在形而上的背景中繼續前進。

牛頓和萊布尼茲

牛頓和萊布尼茲之間的戰爭也牽扯到神學。當時的人信仰上帝，像牛頓和萊布尼茲這麼偉大的思想家光解釋有形的世界還不夠，他們也必須證明這對上帝創造世界的方式具有意義。但牛頓和萊布尼茲處理的方法完全不一樣。萊布尼茲認為上帝做事絕不會突發奇想，每個行為背後一定都有理由及合理的解釋；這叫做「充足理由律」。萊布尼茲相信，如果時間是絕對的，在觀察不到變化的時候仍繼續前進，時間在上帝創造宇宙前就已經開始流動，那麼，上帝在某個時間點創造了宇宙。為什麼要選「那一個」時間點？為什麼不早五分鐘或晚五分鐘？畢竟在牛頓的體制裡，每一個時刻都一模一樣。（牛頓的盟友克拉克絞盡腦汁想出了回答，他覺得上帝有時候的確會突發奇想。萊布尼茲不滿意他的回答，他說這種概念「只是斷言上帝主觀行事，沒有足夠的理由來表明祂的目的。」*）

從相對的觀點而言，沒有事件發生，討論時間就沒有意義，所以在宇宙創造前，時間並不存在。萊布尼茲認為上帝並未**在某個時刻**創造於宇宙，而是在創造宇宙的**同時**也創造了時間。（這裡要注意的是，萊布尼茲對時間的看法也有問題。如果一瞬間無法持續，時間「真的」存在嗎？他問：「如果某樣東西的某個部分根本不存在，這個東西怎麼會存在呢？時間的元素完全不存在，只有好多個一瞬間，但一瞬間本身卻不是時間的元素。」）

牛頓知道萊布尼茲反對他的理論，但他從沒想過用自己的理論證明上帝的榮耀。絕對空間和時間的想法的確深植於牛頓對無所不在永恆真神的信仰。我們可以從他的著作中看到，一七一三年第二版的《原理》後面加了〈總附注〉，在這短短的附錄中就能清楚看到其中的關係**：

> 永恆、無限、全能、全知的真神，經歷無窮盡的永恆，永不消失……祂不是永恆和無限的化身，但祂永垂不朽。祂不是時間和空間的化身，卻堅忍不拔、無所不在，永久存在與遍及各處的上帝構成了時間和空間。

科學歷史學家斯諾貝倫在文章中提到：「能支配一切的上帝就是牛頓信仰的上帝，**也是**他所研究自然哲學的根源，亦為牛頓絕對空間和時間的上帝……先有了上帝，然後祂無限的延伸和永恆的存在才能衍生出絕對的空間和時間。」

牛頓也信奉古老的「設計論證」，也就是說自然世界中處處反應造物主存在的證據。他在〈總附注〉中宣稱：「太陽、行星和彗星構成最完美的系統，也只能在充滿智慧的力量引導和支配下，才有可能發生。」

有意思的是，牛頓也有「機械式宇宙」之父的外號，在時間一開始時，上帝讓宇宙跟著運行，但後來就不需要神力介入＊＊＊。然而，牛頓的看法卻相反：他相信造物主一直都很活躍，維護自然的定律，在有需要時插手干涉。牛頓認為宇宙本身和其中的活動都完全仰賴上帝的存在。萊布尼茲也不同意這一點：上帝是完美的化身，怎麼可能會用粗陋的方法創造出需要定期維護的宇宙？

＊辯論仍未結束。哲學家魯卡斯就認為在那個時間點，上帝可以「選擇讓創世大霹靂發生」，因為到了最後，祂「必須要在某個時候決定要行動」。他拿自己教的大學生來打比方，他們可能不想起床，但「最後還是決定要起床，也不為什麼特別的原因。」

＊＊牛頓的神學著作繁多，很多都沒有出版，最近才成為學者探究的對象。從這些著作中可以看出牛頓對神學的狂熱不遜於科學，甚至還要更強烈。雖然他是虔誠的基督徒，去世前已經蒐集了三十本聖經，但他的宗教觀點卻十分離經叛道。他反對三位一體的說法，覺得其中蘊含了多神論。在牛頓的時代，這也是一項罪名；如果他還待在劍橋時就發表了他的看法，最輕的處罰就是被三一學院開除。

＊＊＊雖然牛頓的名字常和「機械式宇宙」連在一起，但這種說法事實上歷史更加悠久，起碼可以追溯到十三世紀的思想家奧里斯姆和賽科諾伯斯克。後來的支持者包括笛卡兒和化學家波以耳（一六二七至一六九一年）。有些哲學家實際上認為牛頓的思想「反機械」，因為他的重力概念也考慮到「超距作用」。

不存在的流動

再回到牛頓的定義：「絕對、真實且精確的時間……會穩定地流動。」但流動到底是什麼意思？所謂的時間流動是哲學界最常引人爭議的主題。通常說某個東西會流動，表示相對於另一樣東西來說，這個東西會用特定的速率流動。比方說，相對於河岸，河水會用某種速率流動，我們可以用每秒鐘公升數或類似的單位來計算速率。但時間流動的基準是什麼？用什麼樣的速率？要說時間流動的速率為「每秒鐘一秒」，等於言之無物。如果時間的推移可以測量，那就要相對於更深奧的「超時間」來加以測量。一九六〇年代的哲學家史瑪特很清楚地說明了這個問題：

> 如果時間會流動……這個動作一定要以超時間為基準……如果空間中的動作是每秒鐘幾英尺，時間的流動速率為何？每什麼幾秒鐘？此外，如果推移是時間的本質，那也應該是超時間的本質，接下來我們就可以假設超超時間的存在，以此類推永無止境。

哲學家普萊斯指出，正如我們無法有意義地說出時間流動的速率，也無法有意義地說出時間流動的**方向**。說時間「從過去流向未來」還不夠深入，因為這就是定義過去和未來的方式。

牛頓在他最出名的定義中提到時間的流動後，就再也沒提過這件事。事實上，他的三大運動定律甚至無法幫我們辨別過去和未來。牛頓所有的等式都有**時間對稱性**，也就是說不管時間朝著哪個方向「走」，這些等式跟自然現象的描述一樣站得住腳。

思考牛頓定律的效用時，我們通常會想到這些定律如何幫助我們預測未來的事件，例如拋射物體的路徑或行星的軌道，或許最典型的例子就是預測到哈雷彗星還會回來。哈雷利用之前看到彗星的觀測結果，配合牛頓的等式，預言一六八二年看到的明亮彗星會在一七五九年重返地球。（他的預言成真了，但哈雷在一七四二年去世，沒能活到看著自己的預言實現。當然最後榮耀還是歸屬於他，以他的名字命名這顆彗星。）我的書架上有一本書列出未來幾十年內會發生的日食和月食，連幾點幾分都能算出來，如果作者願意，可以預測未來一千年的天文事件。當美國太空總署出版未來幾十年的日月食資料時，預測的時間精確到秒數，有些參數甚至精確到一秒鐘的十分之一。

這種預言利用牛頓定律的**決定論**本質：如果你知道系統在某個時間點的狀態，原則上就可以預測未來某個時間點的系統狀態。法國數學家和天文學家拉普拉斯（一七四九至一八二七年）滿腔熱情地接納決定論的世界觀，他聲明：

> 我們或許會把宇宙當前的狀態看成過去的結果和未來的成因。在某個時間點，有一股才智知道驅動自然的所有力量，和自然形成時所有物品的位置。如果這股智慧足以分析所有的資料，就能用單一的方程式囊括宇宙中最大的物體和最小的原子移動的方式。因為有這樣的才智，就能明瞭一切，未來就像過去一樣清晰展現在眼前。

注意「未來就像過去一樣」的說法：拉普拉斯認為牛頓的方程式雙向都行得通；你可以用過去預測未來，也可以用未來預測過去。舉例來說，天文學家追蹤了幾個天體，就能算出軌道參數，然後

「預言」（我們也可以說「回溯」）過去某個時間點的天體位置。（這個技巧對天文考古學家和歷史學家來說非常地寶貴，如果古文中提到日月食或行星排列成一直線等天文事件，就可以推測出寫作的時期。）

但人類和動物等複雜的物體可以往回「走」嗎？這裡我們碰到了難題，因為就常識而言，答案是否定的，很清楚地，我們在自然中觀察到的現象幾乎都**無法逆轉**。但牛頓的等式並不是妨礙逆轉的因素，我們已經看到他的等式具備時間對稱性。牛頓的定律具體呈現過去和未來之間的精確對稱性，一八七四年，凱爾文爵士在《自然》期刊中提到這種對稱性：

> 如果宇宙中所有物質的分子動作都在同一時間逆轉，自然現象就會永遠反轉。瀑布最下面無數的泡沫會重新結合落入水中；熱運動會重新集中能量，把質量往上投入掉下來的水滴中，重新形成一小束往上流動的水柱……生物的成長過程會逆轉，清楚知道未來會發生什麼事，但不記得過去，並再度回到未出生的狀態。

當然，我們看不到凱爾文爵士描述的奇異事件。打破的茶杯不會自發重組，打散的雞蛋不會回復原狀，錄好的音樂倒著放聽起來就不太像「音樂」了。（雖然搖滾樂團齊柏林飛船的〈天堂之梯〉倒著放據說會聽到「我可愛的魔鬼」，披頭四也有好幾首歌倒著放也能聽到「保羅已經死了」。）相反地，雖然牛頓的定律指出時間的精確對稱性，但時間似乎只有一個明確的方向。

尋找時間之箭

想像一顆球在撞球桌上滾動。如果桌面毫無摩擦力，和橡皮墊碰撞時會產生完美的彈力，這顆球就不會停止滾動，每隔幾秒就從橡皮墊上彈開，速度永遠保持一致。這景象應該看起來很無聊，如果我們錄製幾分鐘的影片，最後不論向前播放或向後倒轉，看起來都一樣。看到影片的人分辨不出影片的順序到底是向前還向後（只要動作夠簡單，擴大規模後的結果也一樣：地球繞著太陽轉的影片倒著看也沒問題）。按照牛頓的定律，撞球的行為具有時間對稱性。如果再加一顆球，兩顆球的動作前轉後轉看起來都一樣。現在的情況比較複雜，因為除了碰到橡皮墊，撞球有時會互相撞擊。但跟前面講的一樣，影片向前或向後播放感覺都很合理。如果桌上有十顆球滾來滾去，只要它們隨意地散落在桌上，仍看不出時間的「方向」。

但假設現在我們用三角框把球排好，也就是按著某種順序來排列。把白球放在定位上，瞄準，然後「破壞」小心排好的球。現在順序就被弄亂了。可能還會有好幾堆球，但當下一個人推桿時，排列的隨意程度又增加了。物理學家用**熵**這個術語來量化系統中的失序量，所以我們可以說推桿次數增加後，熵也會跟著增加。

現在討論的事件絕對**不**具備時間對稱性。倒著播放的電影一看就可以歸類成這一類。我們從經驗中知道，隨意放置的撞球不會自發地緊密整齊排列成三角形，我們不會在自然界看到熵降低。

不論我們討論的物體是肉眼可見的撞球或只能用顯微鏡看見的氣體分子，型態都很類似。假設我們有一個容器，中間用活門分成兩格，一格裝滿了氮氣，一格裝滿了氧氣。打開活門後，會發生什麼事？某些氮分子會立刻進入裝了氧氣的分格，氧氣分子也會進氮氣這一邊。過了幾分鐘就會完全混合。分子仍會像剛才提過的撞球一樣不停地來回彈跳，卻永遠無法恢復原狀。第一格再也無法變成純氮氣，第二格也不能變回純氧氣。如果分子有顏色，或者把例子中的物質改成牛奶和咖啡，拍攝下來的影片就會顯示混合的過程。但是這部影片只有一個走向：其中的兩種元素無法「解除混合」。

這些例子背後的原則就是**熱力學第二定律**。第二定律指出密閉系統中秩序失調的量（熵的量）永遠無法減少，過了一段時間一定會增加，充其量只能保持原狀*。

我們應該特別注意第二定律的兩個地方。首先，這個定律基本上來自統計學；不能套用在單一的撞球上，但可以用來描繪很多球滾動時的特徵。第二，如果某個程序包含大量的粒子或物體，這個程序天生就不對稱；這種不對稱性在我們心目中通常就表示時間的流動。一九二七年，英國天文學家愛丁頓（一八八二至一九四四年）用「時間之箭」來描述不對稱性，至今我們仍用這個很生動的說法。（愛丁頓認為，第二定律「在自然定律中占有至高無上的地位。」）

第二定律的統計學本質幫助我們了解為什麼複雜的系統只能朝著一個方向發展。在桌上隨機擺放十顆撞球的方法有好幾十億種；相較之下，緊密裝在三角框裡的方法卻寥寥可數（也就是開球前的排列方法）。撞球隨意移動，過了一段時間後，就可以看出來為什麼撞球再也不可能回復原來的排列方式。同樣的論據也可以應用到容器內的氣體分子。或者我們再用打碎的茶杯來當例子。茶杯破掉的方法很多，但只有一個方法可以拼回原狀。就理論而言，摔破的茶杯可以自發地重新組合（不受到牛頓的定律禁止），但熱力學第二定律卻限制了這種可能性。實際上來說，我們不可能期待自己能夠目擊這樣的事件。在所有的例子和複雜的系統中，時間之箭有如系統中失調秩序量的變化，這種變化一定要從比較少的熵移往比較多的熵。

熱力學第二定律可能會讓人有點喪氣。第二定律暗示「順序」或許只有一瞬間。以打掃地下室為例，再怎麼頻繁清理，熵永遠會取得勝利。肉體無可避免地讓步了，或許到了最後，文明也會投降。牛津大學的化學家艾金斯在下面的篇章裡抓住了這種悲觀的情緒：

> 我們望向窗外，看著第二定律掌管的世界，也看到了自然本身並無目的……所有的變化和時間之箭都指向腐壞的方向。在我們陷入均衡狀態，踏進墳墓的同時，時間的體驗負責傳動我們大腦中的電氣化學程序，毫無目的地趨向混亂。

熱力學第二定律看來必定和時間之箭有關，但兩者的關聯似乎沒有表面上這麼明確。我們真能解釋過去和未來之間的差別嗎？假設現在的情況是這樣，撞球都緊緊排在桌子的一側，這時熵就很少。想像未來的情景，我們當然期待能看到熵一直增加，撞球的排列更加沒有秩序。但別忘了，我們用來

＊「密閉系統」指系統不會受到外來的影響。事實上撞球桌**不算**密閉系統；因為所有參與的人都會一直打白球，先把球排好後再開始打，導致熵**降低**。要更生動地描繪熱力學第二定律如何發揮作用，我們可以想像第一次打了白球後就立刻隔離撞球桌。如果撞球桌沒有摩擦力，也沒有球袋，熵就會隨著時間逐漸增加，直到所有的球隨意散落在桌上。

熱力學第二定律

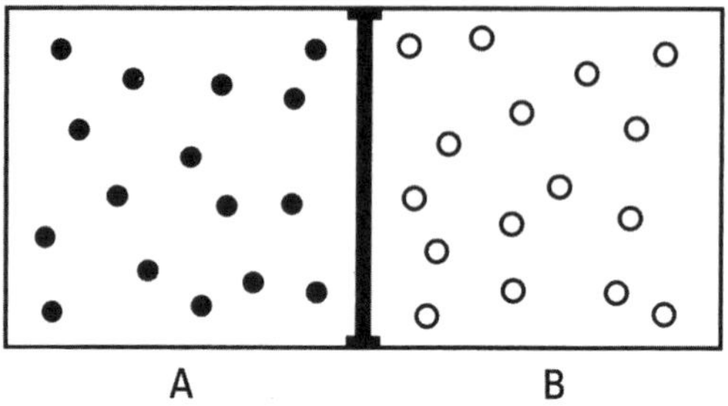

一、兩個隔間中間有阻隔。(A) 包含氮分子(黑色)，另一邊(B) 則含有氧分子(白色)。

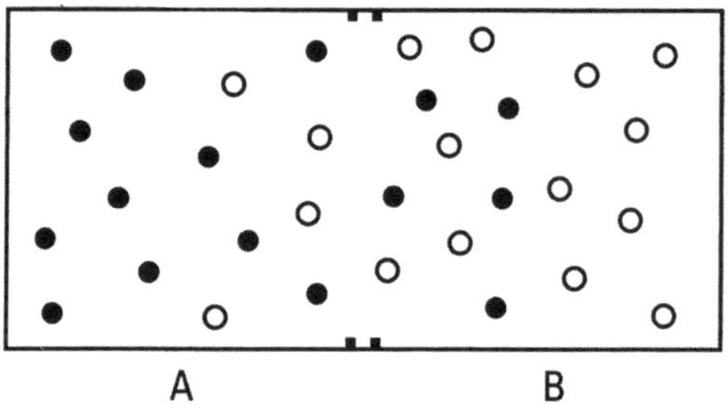

二、去除阻隔後，有些氮分子進入 (B)，有些氧分子則進入 (A)。

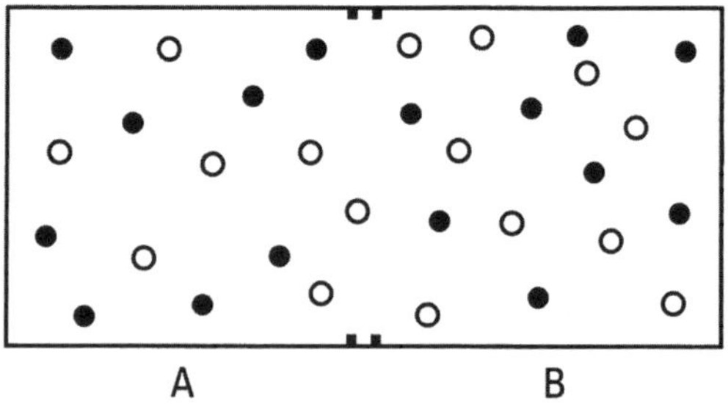

三、兩種分子很快就完全混合了。這個序列不能反轉：兩種氣體永遠無法「解除混合」。這種受到熱力學第二定律引導的過程似乎就和「時間之箭」有關。

預測撞球運動的定律都有完美的時間對稱性。如果我們從同樣的型態開始，想要猜測過去的排列情況為何（嘗試「預言」倒著播放最後幾分鐘的影片看起來會是怎樣），那我們仍會預測熵繼續增加。換句話說，從特定的低熵狀態開始，我們使用的統計學論點就會告訴我們除了在未來熵會增加，回到**過去**也一樣。這個論點很難捉摸，但非常重要：我們用來預測低熵系統會在未來演進成高熵系統的分析方法，也可以用來「預言」低熵系統的前身可能是高熵系統*。不過我們也有可能從一開始就弄錯了。緊密排列的撞球應該先有人把它們排好，而不是因為撞球隨意滾動而形成；沒打破的茶杯本來被人拿起來倒茶，而不是摔碎的瓷片自動組成杯子的形狀。我們的分析一看就知道很不完整。

熱力學第二定律說，如果你現在有一個低熵系統，就可以期待未來會有一個高熵系統。但是這個定律並沒有說**為什麼**應該期待現在有一個低熵系統。或許我們該回顧更遙遠的過去。過去有可能發生了什麼事，才會讓我們看到眼前的低熵宇宙？或許要以更廣泛的宇宙論為背景，才能了解熱力學第二定律的根源，也就是考慮到宇宙的起源和演化。或許宇宙一開始的時候就在超低熵狀態裡，這就說明了為什麼我們現在會觀察到熵不斷增加。這個想法也有一些很難解釋的地方，我們會在第十一章詳細說明。不過我們至少學到了一點，說明熱力學第二定律能夠「解釋」時間之箭時要非常謹慎。

---

*有時候這稱為「洛希米特的悖論」。洛希米特（一八二一至一八九五年）是來自奧地利的科學家。

哲學插曲一

當然在更久之前，哲學家就比科學家更早開始思索時間的許多難題。（在牛頓和萊布尼茲的時代，「哲學」原本就涵蓋了幾乎所有的學科；我們現在所說的「科學」包含在「自然哲學」的研究中。）很多重要的主題延續了好幾個世紀，有些現代的論點可以追溯到古代。運動的問題令希臘人困惑不解。一個物體出現了變化，怎麼可能還是同一個物體？「時間」是「變化」的同義詞嗎？很多希臘的思想家認為，時間的確是變化和運動等主要概念之外的次要概念。我們在第四章提到的赫拉克利特斯就屬於這一派。對赫拉克利特斯而言，變化至高無上；世界上的一切都不斷變遷。他最有名的聲明是「人不能踏入同一條河兩次」——人變了，河也變了。巴曼尼德斯不贊成。事實上，他提出了更引人注目的結論，時間不存在。巴曼尼德斯的論點是這樣的：我們能設想到的東西必然永遠存在。能談論或能想到的東西，「沒有創造也沒有毀滅；是完整的、獨特的、堅定的、完美的。」巴曼尼德斯認為這種推理的方法排除了變化：存在的東西就這麼存在，變化一定是一種錯覺。

柏拉圖的作品也回應這個想法，人類的認知幾乎都是幻覺。然而，柏拉圖並非純粹放棄我們不完美的感知，他努力找出人類感知和周圍世界更深層的真相有什麼關係。柏拉圖認為我們不能把時間當成幻覺來抵制，他的目標是要把時間融合到他對於宇宙的看法裡，也就是我們在第四章簡短討論過的宇宙論。

前面也討論過亞里斯多德，他相信時間需要變化；過了兩千年，萊布尼茲又提出同樣的看法。「現在」的概念也讓亞里斯多德很頭痛。他把時間流動看成一連串的「現在」（連續不斷的一瞬間），但是他不認為時間由很多一瞬間**組成**。就像一條線不可能由點組成，他相信時間也不可能由「現在」組成。（他的推論是，不管兩個點有多靠近，永遠不可能黏在一起，中間一定可以插入另一個點。）但亞里斯多德似乎無法解釋這些「現在」的實際情況：是靜態的嗎？某一個瞬間是否跟其他的瞬間非常類似？還是「現在」以某種方式流過時間，或和時間一起流動？看似不斷流動的時間帶來的問題，就連最謹慎的思想家都無法解開。

未來「真的存在」？

過去和未來的分別也讓亞里斯多德十分苦惱。未來「真的存在」嗎？未來**似乎**比現在或過去更加虛無。未來給人不確定的感覺，未來的事件不像現在或過去的事件可以有那麼肯定的描述。未來就像海市蜃樓，過去就像刻在石頭上；現在就在眼前，而未來卻像迷霧，充滿無限的可能性。亞里斯多德會很謹慎地思考「明天會有一場海戰」之類的描述。此類陳述的真相似乎不怎麼明確，要看眾位將軍是否真會選擇第二天開戰。根據他的推論，未來事件的陳述無所謂真假。某個論點的可能性或許比另一個論點高，但我們無法提供論點的確定性。在亞里斯多德心中，未來**可能會成真**，但不確定。

基督教神學採納了不少亞里斯多德世界觀的看法，不過也按自身的需要做了修改。聖奧古斯丁在禱告文《懺悔錄》中訴說他同時對抗哲學和探索靈性，探索的過程引領他改信基督教。聖奧古斯丁思索過猶太教和基督教的創世理論，接下來他立刻發覺，與時間和永恆相關的艱難問題傾巢而出。上帝「選了一個時間」創造世界？那之前祂在做什麼？我們剛才也已經看到，一千三百多年後，同樣的難題困住了萊布尼茲，聖奧古斯丁則提出相同的結論：他推論上帝在創造宇宙的**同時**，一定也創造了時間。

聖奧古斯丁接著繼續揣摩過去、現在和未來之間的分別，時間明顯的「流動」令他百思不得其解。最後聖奧古斯丁似乎認為「現在」的地位非常特別，不知道為什麼就比過去或未來來得真實。他的確主張過去和未來就某種程度而言是「現在」的一部分，因為現在包含我們過去的回憶以及對未來的期待。有人把這種立場發揚光大，摒棄過去和未來，也就是所謂的**現在主義**。不論我們如何詮釋聖奧古斯丁的推理方式，他提出時間和人類意識之間的關聯，是一種很深奧的概念，之前談到笛卡兒時我們也簡略說明過，後面也會繼續提到這個概念。

兩種時間

仔細思索過時間的人就會注意到我們提到時間時，有兩種截然不同的方式。提到已經發生的事情、當下發生的事和可能會發生的事，我們會在腦海中以目前體驗的時刻為基準，描繪出這些事件。我們用「過去」和「未來」兩個詞描述這些事件跟當下的關聯，用來描述某個特殊行為的動詞則按需要加上適當的「時態」：「我煮了義大利麵」、「我正在吃晚餐」、「我會去洗碗」。這三句陳述彼此相關，在我吃完飯後，「我正在吃晚餐」就失去了真實性。這句話描述和「現在」有關的事件，而「現在」則不停地轉移。

但是當我們像伽利略和牛頓一樣，把時間想像成一條線時，用的方法就變了。我們會在不同的事件加上標籤，標明在時間線上發生的位置。這個看法比較靜態，從這種論點描述事件時，我們說話的方式也會改變。（事實上，用「靜態」來形容有點誤導讀者了，會給人某種後設時間潛伏在背景中的感覺。但我們應該想像一系列**不受時間影響**的事件。）當我們說「獨立宣言於一七七六年七月四日簽署」時，我們不需要指出相對於現在，這件事發生在過去；當我們說「二〇一七年會有日食」，我們同樣地不需要指出以現在為基準，這是未來會發生的事。這一類的事件似乎恆久不變。

英國哲學家麥塔加（一八六六至一九二五年）在一九〇八年發表了影響深遠的論文〈時間的不真實性〉，詳加說明這個定義。他把這兩種思考時間的方法稱為「A系列」和「B系列」。A系列就是根據過去、現在和未來的時間概念，我們已經司空見慣；也有人說這是「有時態」的時間概念。從A系列的角度來看，當有人告訴我們某件事在多久之前發生，或還要等多久才會發生，就定下了事件在時間中的位置。相反地，B系列則指我們歸屬給特殊時刻的永恆標籤，例如二〇〇九年六月三十日格林威治標準時間下午五點鐘（有人稱之為「無時態」的時間概念）。用B系列的角度描述的事件可以用「比……早」或「比……晚」來表明，但「現在」永遠無法進入B系列。

用A系列的角度描述事件時，我們的陳述似乎純屬偶然：如果在吃過雞蛋的第二天我說「昨天早餐吃了雞蛋」，此項陳述為真，但換個時間說，有可能為真，也可能為假。用B系列的角度陳述某件事時，則有不同的感覺：「列星頓及康考特之役過了一年多以後簽署了獨立宣言」或「二〇一二年倫敦奧運舉辦後過了五年，二〇一七年就會出現日食」，這兩句話似乎比較像是永恆的事實，描述世界歷史上不變的屬性。這兩句話的英文使用一般的時態，但使用B系列的角度時，我們不費吹灰之力就能養成習慣，省略過去和未來的時態，用現在式就夠了。以上述兩句為例，你可以說：「獨立宣言在列星頓及康考特之役過了一年多以後簽署。」不要提到「現在」，就可以了解過去和未來的本質，也就是把A系列合併到B系列裡。你應該說「說完這句話後，再過九年就會出現日食」，而不是「從現在算起，九年後會出現日食」。我們當然不習慣這種說法，但哲學家相信這句話傳達了同樣的資訊。

從B系列的角度來看世界，一開始可能會有點奇怪。「現在」在B系列中沒有特殊的地位，時間線上所有的點都具有平等的立足點。「現在」就像「這裡」，表示和說話的人有關係的某樣東西，但沒有絕對的意義。按著B系列的描繪把事件穿成一串，結果就像一整塊的時間；的確，我們常用「塊狀宇宙」來稱呼這種寫照。採用塊狀的時間概念後，就很容易結論出時間的流動只是幻覺（甚或自由意志也包含在內）。從B系列的角度來看，我們可以爭論未來的事件早已「固定」在時間中（比方說下一任教宗登基）。未來要發生的事真的無法避免嗎？是否就攤在眼前，無法選擇呢？麥塔加實際上更進一步。正如他的論文標題，最後他的結論跟巴曼尼德斯一樣，認為時間本身就是幻覺。他的推理如下：就邏輯而言，過去、現在和未來是彼此不相容的屬性，某項事件只能「位於」其中一個。然而，每項事件看來**確實**都有全部三個屬性：讓我借用麥塔加的例子，安妮皇后之死曾經屬於未來，然後變成現在，現在又變成過去。所以他否決「有時態」的時間概念。但是，由於他相信有時態的概念是解釋時間表面流動的唯一方法，所以結論是，時間並非有意義的實體。

自從出版後，整個二十世紀大家都在辯論麥塔加的論點。很多哲學家雖然不同意麥塔加最終的結論，卻深受B系列所描繪的「塊狀時間」影響。事實上，A系列的描述雖然感覺跟人類直覺比較相近，B系列體現的「無時態」觀點或許代表今日物理學家和哲學家的主要看法，我們稍後就會討論愛因斯坦提出的全新時空寫照，更鞏固了這種看法。

南紐英頓的智者

全力支持「不受時間影響」說法的學者包括英國物理學家巴伯。目前七十多歲的巴伯以愛因斯坦的重力理論（也就是廣義相對論）作為論文題目，一九六八年從德國科隆大學取得博士學位。接下來就獨立從事理論物理學的研究，不屬於任何學術機構，同時也靠翻譯俄國的科學期刊賺取收入。在著作《時間的盡頭：物理學的下一場革命》（一九九九年出版），巴伯指出時間（以及動作和變化）只是幻覺。

巴伯的論點應和巴曼尼德斯和麥塔加，但他占有前輩缺乏的強大優勢：熟悉現代物理學，徹底研究過廣義相對論和量子理論（我們會在下一章更詳細地討論這兩種理論）。

我到巴伯家拜訪，他家在牛津郡北邊充滿田園風味的南紐英頓，一棟蓋了茅草屋頂的農舍，已經有三百五十年的歷史。他招待我在花園裡坐下，我們啜飲熱茶，開始聊起時間和空間、動作和變化、馬赫和閔考斯基。他給我的印象揉和了專才和英國的鄉紳。

時值春末，按英國的標準來說陽光還算燦爛，空氣中滿是紫藤的香氣。巴伯家隔壁是一座

獨立物理學家巴伯。

一一五〇年建造的諾曼教堂，他也是管理人，所以有一副鑰匙。他常陪同訪客穿過禮拜堂，帶他們參觀無數的珍寶，其中有一面十四世紀的壁畫，描繪一一七〇年英王亨利二世派人謀殺坎特伯里大主教貝克特的情景。（巴伯向我保證，大多數來到這裡的訪客都是為了參觀歷史悠久的教堂，而不是來討論時間的概念。）若非頭上有飛機飛過，我會以為還在伊麗莎白女王一世的統治之下，忘了當今執政的是二世，聽到好幾架飛機的聲音後，兩人到屋內繼續談。

我們暫停了一下，吃了蘆筍、麵包和奶油、乳酪及新鮮草莓當晚餐，然後到客廳裡坐在沙發上休息。他換了個舒服的坐姿後開始說話，聽起來非常仔細謹慎，揉合了嚴肅的學術智慧和令人放鬆的優雅英國風情。

巴伯解釋道，「時間」的問題也有一部分是因為人類最佳的兩套理論（廣義相對論和量子理論），處理的方法截然不同。他說：「就像兩個小孩在爭同一個玩具，但問題是他們兩個要的東西不一樣。」他認為唯一的解決之道就是把玩具拿走，我們必須拋棄時間的概念。

他的論點核心相當簡單易懂。巴伯把每一個「現在」都想成完整、自給自足的宇宙，在這樣的宇宙中時間顯然不存在。如果我們把宇宙的歷史想像成電影鏡頭，每一個鏡頭都應該同樣被視為「真實的」。（全部的「現在」集合起來後，巴伯稱為「柏拉圖尼亞」，他取這個名字是為了紀念柏拉圖和他心目中永恆不變的形式。）

那過去和未來呢？巴伯覺得過去和未來也跟時間一樣不明確，沒有必要。除了回憶（和記錄這些回憶的各種物品，比方說在自然界有化石，人工產物則有報紙），沒有其他實際的證據。同樣地，除了對未來的信念，未來也沒有任何證據——全部都是幻象。

巴伯說：「從物理學家的角度來說，時間的『流動』不存在，世上也沒有不斷前進的『現在』。『流動的時間』這種想法只是人類意識不知用什麼方法創造的幻覺。」

為什麼我們會把時間想像成不斷前進的東西，「不斷移動的現在」一個接著一個？這大概是人腦（尤其是記憶）運作的方式。巴伯解釋，報紙和化石的歷史貢獻就有如人腦對個人記憶的功效。不論是化石、報紙還是人腦，都可以視為「時空膠囊」，也就是排列非常精確的有形系統，能夠把過去「保存」在其中。他說：「在我們所體驗到的世界中，這是最值得注意的一件事。」就某種意義來看，巴伯至少有一點沒錯：如果神經科學進步到可以精確詳細地「讀取」到大腦的神經活動，我們只要研究某人腦部現在的狀況，就可以推論出他一生的經歷；可以說，過去就是現在。

巴伯補充說道：「想想看，這就是現代地質學和宇宙學研究的內容。」宇宙學家研究現在的天空狀況，推論出宇宙的過去；地質學家也用同樣的方法來了解過去的地球——基本上就是「瞬間留下的印象」。

平等看待每一個「現在」的真實性，在錯綜複雜的說法中，出現了某種不朽的看法。並非大多數人期待的來生，而是生與死攜手同行。既然時間不流動，我們的年紀也不會增加。巴伯說：「時間無法老化，一瞬間就是一瞬間。因此到了這個程度，有七十歲的巴伯，就是現在的我，但也有六十歲的巴伯，跟七十歲的巴伯一樣真實。說昨天不如今天真實，其實沒有意義。」

那時間究竟是什麼？

他說：「那是心智犯的錯誤。提到上帝時，拉普拉斯對拿破崙說：『我不需要那樣的假設』，這也是我對時間的評語。」

搭火車返回牛津時，列車長報出每站的站名。每個月台上都有數位時鐘，到站的時間精確到幾點幾分（至少理論上是）。時間的確**感覺**很實在。我還是跟以前一樣迷惑（又來了，我還是用了「以前」）。很難想像時間純屬空虛，但我們說出的每一句話幾乎都跟時間有關，時間的幻象（如果可以這麼說的話）似乎控制了人類所有的思緒，滲入我們的語言。迷惑的不只我一個。哲學家桑德斯在《紐約時報》上評論巴伯的著作時，說這本書充滿「至理名言」，還補充說道，在教學和分析上，此書是一本「鉅作」；但他也發出「哲學的健康警告」，承認他不確定書的內容「是否真的合理」。

或許未來（又來了！），作家會找到更清楚的方法來闡明時間的幻象。畢竟，在牛頓之後的學者比他更懂得如何解釋他提出的力學（今日物理系的學生用的教科書形形色色，唯一**絕對不會**採用的就是牛頓寫的那一本）。此外，牛頓跟所有人一樣，跟他所在的時代脫離不了關係。二十一世紀的學者在討論牛頓的物理學時，一定會先去掉跟神學有關的東西。（巴伯說，透過絕對時間和空間的想法，「牛頓以為他看到了上帝的構造。我想他可能覺得自己讓看不見的上帝現身了。」）或許已經成為定見的時間概念留下了沉重的包袱，我們不能一下子就拋開成見。

就在此刻，我發誓要再讀一次《時間的盡頭》，可能讀了反而更迷惑，反正我還沒大膽到去鑽研牛頓的《原理》。我想到一個故事，很可能是捏造的，有一個學生看到牛頓乘著馬車經過，據說他開了一個玩笑：「前面那位老兄寫了一本沒人看得懂的書，連他自己也看不懂。」

第七章 愛因斯坦的時間

太空時間、相對論和量子理論

相對論教我們把更多心思放在時間上。物理學家林德勒，他發明了「事件視界」這個術語

我看到過去、現在和未來同時出現在眼前。

詩人布雷克

坐落在瑞士西邊、群山環繞的伯恩似乎過了一個世紀仍沒什麼變化。大街上仍有街車迂迴來往，老城狹窄的街道旁滿是拱廊。每隔幾個街口，路中間就會出現五顏六色的噴泉，很多噴泉的年份都可以追溯到十六世紀。爬上伯恩大教堂的哥德式尖塔後（名列瑞士境內最高的幾個景點），遊客就能看到寬廣的景色，鋪了紅色瓦片的屋頂、教堂的尖頂和阿勒河翻騰的藍色水流。除了汽車和遊客外，事實上，自從二十二歲的愛因斯坦在一九〇二年的冬天來到瑞士的首都後，這座城市幾乎完全沒變。當時愛因斯坦沒有工作，步行來到此處，所有家當都在一只行李箱裡。過了不到三年，他已經結婚生子，啊，對了，還發展出全新的時空寫照，就此改變了全世界。

愛因斯坦（一八七九至一九五五年）的出生地不在伯恩，而是離此地約兩百五十公里、位於德國南部的烏爾姆。他在伯恩的時間也不長，還不到十年；他的天資令他愈來愈出名，蘇黎世、布拉格和柏林的學術機構紛紛邀請他任職，等到納粹主義興起後，他不得不離開歐洲。不過這位充滿抱負的年輕科學家在伯恩找到第一份正式的初級工作，在政府機構審查專利申請，也在這裡開啟了他對宇宙本質的洞察力。

愛因斯坦在克拉姆街四十九號住過一陣子，爬上狹窄的木製樓梯，就能進入他的小公寓，現在公寓已經改建成博物館，導遊愛格勒在樓梯盡頭等我。她用帶著濃重瑞士德語口音的英語告訴我，愛因斯坦住在這裡時，他的公寓只有兩個房間，不過其中一間有兩扇對著克拉姆街的大窗戶（博物館的面積比較大，納入了隔鄰的幾個房間和上面那層樓）。如果愛因斯坦把頭伸出窗外向左邊看，就能看到一個街口外壯觀的十六世紀鐘塔。鐘塔雖然不甚修長美觀，卻也華麗繽紛，年輕的愛因斯坦只要一出家門，就會看到鐘塔。

遊客魚貫穿過貼了壁紙的儉樸房間，仔細打量愛因斯坦在專利辦公室用的木頭桌子、幾十張歷史悠久的照片、他的博士論文，甚至還有他高中時的成績單（其實大家都猜錯了，他的成績還不錯）。審查專利的薪水一年約三千五百瑞士法郎，只能勉強支付房租以及他和妻子米列娃的基本開銷。愛格勒說：「愛因斯坦很高興、很自豪能在年輕時第一次自己負擔一棟這樣的公寓。六十平方公尺不算寬闊，但他已經覺得很豪華了。」

白天，愛因斯坦在辦公室審查數百份專利申請書。但他心之所繫並非小機件，而是根本的理論，即宇宙固有的構造。到了一九〇五年春天，新的時空理論已在愛因斯坦的腦海中成形。二十六歲的愛因斯坦進入了他自己的**奇蹟年**（跟牛頓提出獨特看法的年紀差不多），寫出五篇深具開創性的物理學論文，其中一篇包含相對論的第一部分，也就是狹義相對論。

相對論的根基

在二十世紀初，牛頓的定律似乎可以解釋所有的現象，但無法**完全**涵蓋一切。為了了解電力和磁力，以及光線和無線電波，物理學家必須仰賴另一套非常成功的自然理論，也就是由蘇格蘭物理學家馬克士威（一八三一至一八七九年）提出的架構*。馬克士威發展出一組等式，描述電場和磁場之間的關係，這兩者實際上是一體兩面。正如牛頓把天際和地面的力學聯結在一起，馬克士威證明了電力和磁力最終也有關係。電磁也跟光線脫不了關係，現在科學家都把光線當成電磁波，一個不斷振盪的電場和磁場。（光線只是一種電磁波，X光、微波和無線電波則是「電子輻射」的例子，只是波長不一樣。）

但馬克士威的等式表示這些電磁波還有更值得注意的地方，它們似乎都用特別的速度前進，物理學家用符號 c 表示光的速度（一六七〇年代，丹麥天文學家羅默率先測出正確的光速。現代的 c 值大約是每秒三十萬公里）。光線是一種用固定速度前進的波，這個概念引發了兩個令人煩惱的問題：第一，光用速度 c 前進的**相對基準**是什麼？光的速度會跟著測量方法變化嗎？你自己的速度和發光物體

*我的書《T恤上的宇宙》第四章更詳細地介紹馬克士威和十九世紀的物理學概論。

的速度，一定也會影響你測量出來的值。馬克士威的等式是否僅適用於和光波有關的特定參考系？

第二，光波究竟**如何**從某處傳播到另一處？根據目前科學家對波的了解，他們知道波需要某種媒介才能移動（比方說聲波需要空氣，海洋中的波需要水）。但光波可以穿過真空從太陽傳送到地球，用的是哪一種媒介呢？

在馬克士威的時代，最合理的猜測就是光波在叫做「光以太」的物質中振動。科學家相信光以太瀰漫在空間的每一處，應該就是能讓光波傳播的物質。（也有人說重力透過光以太施加影響。牛頓從未清楚說明某個物體如何感受到另一個遠方物體的重力；他的對手嘲弄他的重力理論，竟能不可思議地穿過空間。）

光以太的說法一出，兩個問題都解決了：光波有了傳播媒介，也能定義馬克士威的電磁波會用到的參考系。但這個解答仍有點牽強。物理定律應該放諸四海皆準，不是嗎？如果電磁波需要特定的參考系，似乎就違反了從伽利略時代定下來最基本的原理。通常稱為「相對論原理」（或「伽利略相對論」），指出世界上沒有「特殊的」參考系：在測量「真實的」速度或距離或時間間隔時，所有的觀測人員都具有同等的地位。事實上，伽利略講過一個強調該重點的假想實驗：想像你跟朋友被關在沒有窗戶的船艙裡，而且船已經開動了，假設你旁邊有蝴蝶跟鳥，跟裝滿魚的水族箱，還有一個底部有洞、慢慢滴水的水桶。你手上有一顆球，可以跟朋友玩丟球。當船隻停在港口中，動物會朝著四面八方移動，水桶裡的水繼續筆直滴下，球在你跟朋友之間來回飛動。但如果船隻以平穩的速度移動，你也會觀察到**一模一樣的作用**（這是伽利略很深奧的理解）。伽利略宣稱：「所有的作用都不會出現任何變化，你也不能辨別船隻是靜止還是在行進。*」的確，伽利略證實了「移動」和「靜止」等說法都只是標籤；觀察的人沒有特權說自己正在靜止狀態（或以特定速度前進）。

但在馬克士威的電磁學裡，看來**的確有**特殊的參考系屬於神祕的光以太。如果光以太的特質可以用某種方法測量（或能偵測到就可以了），當然就有幫助。物理學家想要辨別出地球繞著太陽旋轉時，地球的動作透過光以太的影響。然而，最後到了一九〇五年，還是沒有人偵測得到光以太。

大多數科學家並不把這明顯的難題放在心上。在一八八〇年代，赫茲用馬克士威的等式預料到無線電波的存在，後來馬上找到充分的證據，在不到十年內，馬可尼就忙著製作無線電發報機和接收機。但有幾位物理學家憂心忡忡，包括年輕的愛因斯坦在內，在這兩種互相衝突的世界觀裡，他們看到自然的基本寫照從一開始就有缺陷（這些難題也是法國數學家龐卡黑和荷蘭物理學家洛倫茲努力想要解開的目標）。

愛因斯坦天資聰穎，能在腦海中進行「假想實驗」，用簡單的意象讓看起來相當抽象的問題呈現在眼前。十幾歲的時候，他就苦思過聽起來很簡單的問題：如果你能追上光束，會是什麼情況**？牛頓和馬克士威提供的答案天差地遠。在牛頓的架構中，只要加快速度，什麼都能追得上，沒問題。

＊對現代人來說，飛在巡航高度的噴射客機或許就是最生動的例子。只要機長避開亂流或急轉彎，拉下窗板的乘客幾乎感覺不到飛機的移動。

＊＊愛因斯坦在十六歲時第一次想到「假想實驗」，但我們可以看出這個實驗對他的思緒影響深遠，最後在一九〇五年發表了狹義相對論的文章。

但在馬克士威的想像中，光的傳播速度一定是每秒鐘三十萬公里。如果你追上了光束，光的速度就變成零（相對於你來說）。那你會看到「凍結的」光波嗎？（衝浪的人站上浪峰時，他和海浪前進的速度一模一樣，或許他就會覺得腳下的浪凍住了，但凍住的光線會長什麼樣？）如果**能夠**觀測到凍結的光線，你的速度就有「絕對的」讀數，這顯然違反了伽利略的相對論。愛因斯坦則覺得靜態光束的想法很瘋狂。他說：「不可能有這種東西，根據經驗或根據馬克士威的等式都不可能。」愛因斯坦不同意隨著光束移動的觀測者需要不同的等式（不同的定律），來描述眼前的景象，動作畢竟不是固定不變的。愛因斯坦呼應伽利略的說法，他的問題是，觀測者如何「知道（或能夠確定）他處在以固定速度快速移動的狀態中？」如果凍結的光線沒有意義，當你加速到快要接近光速時，**會**發生什麼事？

歷史學家到現在還在辯論愛因斯坦究竟如何做出這樣的結論。專利局的工作在後世人的眼中或許不值一哂，或許在他想像哪一個機件有用、哪一個沒用的時候，就能鍛鍊心智，產生無形的價值。歷史學家蓋里森認為讓歐洲各地電力鐘同步的問題尤其重要，送到愛因斯坦桌上的專利申請書有不少是相關的電子裝置。愛因斯坦在伯恩有一群好友，他們給自己取了個外號叫奧林匹亞學院，談到時間和空間時，成員之間的對話也給他非常寶貴的意見，原是同班同學的妻子米列娃也發揮類似的作用。（幾年前在一封具有代表性的情書裡，愛因斯坦告訴米列娃，他很期待到蘇黎世探望她時兩人一起去健行。「要立刻去爬昱特利山，」他在信裡提到附近的一座山丘，「我已經能想像到有多好玩……然後我們就可以開始研究赫姆霍茲有關光線的電磁理論。」）休謨和馬赫等思想家的哲學作品也對愛因斯坦造成深厚的影響，雖然空閒時間不多，一有空他就專心研究這兩人的著作。

不論起因為何，一九〇五年初愛因斯坦想到了答案，看似突如其來，但事實上他已經花了十年的時間專心思索，幾乎不怎麼想其他的事情。那年五月，他告訴友人貝索解決之道「在於分析時間的概念。」接著又說時間「無法從絕對的角度來定義，時間和信號速度之間也有分不開的關係。」

愛因斯坦發現牛頓的定律有其極限，只是實際局面的約略狀況。如果牽涉到的速度不高，牛頓的等式就能正確套用：對日常的速度來說，綽綽有餘。但速度接近光速時，牛頓的定律就瓦解了，所以我們需要新的架構。

愛因斯坦的論文〈關於運動物體的電動力學〉於一九〇五年六月三十日刊登在素負盛名的期刊《物理學年鑑》上，全長三十頁。但愛因斯坦在剛開始的幾頁就推翻了牛頓的世界觀，引進全新的時空觀點，除此之外，也完全淘汰了光以太的想法（愛因斯坦推論，沒有人能偵測到光以太是因為光以太根本不存在）。在論文結尾並未列出參考其他科學家著作的書目，不過他感謝友人貝索「提供了幾項珍貴的建議」。這篇文章發表後，愛因斯坦終於向世人證明如何才能協調牛頓的力學和馬克士威的電磁理論。

全新的時空觀

愛因斯坦在一九〇五年提出的理論被稱為「狹義相對論」，以兩個「假設」為基礎。第一假設說，不論兩個觀測者相對於彼此移動的速度有多快，只要以穩定的速度移動（也就是說速度不會加快），他們都應該使用相同的物理學定律。或許你想預測拋射體的運動、測量電力或磁力的特質，或研究光束，每個人適用的定律都一樣。

第二假設說不論你自己和發光物體的速度為何，光速永遠保持不變。換句話說，你測出的光束前進速度一定都是特定的 c 值。

第一假設不算特別激進。基本上重述伽利略的相對論原則（沒有特殊的座標系），並把這套理論提升成物理世界中的基本假設。

然而，第二假設就真的讓人吃了一驚。在牛頓的世界中，測量物體的速度時必須要考慮到物體的運動和測量者的運動。如果你站在月台上，會覺得火車疾馳而過，但如果你人在火車上，會覺得火車似乎動也不動（而月台似乎正在急速後退）。從火車前方投擲棒球，站在月台上的觀測者會看到棒球得到一股「助力」：如果火車的時速為一百公里，投球的速度為每小時八十公里，站在一旁的觀測者會看到棒球移動的速度為一百八十公里。計算非常簡單：在地面上的觀測者測量到的速度就是火車速度加球速的總和。也就是 $v = v_1 + v_2$。一看就很清楚，不是嗎？

在愛因斯坦的理論中，這依然只**概略**說明火車、棒球和其他緩慢移動物體的情況；也就是指運動速度低於光速的物體。但第二假設也指出對光線來說就**不一樣**了：不論你移動的速度多快，也不論光線來源的移動速度多快，你測量到的光束前進速度仍為每秒三十萬公里。不論我是提著手電筒慢慢走路，或是把手電筒裝在以每秒二十萬公里（光速的三分之二）通過的火箭上，其實也都一樣；你測量到的光速仍是每秒三十萬公里。愛因斯坦的假想實驗目的在於追上光的速度，這就是最終的答案：做不到。光速不能加快，也不能減慢；不論**你**移動的速度有多快，光速仍保持一般的行進速度。（這個假設還有另一個作用，就是讓光速變成宇宙間的終極「速限」。）

事實上，當速度接近光速時，就不能用牛頓的定律把它們相加起來。你測到的速度 v 再也不等於

v_1+v_2 的結果。愛因斯坦解出了正確的方程式*。速度不快時，仍等於牛頓的結果，但速度很快時，你得出的結果會比預期的低（不論 v_1 和 v_2 有多大，總和一定會小於 c）。

現在我們要討論最精采的地方：為了讓光速保持不變，**時間和空間必須是相對的**。也就是說，如果兩名觀測者相對於彼此移動，他們測到兩件事之間的時間間隔或空間中兩點的距離就會不一樣，這在牛頓的絕對時空領域中絕對不會出現。愛因斯坦證明了該如何正確計算出其中的差異。

兩名觀測者帶著完全同步的時鐘，怎麼可能會測量出某事件和另一個事件之間經過的時間間隔不一樣？這或許是愛因斯坦的理論中最違反直覺的含義。事實上，比較兩座一模一樣的時鐘，以高速前進的鐘似乎比「靜止不動」的那座走得更慢（這裡的引號只是要提醒你，這兩座鐘的任一座，都可以說是正在移動的那座）。這種作用叫作**時間膨脹**。舉個例子，假設一列高速火車上載了「光束鐘」，用兩面平行的鏡子製成，鏡子水平放置，之間有光束上下彈跳（見第一七六頁上圖）。火車靜止不動時，在火車上的人跟站在月台上的人測量到時鐘每一次「滴答」之間的間隔一樣長。但火車的速度接近光速時，站在月台上的觀測者就會看到光束留下對角線或鋸齒狀的痕跡（下圖）。因此，光束在時鐘發出「滴答」聲時要通過更長的距離。現在重點來了，愛因斯坦的第二假設要求測量出來的光速仍是同樣的值。由於速度等於距離除以時間，既然距離增加，時鐘每一次「滴答」之間的時間一定會增加。因此，站在地面上的觀測者看到移動火車上的時鐘走得比較慢。

＊新的公式是 $v=\dfrac{v_1+v_2}{1+\dfrac{v_1\times v_2}{c^2}}$

為什麼時間是相對的

一、放在靜止火車上的「光束」鐘

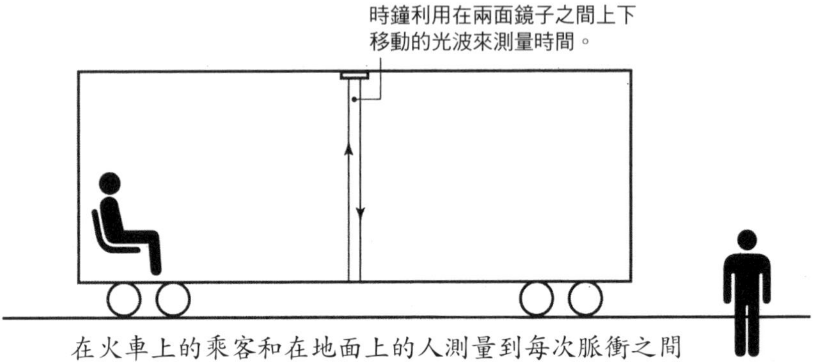
時鐘利用在兩面鏡子之間上下
移動的光波來測量時間。

在火車上的乘客和在地面上的人測量到每次脈衝之間的時間一樣長。

二、以接近光速的速度移動的火車

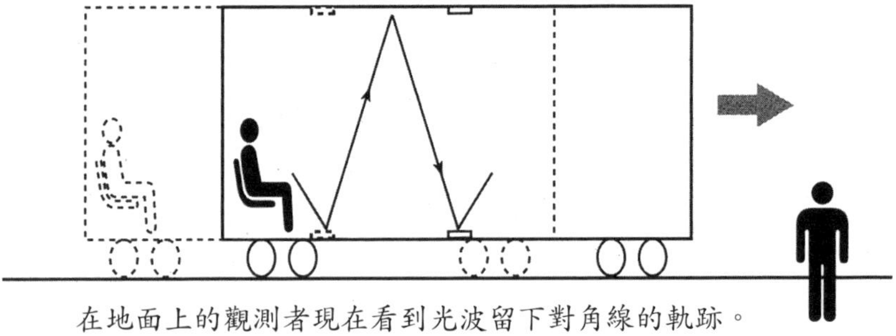

在地面上的觀測者現在看到光波留下對角線的軌跡。由於光波的速度保持不變，他量到時鐘循環之間的間隔變長，結果認為時鐘「變慢了」。

- 他也看到火車（還有上面所有的東西）變短了，但只限於火車移動的方向上。

但是在火車上的觀測者卻有相反的結論：他看到月台上的光束鐘會留下對角線的軌跡，便結論出**月台上的鐘**比較慢。這也符合愛因斯坦的第一假設，沒有特殊的、「偏好的」座標系，兩名觀測者的說法都站得住腳。

在日常的速度下，我們可以忽略時間膨脹效應，但接近光速時就不能忽視（我不想解釋時間膨脹的方程式，不過這個效應只用到中學程度的數學，有減號、除法和開平方根）。如果你的朋友搭乘火箭，用八成的光速呼嘯而過，你會觀察到她的時鐘速度只有平常的百分之六十。以九成的光速行進時，只有平常的百分之四十三；以百分之九十九的光速前進，會掉到百分之十四（你的朋友無法以光速前進；如果真的到達光速，你會看到她的時鐘整個停下來了）*。

值得玩味的是，愛因斯坦在一九〇五年的論文中用到的等式不是新發明。龐卡黑和洛倫茲早就知道這些等式，卻無法在詮釋上有所突破，他們也沒看出只要用新的方法去思考時間和空間，就能調解相對論的原理和馬克士威的電磁理論。只有愛因斯坦才有獨特的能力，退後一步綜觀全局。

他一直找不到學術界的工作，在專利局的工作又相當與世隔絕，反而成為優勢：既然不屬於任何物理學機構，他也不必遵守學界先入為主的觀念。換句話說，根本沒有後顧之憂。哈佛的歷史學家荷頓是最出名的愛因斯坦專家，他說：「他完全是個局外人。十九世紀和二十世紀初的物理學研究對

---

*還有兩個效應值得一提：快速運動的物體，其長度看起來會縮短，質量（繼續加速的阻力）則會增加。

他沒有利害關係……他放任自己的思緒四處游移。既然沒有學術地位，就不怕造成危害，他有本錢冒險……和其他人相比，他的看法更加有力。」

物理學界（最後擴大到全世界）認為狹義相對論顛覆了其他的理論，但愛因斯坦卻不這麼認為。他的目的只是要用馬克士威的電磁理論解釋更多的現象。一開始他把自己的想法叫作「不變量理論」，強調光速對每個人來說都一樣，但時間和空間則是相對的。但龐卡黑和偉大的德國物理學家普朗克則稱之為相對論，這個名稱也成為沿用至今的說法。

「現在」的問題

狹義相對論違反一般人心目中的時間觀念，而快速移動的鐘會走得比較慢只是其中的一環。我們也不得不重新思考**同時發生**的概念。如果兩個事件在相同的時間發生，我們會說兩件事同時發生；在牛頓的世界裡，這個想法直截了當。但在愛因斯坦的宇宙中，就有問題了：我覺得同時發生的兩件事在你心目中可能不是同時的，取決於我們相對於彼此的運動。這叫作「同時性的相對性」。

再假想眼前有一節車廂，配備了幾樣簡單的工具：在車廂兩頭我們裝了照相機的閃光燈和光電二極管，然後接上電線，只要有光線打在光電二極管上，就會觸發閃光燈（見第一八〇頁上圖）。（我們可以想像車廂四周漆黑一片，除非有外來的光線，否則閃光燈不會起作用。）我們可以把左邊的閃光燈叫作A，右邊的叫作B。現在我站到車廂中間，也就是A和B的中點。手上則拿著第三個閃光燈裝置。如果我發射閃光，會發生什麼事？閃光燈的光線同時到達A和B，導致兩支閃光燈一起亮起來。從我的觀點來看，A和B觸發的閃光同時發生。

接下來想像車廂由左向右移動，速度接近光速（下圖）。我站在車廂中間，發射閃光後看到A和B的閃光同時出現（這是愛因斯坦第一假設的規定，此假設很簡單地指出，我也可以說我自己靜止不動，而車站和月台則快速通過）。但站在月台上的觀測者看到了什麼？站在他的觀點，車廂後方（A）在「追逐」光束，而車廂前方（B）則離光束愈來愈遠。從他的角度來看，光束要碰到A，要走的距離比較近，要碰到B的話則要走比較遠。根據愛因斯坦的第二假設，他會看到光束以一般的速度 c 前進；觀測者可以得出結論，光束要碰到A來觸發閃光所需的時間，會少於觸發B點閃光的時間。換句話說，他會先看到A發出閃光，然後才會看到B的閃光，兩件事不再同時發生。

根據狹義相對論，我們不能從絕對的角度宣布兩件事同時發生，而只能說這兩件事從特殊的參考系來看，**似乎**同時發生（物理學家格林恩稱之為「在人類發現的實境本質中最深入的洞察」）。

還有更難的問題。當我們說「現在」發生了某件事，是什麼意思？我們說「現在」的時候，其實在比較兩件事：我可以彈一下手指，然後問大家是否有其他的事件和彈手指的動作同時發生。如果有的話，我會說那件事「現在」正在發生。在牛頓的世界裡，這個問句很合理：「宇宙中有哪些事件現在正在發生？」答案是很獨特的一組事件，分散在各處，但都落在同一個「時間片段」上。假設我在美國東岸標準時間二〇〇八年十二月一日正午彈了一下手指，宇宙各處發生的事件只有兩個可能：跟彈手指的動作同時發生，或非同時發生。這對牛頓來說很合理，但愛因斯坦卻不能接受。我們已經看過，在狹義相對論中，觀測者無法全體同意兩件事是否同時發生，所以普遍的「現在」也不存在。愛因斯坦說過：「在世界各地你都聽不到可以拿來當作時間的滴答聲。」（有一次他到蘇黎世講課，

同時性的相對性

一、從靜止車廂中間發出的閃光

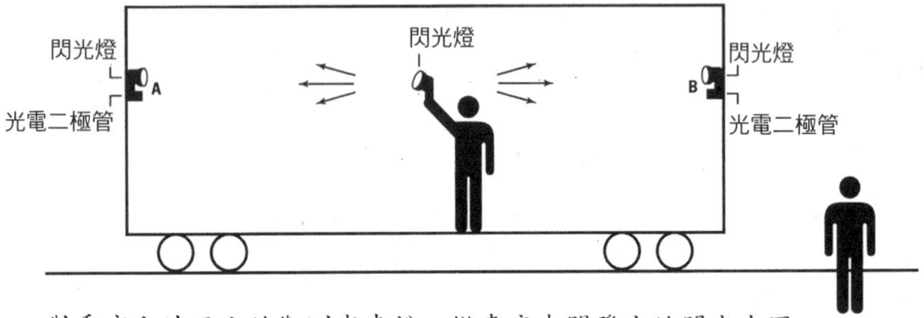

對乘客和地面上的觀測者來說，從車廂中間發出的閃光在同一個時間到達車廂兩端。光電二極管同時觸發在A和B的閃光燈。

二、車廂以接近光速的速度前進時，從車廂中間發出閃光

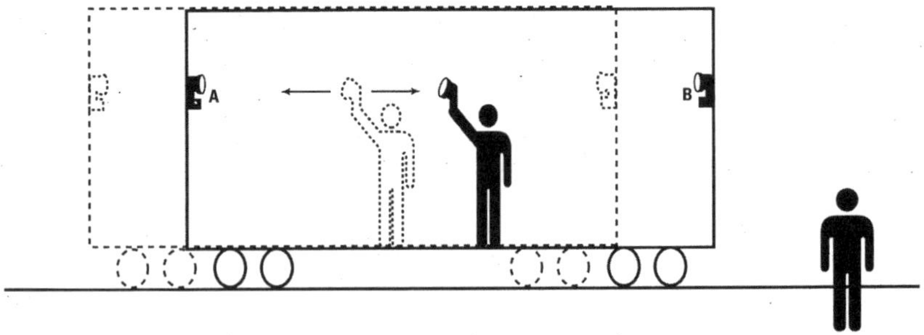

地面上的觀測者會覺得發出的光束先碰到A，車廂後方似乎在「追趕」光束。他看到在A點的閃光燈被觸發後，B的閃光燈才會觸發。在A和B發生的事件對乘客而言仍同時發生，但站在月台上的觀測者則覺得不是同時。

發生了一件很有趣的事，他在黑板上畫滿了時鐘來講解同時發生的概念。長篇大論的解釋結束後，他問：「到底幾點了？我沒戴手錶。」）

普遍的「現在」早已深植腦海，我們很難拋棄原本的想法。我們會想像自己說出「宇宙中所有現在正在發生的事情」，用這個句子表示有意義的一組事件。但愛因斯坦向我們證明這種陳述事實上沒有清楚的意義。每一名觀測者都自行列出看起來「現在」正在發生的事情，沒有人的清單比其他人更具權威。宇宙中沒有「母鐘」可以告訴我們在什麼時間發生了什麼事。人類語言中最簡單、最常出現的字眼「現在」已經變成沒有人能了解的概念。

牛頓或許不喜歡這種說法，但自二十世紀愛因斯坦發表了狹義相對論後，無數的實驗證明相對論的預測無誤。二〇〇七年的秋天，由加拿大曼尼托巴大學的格溫納領導的科學家小組證明了時間膨脹的效應，精確度高達千萬分之一，定下了新的基準。格溫納和同儕使用一台在德國的加速器，讓鋰離子以百分之六的光速在環型管中前進。然後用雷射促使離子散發出輻射。由於輻射是一種振盪的電磁波，就能發揮時鐘的功能，輻射的一次循環就像時鐘「滴答」一下。在高速前進的狀態下，滴答聲變慢了，看來似乎降低了輻射的頻率。在格溫納的實驗中，頻率的變化就跟狹義相對論預測的一樣。

在一九〇五年秋天，愛因斯坦發表了一篇補充說明的短文，讓大家看到他的假設出現了令人詫異的結果；在文中他解釋物質和能量的關聯，用現今全世界最知名的等式表現出來：$E = mc^2$＊。

＊等式中的E代表能量，m是質量，c仍是光速。由於c值非常大，c平方還要更大，即使質量很小，也能轉換成大量的能量。

狹義相對論出現後，空間和時間的緊密關係早已超過了牛頓所能想像的範圍。在牛頓的世界中，兩個事件可以在時間或空間（或兩者皆是）中分開。空間中的位置可以用三個數字顯示（也就是緯度、經度和海拔高度），而事件中的時刻則能用一個參考來描述（比方說精確的時間和日期）。然而，根據狹義相對論，我們必須在想像中把這兩組資訊結合在一起。我們必須把事件想成展現在四維陣列中，也就是所謂的「時空」，愛因斯坦之前的數學老師閔考斯基（一八六四至一九〇九年）用數學上的精確度為這個想法制定公式。一九〇八年，閔考斯基在講課時發表了精采的聲明，宣判古老傳統的空間和時間觀已經死亡：「從今以後，獨立的空間和獨立的時間將退化成純粹的幻影，只有兩者合而為一才能保存其獨立的地位。」

要描繪出四維景象並不容易，但如果我們忽略一個空間維度，從愛因斯坦的時空觀點來刻畫物體就不會太難。我們可以沿著水平平面繪製其餘兩個空間維度，並想像垂直軸就是時間的維度。通過時空的物體軌跡稱為其**世界線**。像地球和太陽等類似的系統則有了全新的觀點（第一八四頁）。如果我們選擇一個太陽在其中為靜止的參考系，太陽的世界線就是一條筆直的水平線，而地球的世界線則是螺旋狀。

還有另一個很有用的概念，可以幫助我們描繪出時空中的事件如何彼此關聯，也就是物理學家口中的**光錐**（第一八五頁）。我們再度把空間想像成沿著水平平面延伸，時間則垂直延伸。假設在特定的時間點p，有一道光發射出來（實際上，我們會把p叫作「事件」，也就是在空間**和**時間中孤立出來的點）。光線從p以光速向外行進，在時空中畫出錐狀的區域，p則在底部。這叫作「p的未來光錐」。

要記得，任何物體行進的速度都比不上光線，所以光錐在時空中圍住了某人在p點能夠「探訪」的整個區域；事件p的確無法影響錐外的時空區域。同樣地，我們可以畫另一個從p向下延伸的光錐，亦即在時間中後退，這就是「p的過去光錐」；只有來自過去光錐內的事件會對p造成影響。這個看法也強烈牴觸牛頓的定律：在古典的看法中，不必考慮速限，你可以影響時空中任何區域內的事件，只要是未來的事件就可以。另一方面，只要是屬於過去的事件，不管在時空的哪個區域內，都可以**影響**你。相對論的看法相反，宇宙大部分的領域都是禁區。

在四維的時空中，過去和未來（或之前和之後）的概念要怎麼解釋？情況不像我們從這些光錐上看到的清楚線條這麼簡單。還好有同時性的相對性，對我而言是過去的事件，對你來說可能是未來，反之亦然；只要事件夠遠，你和我又相對於彼此在移動。很多物理學家和少數哲學家發覺狹義相對論的四維時空能夠證明過去和未來的事件就跟現在的事件一樣「真實」。所有的東西似乎都一次擺在某種區塊中，我們在前一章看過與麥塔加口中B系列有關的「塊狀宇宙」，其實非常相似。狹義相對論出現後，表示二十世紀最傑出的物理學家也支持塊狀宇宙的說法。

愛因斯坦怎麼解釋這個想法？從他的文章中我們可以看到跟巴曼尼德斯、聖奧古斯丁和麥塔加非常相似的說法，時間的概念（或至少時間的「流動」）在他心中並非停駐「在外面」的宇宙中，而是在每個人心裡。他曾經說過：「簡單而主觀地感覺到時間的流動，讓我們能夠整理印象，判斷某件事比較早發生，另一件事則比較晚。」

很多哲學家似乎贊同他的說法。美國哲學家帕特南認為，缺乏普遍的「現在」表示未來的事件完全已成定局。拿選舉當作例子，對我來說是未來的事件，對你卻已經是過去（雖然看似怪異，在狹義

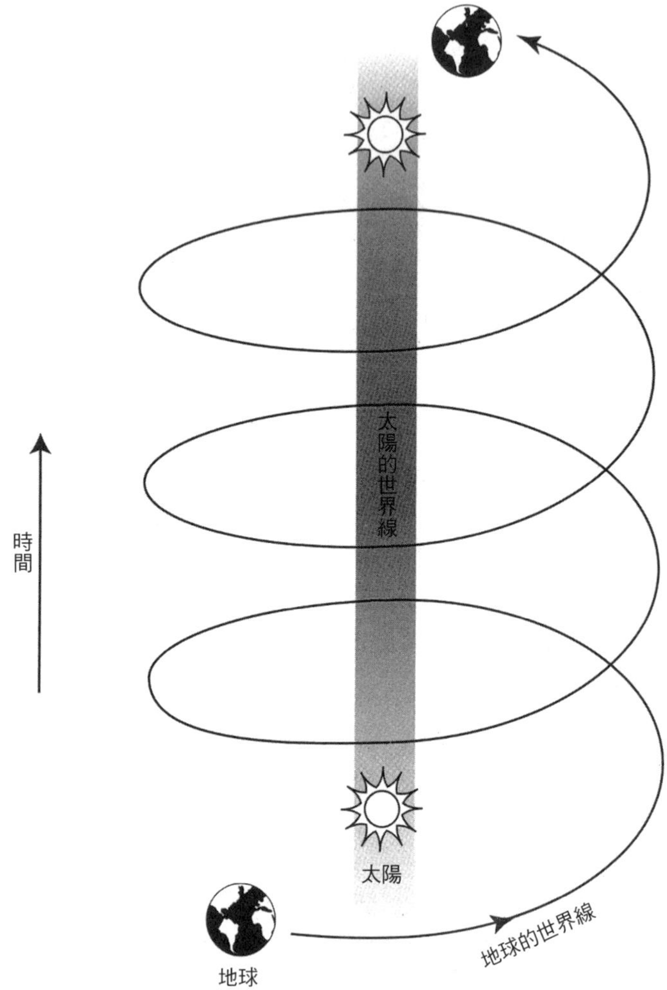

圖解世界線：我們無法繪製四維的時空；但如果我們忽略一個空間維度，就可以想像三維的景象，其中時間是第三個維度。在上面有太陽和地球的圖畫中，時間沿著垂直軸前進，而地球的「世界線」則呈現螺旋狀。

相對論中，根據我們的速度和要行進的距離，卻相當合理）。帕特南的論點是，在我們交會的時刻，你認為是真實的所有事物在我心中也必須變成「真實的」，包括尚未公布的選舉結果在內（但從**我的**觀點來看，選舉還沒舉行）。對自由意願的傳統看法和未來的「開放性」當然因此變得亂七八糟。徹底得到改頭換面的不只有未來，按照類似的推理，如果某件事在我的過去，但有可能在你的現在，我也必須承認這件事仍保有「真實性」。

帕特南的論點似乎說服了哲學家羅克伍德。他寫道：「要認真看待時空概念，就是要把存在或發生於任何時間或地點的事件當成跟此時此地一樣真實。」「塊狀宇宙」

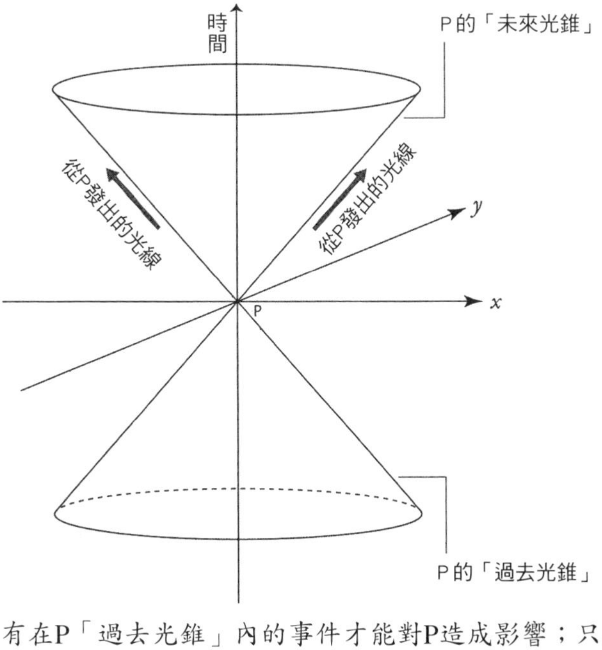

「光錐」：只有在P「過去光錐」內的事件才能對P造成影響；只有在P「未來光錐」內的事件才會受到P的影響。（在這個時空圖解中，只顯示了兩個空間維度。垂直軸表示時間。）

和其中刻意去除界線的過去、現在和未來仍支配了哲學家和物理學家的觀念。時空中的每一點誠然都有光錐定義的過去和未來，但**每一個**點都有這樣的光錐；沒有「普遍的未來」，也沒有「普遍的過去」。身兼物理學家和作家的戴維斯說過：「把時間切割成過去、現在和未來的界線似乎失去了實質的意義。」

愛因斯坦的鉅作

愛因斯坦在一九〇五年六月出版的文章只是開始。狹義相對論僅適用於以固定速度移動的物體，無法涵蓋加速中的物體。也不考慮到重力。他費盡心思想要制定一套更完整的理論，到了一九〇七年的某一天，以簡單的想法為出發點，他有了重大的突破：「如果一個人自由落下，就感覺不到自己的體重，」愛因斯坦想了很久，「這個簡單的假想實驗在我心中留下很深刻的印象。」

關於加速的運動，愛因斯坦傾向於一個很深奧的結論，很像伽利略對定速動作推論出來的道理。伽利略說過，如果你在沒有窗戶的交通工具裡，就不知道你現在是靜止，還是以穩定的速度移動。愛因斯坦發現，如果你在沒有窗戶的交通工具裡，感覺到有一股力量往下拉，那你有可能正在加速往上，**或者**只是感覺到地心引力，兩者的意義完全一樣（就像你搭電梯上樓，電梯開始移動的短暫時刻內，你會覺得身體比較重）。

加速和重力之間的關聯最後變成發展新架構的關鍵，這個架構能把兩個現象都涵蓋在內。然而，要有很強的數學能力，才能清楚其中的細節。歐幾里德的「平面」幾何學派不上用場，愛因斯坦需要德國數學家黎曼（一八二六至一八六六年）不久前才發展出來的「曲面」幾何。愛因斯坦對同事說：「我這一生還沒有這麼辛苦過。我現在滿心欽佩數學的偉大……和這個問題比起來，原本的相對論感覺就像兒戲。」

到了一九一五年末，愛因斯坦研究出全新的重力數學公式。研究結果稱為「廣義相對論」，和之前的狹義相對論互相對照。相對論以全新的方法描繪重力：牛頓認為重力是隔著一段距離發揮作用的力量，愛因斯坦則認為重力本身就是空間的偏移或扭曲。（大家最常聽到的說法是把重力比擬成一塊大橡膠板，在上面放上一個很重的保齡球後，球的質量就會造成橡膠板變形，而原本在附近滾動的彈珠，也會因為橡膠板變形而跟著偏轉。）太陽就是利用這種扭曲讓地球在軌道上運行。在愛因斯坦的世界中，物質會扭曲宇宙的構造，我們體驗到的扭曲就是重力的力量。牛頓認為空間和時間都是靜態的背景或舞台，有形的事件在其上一件件展開，愛因斯坦卻認為空間和時間本身會在宇宙中不斷地變動。

廣義相對論一出現就成功解釋了水星的軌道。自十九世紀中期以來，天文學家就注意到水星繞著太陽運轉時，並不會留下完美的橢圓形軌跡。每次通過太陽時，水星的軌道反而會稍有變化。天文學家把這個細微的效應稱為**歲差**，每一百年累積下來的差別不到百分之一度。但牛頓的物理學無法解釋為什麼，愛因斯坦的理論卻能正確描述這個現象。

過了三年，廣義相對論面臨更艱難的考驗。由於太陽會扭曲周圍的空間，恆星射出的光線如果正好在附近通過，太陽就應該讓光線轉向。也就是說，太陽通過遙遠恆星的前方時，我們從地球上看到的恆星位置應該有些許變化。太陽的亮度極高，通常我們看不到後方的恆星，所以天文學家必須等到日全食，月球遮住太陽的光線時，才能進行觀測。一九一九年五月二十九日，愛因斯坦的預言得到證實，遠方恆星的影像的確如相對論的預測，離開了原來的位置。同年十一月，研究結果在倫敦舉行的一場會議上發布後，立刻登上世界各地的頭條。《泰晤士報》斷言這是一場「科學革命」；幾天後《紐約時報》的說法更聳動：「天上的光線全歪了。」愛因斯坦即使無心於此，從此卻聲名大噪。

時間、重力和黑洞

提到扭曲周圍空間的重物時，我們可以想像變形橡膠板上的保齡球，但這時我們卻忽略了很重要的東西：重物扭曲了鄰近的空間**以及時間**。（的確，由於廣義相對論以狹義相對論為基礎，我們可以說重物扭曲了時空。）按照廣義相對論，在重力場內，原來時間會變慢。重力場愈強，效應也愈大（這稱為重力時間膨脹）。如果有兩個去蘇格蘭爬山的人把手錶精確調整成一樣的時間，海拔高度比較高的人會發現他的手錶比走在低海拔高度的朋友更快（在這個例子裡，兩個人的時間差異當然很細微，無法從市面上賣的手錶上看出來）。

現在已經有很多不同的實驗觀察到重力時間膨脹。最具戲劇效果的測試於一九七一年舉行，科學家搭上噴射客機，把原子鐘帶到世界各地，稍後再跟留在地面上的相同時鐘進行比較。實驗本身其實比這裡的描述更複雜，除了測試廣義相對論（在飛機上的時鐘比在地面上的高，因此所在的重力場也比較弱），也測試狹義相對論（飛機上的時鐘以高速前進）。科學家找出方法切割兩種效應，結果也符合愛因斯坦的理論*。其他科學家也在地面上進行類似的實驗。以位於美國科羅拉多州柏德市的原子鐘為例，此原子鐘所在位置的海拔約為一千六百公尺，比起海拔只有二十五公尺、位於英格蘭格林威治的相同時鐘，每年會增快五微秒。到目前為止，所有測試廣義相對論的實驗都證明了愛因斯坦的預言。（事實上，全球定位系統必須同時考慮狹義相對論和廣義相對論的效應，才能正確運作。）

在大多數情況下，時空遭到重力扭曲的程度都非常細微，因此過了很久才有人注意到。（太陽的重量是地球的三十萬倍，即便如此，太陽的重力場在一九一九年日食出現時，也只讓光線偏移了兩千分之一度。）但廣義相對論預測更重更大的物體會更嚴重地扭曲時空。最極端的例子就是黑洞：這些奇特的結構扭曲空間和時間的威力十足，結果連自己都脫離了宇宙。

巨大的恆星耗盡所有的核能燃料，再也無法支撐自身的重量時，就會形成黑洞。然後恆星開始崩解。如果恆星夠大，超過太陽的質量三倍以上的話，一崩解就一發不可收拾。重力會讓瀕死的恆星縮小，縮到某個關鍵的臨界點（叫作「事件視界」）以下時，就會發生很特別的情況——變成隱形。從事件視界射出的光線永遠無法逃逸；重力拉扯的力量太強了。在事件視界內的物體實際上和外界完全脫節。（雖然我們看不見黑洞，卻有很強的間接證據證明這種物體的確存在。或許在大多數星系中心都有「無邊的」黑洞，我們的銀河系也包括在內。）

如果太空人掉到黑洞裡，在遠方的觀測者會看到她的腕錶變得愈來愈慢，幾乎要停下來了。如果她快要碰到事件視界，我們就會看到她的手錶完全停止。從太空人的角度來看，當她掉入黑洞，很有

*其實還有第三種效應要切割開來：地球轉動也會帶來時間膨脹效應！

可能馬上就要慘死時，時間仍如常移動。（事實上，早在她能真的穿過事件視界之前，黑洞外的密集輻射跟重力場的潮汐效應*，就會置她於死地。）但對在黑洞外觀測的人來說，她會永遠留在事件視界上，凍結在時間裡。

廣義相對論讓天文物理學整個改頭換面，研究宇宙起源和演化的宇宙論也一樣。感謝愛因斯坦的理論，我們心中宇宙誕生的看法整個改觀了。在第九章研究時間和宇宙的起源時，我們會從這個全新的角度詳細探索。

按照愛因斯坦廣義相對論的描述，要如何描繪時間？世界線和光錐依然存在，但當時空本身被重力扭曲後，光錐會傾斜，世界線也會扭轉。儘管如此，很多哲學家仍相信廣義相對論的架構，適合之前我們認為跟狹義相對論有關聯的塊狀宇宙（舉例來說，在廣義相對論中，同時性變成相對的）。我們也應該注意，廣義相對論的等式跟牛頓的等式一樣，具備時間對稱性，而相對論中並未直接提到要如何解釋時間明顯的流動。

量子革命

知道自己要得到諾貝爾獎，感覺一定很開心。到了一九二〇年，愛因斯坦已經成為家喻戶曉的國際巨星，他知道他該拿獎了。（事實上從一九一〇年開始，他已經被提名很多次，但總因為不同的原因無法勝出，有幾次是政治因素，有幾次則是因為科學。很多人覺得相對論太抽象，理論性太強，不該得獎，一九一九年的日食出現後，才打破這些迷思。）他也知道他不會把獎金留下來：他已經答應妻子米列娃要把這筆錢給她，這是離婚協議中的一項條款（愛因斯坦和米列娃在一九一九年完成離婚手續，同年他再婚，娶了自己的表姐艾爾莎）。一九二一年終於贏得諾貝爾獎時，頌詞中並未提到相對論，卻提到了在他的奇蹟年（一九〇五年）寫的其他文章。他得獎的原因是：「對理論物理學的貢獻，特別是發現了光電效應的定律。」

那篇文章寫成的時間只比狹義相對論早幾個星期，主要探討光線和金屬之間稱為「光電效應」的互動。名為「量子理論」的新科學架構由此獲益良多，普朗克在一九〇〇年發表的文章奠定量子理論的根基。普朗克很想找出方法來解釋高溫物體散發出來的輻射光譜**。他發覺牛頓的力學和馬克士威的電磁理論都不太恰當。最後他想到，高溫能量散發時並不是連續的熱流，而是特定大小（非常微小）的不連續能量束。普朗克把獨立的能量束稱為**量子**（*quantum*，複數為*quanta*），在拉丁文中是問「數量有多少」的意思。

我們不會深入解釋量子理論的早期發展。只要注意一件事，在接下來的幾十年內，量子理論開花結果，發展出新的力學系統，只要牽涉到的距離很微小，牛頓的力學就被量子理論取代了。提到棒球或行星時（只要它們的行進速度比光速慢），牛頓的力學可以解決問題，但原子和次原子的世界只能

---

*指重力對不同區域拉扯的力量變化。如果太空人的腳先掉到黑洞裡，重力就會拉扯她的雙腳，不會拉她的頭，後果當然非常可怕。

物體的光譜**是指在不同波長發出的輻射強度。

透過量子理論來研究，傳統的牛頓架構因此改名成「古典」力學。

量子力學和牛頓的力學相去甚遠。首先，量子力學原本就不提供確定性。在古典力學中，粒子只有兩個可能，在位置 x 或不在位置 x。在量子理論中，就無法這麼精確。我們只能說當我們測量粒子的位置時，有特定的或然率發現它在 x。事實上，量子力學的說法是，除非我們測量粒子，否則粒子可以同時在很多位置；更概略地說，量子系統可以同時處於很多「狀態」；這個現象叫作**疊加**。只有在觀察量子系統時（也就是進行測量），系統才會「崩陷」，我們才能得到一個具體的結果。（起碼在量子力學傳統的「哥本哈根詮釋」中，崩陷就是這個意思。還有另一個叫做「多世界」的詮釋，我們會在下一章討論。）

時間和量子

在量子世界中，時間的命運又是如何？我們常聽到本質非常不確定的量子測量一定會毫不留情地背離決定論，而且（據說）會容許「開放的」未來。然而，事情並沒有那麼簡單。結果我們發現，描述量子狀態演化的等式（叫作薛丁格等式），卻具有決定性。事實上，量子系統演化的方式完全能從等式推算出來（等式跟前面說過的一樣，有時間對稱性）。**直到**我們介入，開始進行測量，這時波函數就崩陷了，不然系統的演化不會脫離預期。波函數的崩陷似乎無法逆轉，所以看起來和時間之箭有關聯。戴維斯說：「在進行測量時，特定的實境從無數的可能中投射出來……有可能的變成真實的，開放的未來變成固定的過去；這正是我們所謂的時間流動。」

雖然量子理論或許到了最後能讓我們更深入地了解時間之箭，但這套理論也帶來威脅，很有可能會顛覆一些長久以來跟因果關係有關的想法。在古典世界中，所有的事件都有起因，就算我們推論不出來，起因依舊存在。在量子世界中，有些事件（比方說放射性原子的衰敗）可能就這麼「發生」了。熟悉古典物理學的人也已經習慣了因果的想法，量子理論卻帶來了激烈的偏差。但我們或許也該接受這套理論，就像相對論，量子理論的預測已經在無數的實驗中得到證實。每次使用裝了半導體的器具，就目擊了量子理論的應用。

偉大的物理學家波耳曾說過：「聽了量子理論而不感到驚異，表示你不了解。」愛因斯坦雖然也是其中一位創始人，卻始終無法完全接受量子理論描繪出來的世界。如果愛因斯坦完全接納量子理論，除了「世紀名人」的封號外，或許也能成為「千禧年名人」，不過這也只是我的空想。在一九〇五年初的幾個星期內，光一次突如其來的想像，他就推翻了我們的世界觀，留下了令後人不斷嘖嘖讚賞的事蹟。多年後，他曾在文章中寫道：「牛頓，原諒我」，承認他自己也利用了前輩先賢的想法，「你找到了你那個時代具備最高推理能力和創造力的人，可以用的唯一方法。」

在伯恩那棟樸實的公寓裡，遊客漫步參觀，愛因斯坦曾在這裡和年輕的妻子一起吃飯，把新生的兒子抱在懷裡哄他入睡，有時也拉拉小提琴，想像全新的宇宙，他的創造力在這裡達到頂點。朋友可能會在吃過晚餐後來訪，流連忘返促膝長談。他們會討論力學和電力、鐘錶和參考系，以及物理學和哲學。討論的內容令人眼花撩亂，加上香菸和土耳其咖啡助興，相對論的種子就此深植在愛因斯坦的心中。

今日的遊客極少數是專業的科學家。他們來自各行各業，深受愛因斯坦的吸引，他不只是超乎尋常的知識份子，也是一個充滿熱情的人，可說是科學時代的聖之時者。博物館的訪客留言本上常有小孩留下圖畫。導遊愛格勒說有一個九歲的男孩留下了一張紙條給「親愛的愛因斯坦」，他說他也想成為「像你一樣的科學家」。她說，成人訪客也一樣滿心敬畏。有些人還要求在博物館關門後留下來，只為了呼吸愛因斯坦曾呼吸過的空氣。愛格勒說：「很難解釋，你要自己感受。」

第八章 回到未來

時空旅行的科學

「我知道，」他停了一下又繼續說，「一切對你們來說都很不可思議，但只有一件事讓我不敢相信，就是今天晚上我在這間熟悉的房間裡，看著你們的臉，講述這些奇異的冒險旅程。」

威爾斯，《時光機器》

物理學家馬雷特小時候的世界以父親波伊德為中心，波伊德是個卓絕的人物，努力工作的同時也不放棄享樂，也很疼愛孩子。第二次世界大戰時，波伊德加入美國陸軍，擔任戰地醫官，一九四五年美軍跨越萊茵河時，他也在先鋒部隊中。戰後他白天到電子公司上一整天的班，晚上和周末則幫人修理電視。波伊德三十三歲時心臟病突發去世，年僅十歲的馬雷特「完全崩潰了」。父親離世後他鬱鬱寡歡，讀過威爾斯的經典名著《時光機器》後，過了幾年愛因斯坦的理論也問世了，才讓他精神一振。書本內容讓他相信自己有一天能再見到父親，也令他決心進入科學界。

馬雷特現在在康乃迪克大學教物理學，多年來他一直夢想能夠造出時光機器，但他害怕遭人嘲弄，不敢透露自己的渴望。「我想要拿到終身職位。」他說完笑了一笑。還好他找到了一門學科，能幫他了解時間的本質，也夠「正當」，他可以進行研究，不會引人側目。黑洞理論也是他埋首研究的目標。前一陣子我去了康乃迪克州的斯托爾斯，一座寂靜的新英格蘭小鎮，和馬雷特約在他在康乃迪克大學校園裡的辦公室見面，他告訴我：「你知道，在物理學界有一條界線，一邊是『瘋狂但還合理』的想法，一邊則是『瘋狂得不得了』的想法。大家認為黑洞『瘋狂但還合理』，而時光旅行則是『瘋狂得不得了』。結果證明在研究黑洞時我也能順便研究時間。」

一直到了一九九〇年代晚期，馬雷特都躲在他所謂的「時光旅行的衣櫃」裡（譯注：表示跟同性戀一樣不敢公開）。大受歡迎的《新科學人》雜誌專文介紹他的研究後（雜誌封面大刺刺地寫著「緬懷過去：來看看全世界第一座時光機器」），他才脫離隱居的狀態。現在他也很開心地在網站上把「時光旅行」列為他的主要研究領域。

走出時光旅行的衣櫃

我們在前一章看過的黑洞由於有龐大的重力場，會讓時間變慢（愛因斯坦的廣義相對論預測到的效應）。但馬雷特發現，光也會影響時間。光帶有能量，愛因斯坦也證明了質量和能量具有同樣的效用，所以光線應該也能扭曲空間和時間。

馬雷特想到，他可以用一列強力雷射光形成強烈光線的循環光束。如果把兩列雷射光束平行排列，光束圍繞的空間就會變成正方形。馬雷特說，正方形內的空間會變得「扭曲」，就像把牛奶加入咖啡杯後，攪拌咖啡，牛奶就會開始盤繞。他說，透過「光子晶體波導」就能強迫光線以螺旋狀前進，進而增強扭曲的效應（光子晶體的光學特質能讓通過的光線沿著特定的路徑前進）。如果光束夠劇烈，靠近光束的空間和時間扭曲程度會嚴重到能夠在時間中創造出「迴圈」。用物理學的行話來說，這種系統會製造出**封閉式類時間曲線**＊，這是時光旅行最關鍵的現象。從理論上來說，沿著這種曲線前進的粒子會回到過去，就像沿著街口一直走，你就會回到起點。馬雷特愈說愈興奮，一度差點把一本厚厚的教科書撞到地上，這本書的標題《重力》正好很適合對話的內容。

馬雷特的提議聽起來雖然瘋狂，不過他曾在同儕評論的物理學期刊中描述主要的理論元素。然而，物理學界的反應並不大。康乃迪克大學物理系的主任斯德瓦利曾有意接受挑戰，開始馬雷特提議的實驗，但他也提出警告，製造時光機器「似乎遙不可及」。美國麻州塔夫斯大學的兩位物理學家最近發表文章評論馬雷特的理論，他們認為用此類儀器創造出的封閉式類時間曲線會出現在很遙遠的地方，「比我們看得到的宇宙半徑範圍還要大無數倍。」

馬雷特仍不放棄希望，他說專家並非質疑他所根據的物理學或數學，而是不確定是否能活用等式，創造出「時間迴圈」。馬雷特和在同一所大學的實驗物理學家合作，想弄清楚要如何才能讓他的雷射驅動時間迴圈開始運轉（他們目前還在籌募資金，馬雷特相信要測試他的方法，需要二十五萬美金的設備）。他希望在十年內就能看到初步的結果，也相信在二十一世紀結束前，人類就能在時空中旅行。

＊馬雷特稱之為「封閉式類時間線」，不過「曲線」是比較常見的說法。

西雅圖信號正熾

馬雷特並不孤單。在美國另一邊的海岸上，華盛頓大學的物理學家克拉默也在研究跟時間相關的新奇機械，看起來十分複雜，配備了雷射光束、鏡子、分光鏡，最重要的則是一對對「糾纏態」光子。馬雷特的重心放在相對論上，克拉默把指望放在現代物理學的另一根支柱上，也就是量子理論，尤其以量子糾纏（也叫作「量子非局域性」）的奇特想法為焦點。量子糾纏最早在二十世紀初出現，指出在一對糾纏的粒子中觀察到其中一個粒子時（比方說記下粒子的旋轉或極化），就會自動得到另一個成對粒子的資訊，即使兩個粒子之間相隔非常遠。雖然聽起來很詭異，愛因斯坦很不喜歡這種想法，直斥其為「幽靈式的超距作用」，但最近已有無數的實驗證實了量子糾纏。

科學家用形形色色的方法詮釋量子糾纏，想要了解其中的宇宙論。克拉默認為要了解遙遠粒子間看似能夠瞬間溝通的現象，最簡單的方法就是透過**逆因果律**的概念。我到西雅圖拜訪克拉默，這位語氣溫和的教授想用外行人聽得懂的術語來說明逆因果律。簡單來說，就是未來能夠影響現在或現在能夠影響過去的特殊事態，在次原子的世界裡，等於還沒離開家門就到了辦公室。雖然聽起來完全違反直覺，但物理定律中卻沒有說法能排除這種影響。

要在實驗室裡示範逆因果率卻很難。克拉默規畫的實驗重點在於讓光束通過晶體，分裂成兩束糾纏的光子；每一束光子再通過有兩條隙縫的螢幕——一個世紀前，量子理論的先鋒也用同樣的方法證明光的行為如果跟粒子不一樣，就該跟波一樣。通過螢幕後，再把兩束光子聚焦到偵測器上，不過事先不知道特定的光束是一道波還是一串粒子。還有一個更重要的構成要素，也就是第二束光子上的偵測器可以移動，只要調整偵測器和螢幕之前的距離，你就可以控制光束要標成光波還是粒子。然而，由於光束已經呈現糾纏狀態，你知道如果第二個偵測器把某個光子標成波，那麼另一個偵測器上的糾纏態「夥伴」也是波。克拉默的想法很大膽，要強迫第二道光束「繞道」通過約十公里長、盤繞成圈的光纜，使其速度降低幾微秒。這表示你對第二個偵測器做的設定（要看到波還是粒子），會影響第一個偵測器上看到的東西，儘管光束已經早了幾微秒射到第一個偵測器上。

至少理論上來說應該如此。如果實驗成功，我們可以想像未來的事件跨越很短的一段時間來影響過去的事件。克拉默說：「原則上，如果量子非局域性可以用來傳送信號，我可以把信號送回五十微秒前。在傳送前的五十微秒，我就收到了信號。」但理論上延遲可能更長。他若有所思地說：「如果你在傳送和接收信號間能有五十微秒的差別，原則上沒有什麼能阻擋你把它乘上一百萬倍，也就是五十秒的差別。」

克拉默跟馬雷特一樣，努力募集資金來進行規畫中的實驗，不過當地的報紙提到他的財務困難後（新聞頭條是「物理學家要實驗時光旅行，需籌措兩萬美元」），很多人慷慨解囊。克拉默在報導中哀嘆就連美國國防部高等研究計畫局（DARPA）都不肯提供實驗基金給他，儘管如此，文中也指出DARPA的研究重點在於「可以變形的液體機器人（看過電影《魔鬼終結者》第二集就知道了）和生物機械混合體昆蟲」。克拉默很高興捐款源源不絕，但跟大多數科學家一樣，他不想花太多時間成為眾人注目的焦點。他說：「我們實驗都還沒開始，就有這麼多人注意，讓我覺得有點不自在。」

《新科學人》雜誌再度率先公開克拉默的想法。這本雜誌一向具有獨到的鑑賞力，作者主張，如果逆因果律果真得到證實（他承認要特別強調「如果」兩個字），就會「顛覆我們最看重的因果本質概念以及宇宙運作的方式。」

物理學界的回應則比較客氣。雖然量子糾纏現在已經得到許多實驗的證實，但我們仍不清楚是否能用一對對的糾纏粒子來發出信號，在克拉默提出的實驗架構中，這一點卻是先決條件。換句話說，糾纏只能證明某種程度的逆因果律。

或許克拉默和馬雷特出入最大的看法在於克拉默期望自己的實驗會失敗。他深深懷疑這種反向信號不可能發生。但究竟**為什麼**不可能發生，還需要詳細調查。克拉默說：「很有可能有某種關係會妨礙你反向發出信號。我們想用這個實驗來了解到底是什麼關係……如果全部的東西都準備好了，你應該試試看，試著挑戰極限，看看會發生什麼事。」

你一定夢想過逃離時間的禁錮吧？我們似乎陷在時間的流動中，無法自主地度過一天又一天。要是我們能像在空間移動一樣，自由地在時間中穿梭，想想看那會變成什麼樣子：從錯誤中學到經驗後，我們可以回到過去，重新度過生命中的關鍵時刻。我們可以跟過世的親人再見一面。我們可以窺探未來，看自己的曾孫長什麼樣子。或許可以嘗試更刺激的旅程：見證耶穌受難，或英國歷史上最重要的黑斯廷斯戰役（想過這件事的作者不勝枚舉）。或許也可以立下要改變歷史的目標，比方說回到一九三三年的柏林，先把希特勒殺了，他就沒機會帶領大軍攻擊其他國家。

時光旅行的主題對每個人來說都充滿吸引力。一百多年來，時光旅行也是科幻小說作家最喜歡的主題，最早出版的是威爾斯的小說，後來有給人裝模作樣感覺的《回到未來》電影三部曲、《超時空博士》影集、《魔鬼終結者》系列電影和各種版本都拍了無數集的《星艦奇航》。

跟著小說走

威爾斯並非第一個臆測時光旅行的作家——至少不是第一個用靈巧敘事手法，帶領讀者跨越年份「玩弄時間」的人。在狄更斯的小說《小氣財神》（一八四三年出版）中，主人翁史盧基突然被送到過去、現在和未來的耶誕節，但情節比較像幻覺，而不是真的前往不同的年份。馬克吐溫《誤闖亞瑟王宮》（一八八九年出版）中的主角頭上挨了一拳，醒來後發現自己回到中世紀的英國，不過書中一直沒解釋他怎麼會到那兒去。同時還有兩個比較不為人知的故事以更直接的方法處理時光旅行。米契爾的《倒著走的鐘》（一八八一年出版）和卡洛爾的《色爾維和布魯諾》（一八八九年出版）都提到除了能**報時**，還能讓佩戴的人**控制**時間的時計，戴上了就會前往時計顯示的時間。

但威爾斯的《時光機器》開創先例，讀者必須想像為了特殊目的而建造的機器，搭上了就能控制時間。這個想法的獨創性再怎麼強調都不算過分——《科幻小說百科全書》稱其為「敘事技術的重大突破」，讚美其主題善用過去的事實「構成歷史斷層，非常引人注目。」

威爾斯認為時間只是一個維度，我們可以穿越時間，就像穿越空間一樣。《時光機器》於一八九五年出版，比愛因斯坦的狹義相對論早了十年。威爾斯因寫作而出名，但他也曾在倫敦的帝國學院上過一些科學課程，對科學發展也很有興趣。他的看法顯然比別人更早考慮到愛因斯坦理論基礎中的主要概念。

《時光機器》出版了以後，描寫時光旅行的書籍充斥市面，複雜度和可信度各有不同。海萊因的短篇小說《行屍走肉》（一九五九年出版）或許可以說是最錯綜複雜的時光旅行故事，肯定也最讓讀者覺得心煩意亂。在這個瘋狂的故事裡，時光旅人動了變性手術，除了變成自己的父親，也變成自己的母親。事實上，隨著情節發展，我們發現故事中所有的主要角色都是同一個人，出現在不同的生命階段。

道格拉斯・亞當斯用更幽默的風格在《銀河便車指南》第二部中告訴我們，時光旅行的主要障礙「其實只是文法問題」，此外

> 碰到這個問題時，就應該查閱街道評論員博士的《時光旅人的一千零一種時態結構手冊》。舉例來說，你會學到如何描述過去即將發生在你身上、但你卻往前跳了兩天時間來避開的事件。從自然時間的觀點、未來的時間點或更早之前的觀點，會有三種不同的描述，當你從某個時間旅行到另一個時間並想著要變成自己的母親或父親時，還有可能讓對話變得更複雜。
>
> 大多數讀者學到未來半條件亞轉位變格假設意圖式就放棄了，事實上，後來此書再版時，這個時態後面的書頁全部留白，省下不少印刷費用。

這些作者寫出的時光旅行仍屬空想，還是在現實世界中真能實現呢？如果可以實現，我們要如何解決時光旅行可能造成的諸多矛盾？

向前跳

在繼續討論前，我們應該先區分前往過去和回到未來。還好狹義相對論帶來了時間膨脹效應，要前往未來，只要快速往前行一段時間，然後回到原點。事實上已經成真了：阿波羅號上的太空人和長期在地球軌道上運行的人，回到地球後老化速度都比待在地球上的同仁慢了一點點（注意，通常只差了幾微秒，因為他們的速度和光速比起來仍然慢得跟蝸牛一樣）。俄羅斯的太空人克里卡列夫目前是這種時光旅行的紀錄保持人，他在和平號太空站和國際太空站待了超過八百天，一直繞著地球轉。到目前為止，他的老化程度比地球上的同事慢了五十分之一秒。

愛因斯坦理論第二部分的廣義相對論對未來時光旅行也有助益。勇敢的時光旅人靠近強烈的重力場後（例如黑洞），老化速度會比留在家裡的兄弟姊妹慢，因此從旅人的角度來看，他就到了未來。

不過據我的猜測，很多人可能會覺得克里卡列夫體驗的時光旅行「不算數」；或許因為距離太短，根本察覺不到老化程度的差異。但時間差異的大小只受到科技的限制。理論上，太空人出航開始漫長旅程後再回到地球，會發現地球上已經過了好幾百年。假設你要繞銀河系一圈，大概需要十五萬光年。你慢慢地穩定加速，每一秒只增加每秒十公里的速度（這就是「g」值，模擬地球上重力每天施加在我們身上的力量）。用這種速率持續加速，只要時間夠久，最後就會到達非常高的速度。過了差不多十一年半，你就發現自己已經完成一半的旅程。你已經跨越了七萬五千光年，呼嘯前進的速度大概是光速的百分之九十九．九九八六七。現在開始用同樣的速率減速：又過了七萬五千光年後，你回到地球，整整繞了銀河系「一圈」。但你的時鐘早就跟地球上的時鐘差了十萬八千里：你覺得只過了二十三．一六年，但是在地球上卻已經過了十五萬零二年。

這點不需要爭議：狹義相對論的時間膨脹效應是已經確立的科學。物理學家格林恩說：「我們有充分的理由可以相信狹義相對論正確無誤，也沒有理由不相信，而且進入未來的做法也能如預期般發揮作用。雖然理論已經確立，卻因為科技而脫離不了這個時代。」

但這種時空旅行卻有一個明顯的缺點——去了就不能回來。太空人不能在看到未來後回到出發的時間，也不能把二一〇八的消息帶回二〇〇八的世界（比方說一百年來的股價、超級盃的比數和樂透中獎號碼）。除了牽涉到前往未來的時光旅行，回到過去的旅行問題反而更多，我們馬上就會討論到。（不論如何，向前行進的時光旅人在到達終點時，如果那時的人相信她的故事，會把她當成**來自過去**的時光旅行者。既然她對二十一世紀的生活瞭若指掌，一定會成為歷史學家矚目的焦點。）

前往昨日

回到過去就比較複雜，基本上這個想法就自相矛盾。我們最容易想到的問題就是所謂的「祖父矛盾理論」，時光旅人殺死祖父，防止自己出生，沒出生的人卻不可能回到過去。這個矛盾理論有很多版本，我們馬上就會詳細探討。但首先我們要注意，說來也奇怪，已知的物理定律中沒有任何一條明令禁止我們回到過去的時間。事實上，廣義相對論中最值得注意的空間和時間扭曲似乎就是為了這種特殊的旅程而打造出來的。物理學家克勞斯曾說：「愛因斯坦的廣義相對論等式除了不直接否決這種可能性，還成為助力。」

我們前面已經看過，廣義相對論很重要的一點是在質量和時空的幾合之間創造出的關聯。質量基本上會扭曲周圍的空間和時間。要如何才能造成高度扭曲呢？要能劇烈到可以創造出封閉式類時間曲線，太陽系中所有能想到的東西連邊都沾不上。我們需要更獨特的天文物理物體，把我們帶到黑洞去，還有黑洞更奇特的表親**蟲洞**。

一開始時我們假設掉到黑洞裡的物體有去無回：掉到事件視界下的物體完全從宇宙中消失，馬上就在黑洞中心被壓碎，從此遭人遺忘。但是，物理學家後來也想到另一個可能性：如果黑洞除了「入口」，還有「出口」呢？這種雙頭的黑洞叫做蟲洞。理論上蟲洞可以當作時間和空間中遙遠地點之間的「橋梁」，把旅人送到另一個宇宙中，或者不離開我們的宇宙，只是送到很遠的地方，這就取決於蟲洞兩端的位置。

蟲蟲翻身

然而，蟲洞不光是個洞那麼簡單。一方面我們還不知道怎麼用普通的物質（恆星和星系的構成要素）形成蟲洞。首先，構成蟲洞需要多得不得了的物質，這麼多的物質聚在一起，不會把自己也壓垮了嗎？在加州理工學院任教的物理學家索恩於一九八〇年代提出解決辦法：如果蟲洞該由特殊的物質構成，能夠產生「負能量」，就會散放出足夠的壓力來保持開啟。量子理論指出這種特殊物質有可能存在，但我們沒辦法證明用負能量形成的蟲洞是否有可能存在於我們的宇宙中。（也有人說這種結構或許在大霹靂時形成，現在散落在宇宙各處。不過這種說法純屬理論。）即便如此，只要這種結構**有可能**存在——沒有物理定律明確地否決，就是非常驚人的發現。如果能找到一個穩定、可通行的蟲洞，太空人就能從一個地點進去，從另一個地方出來時，**時間也變了**，可能是過去，也可能是未來。

蟲洞就可以當成時光機器（不過這種旅行的種類有一個限制，旅人不能回到蟲洞形成之前的時間）。

蟲洞理論出現不久，就變成科幻小說的主題。一九八五年春天，沙根寫了小說《接觸未來》後正在校稿，也找索恩提供意見。沙根需要幫他的女主角伊莉．埃蘿薇找個方法穿越浩瀚的空間和時間。他想黑洞應該可以奏效，但索恩發現蟲洞才是更好的選擇。過了幾個月後《接觸未來》出版了，也改編成電影，在一九九七年上映，由茱蒂．佛斯特飾演伊莉。正如作家圖米指出，有趣的是蟲洞的靈感左右逢源：索恩幫沙根出主意後，又繼續費心思索蟲洞的意義。一九八八年九月，索恩和兩名同事寫的文章〈蟲洞、時光機器和弱能量條件〉，出現在期刊《物理評論通訊》上。雖然只有三頁長，卻是知名物理學家首次認真討論時光機器的文章。圖米的文章提到，那時「時光機器的想法已經跨出科幻小說的領域，進入科學的範疇。」

時光旅行最廣為人接納的方法或許就是通過蟲洞，但這不是唯一的辦法。物理學家也想像出其他奇特程度不下蟲洞的結構，或許也能讓空間和時間扭曲到必要的程度。在一九七〇年代，物理學家蒂普勒發現，如果螺旋狀的長圓柱表面移動的速度能夠接近光速，就能拖曳周圍的時空一起前進，或許就能創造出封閉式類時間曲線（有點困難，可能需要無限長的圓柱）。在一九九〇年代初，物理學家哥特想像出一個使用「宇宙弦」的方案，宇宙弦可能在大霹靂時形成，是無數細長且密集的能量。兩條這樣的弦在高速前進時交會，如果太空人正好在那時通過這對宇宙弦，就可以回到原來出發的起點。科學家還提出了其他好幾種一樣深奧的想法，都以廣義相對論的等式解答為基礎。

或許靠著索恩和同事口中的那種蟲洞，真的有可能回到過去，但我們卻要馬上面臨回到過去所帶來的矛盾。這些矛盾引發了不少麻煩的哲學問題，我們最好停下來思考幾個問題，然後再繼續討論。

哲學插曲二

質疑過去和未來的「真實性」或許是個很好的起點。時光旅行的想法本身就預設有目的地，也就是和現在一樣真實的過去和未來，並非所有人都同意這一點。你可以說提出反對的意見，過去已經「過去了」，你不能參觀古羅馬，原因很簡單，因為古羅馬已經不存在了。或許同一個原因讓你無法親眼看到未來的事件。（很明顯地，科幻小說中所有時空旅行的場景碰到這個推理的方法，就等於被潑了一桶冷水，《魔鬼終結者》裡的機器人和決心要阻擋機器人邪惡任務的代理人，怎麼能從還不存在的未來回到現在？）前往過去和未來都不可能，因為無處無時可去。這種否定過去和未來真實性的哲學想法叫作**現在主義**（我們在第六章已經簡短提過），也有人不時提出其中「無目的」的想法來反對時光旅行。（有趣的是，偶爾也有人說「現在主義」之前是主流的世界觀，或者這就解釋了為什麼過了十九世紀中期，時光旅行的故事才開始流行。）

另一個反對的論點則是「雙重占據」的問題：我怎麼可能回到過去或未來，卻不碰到當時已經在那裡的「我」？哲學家就這些問題寫了冗長的論文，有些讀起來令人愛不釋手。我卻覺得大部分的文獻（或許潛意識中）都源自牛頓的觀點，時間和空間似乎都非常明確，就像宇宙中有座「母鐘」。然而，我們在第七章已經討論過，情況並非如此，狹義相對論讓我們不得不把時間和空間當成糾纏在一起的東西。「過去」和「未來」的地位就跟「現在」一樣穩固，即使「現在」已經被貶低成主觀的符號。的確，俄國太空人克里卡列夫似乎已經克服了這些障礙。未來雖說不夠真實，但他還是向未來前進了五十分之一秒，他也沒有撞上已經在那裡的自己。

我們說「回到未來」時，到底是什麼意思？一般來說，我們**不是**指反向「生活」或「體驗」；不論那到底有什麼涵義。（不過有些作家確實探索過那個概念，有時候還詳細到了極點，例如艾米斯的小說《時光之箭》。）大多數人就算希望能看起來年輕點，也不希望自己的記憶、知識和經驗在旅途中溜走。談到時光機器時，我們想像的東西通常更複雜：在想像中，進入這架機器，我們想必就能控制「外面某處」的時間以特定的速度向前或向後移動，而「本地」的時間仍按著正常的速度前進。（哲學家劉易斯一九七六年刊出了名為〈時光旅行的矛盾〉的論文後，再度掀起大眾對相關議題的興趣，他用「外在時間」和「個人時間」來區別這兩種時間線。）威爾斯設想的時光旅行就是這樣：時光旅人按下控制桿前往未來，女僕「像火箭一樣迅速穿過房間」，但在機器中的時間卻以正常的速度流動。時光旅人沒有急速老化，如果他戴了手錶，應該也會用原來的速度運轉。不過很重要的是時光機器「儀表板」上的刻度盤不知為什麼能指出「外面某處」的時間，讓他可以看到自己到了西元八〇二七〇一年。（《星艦奇航》的影迷應該記得有一集也有類似的分歧：在「裸時」中，企業號向著過去飛馳，成員的意識經驗似乎往前走，艦上的時計卻能記錄「實際的時間」，觀眾可以看到日期和年份向後倒退。）

還有一個很棘手的問題，當你在時間中移動時，也會轉移空間嗎？對企業號來說不是大問題，想來就來，想去就去；但我們相信威爾斯筆下的時光機器離不開地球，可謂「跟著地球一起轉動」。畢竟地球在軌道上繞著太陽公轉的速度也有每秒三十公里，但威爾斯的時光旅人一定「跟得上」，不然就會在外太空現身了。這種問題起碼會讓我們很謹慎地思考「時光旅行」的真正涵義，還有心中對時光機器的期待。

爺爺！快閃啊！

我們現在要來討論眾所周知的矛盾情況。最多人討論的局面就是，假設時光旅人回到一九三〇年，決定在祖父碰到結婚對象（他的祖母）前就把他殺了（或者也可以假設時光旅人駕駛技術很差，不小心撞死了自己的祖父）。要怎麼防止這種看似不可能的事件發生？

目前提出的解決方法主要有四個。第一，自然定律總會不知不覺地聯合起來，妨礙你執行惡毒的任務。第二，你雖然可以任意而行，但由於就某種程度而言「你已經幹了那檔子事」，結果就是已經留存下來的歷史紀錄。如果你的祖父得享天年，你就無法改變事實（我們後面會討論到，前兩個解決方法基本上一模一樣，可是採取不同的角度）。第三個可能性則是所謂的「平行宇宙」解決方法：在這個局面中，你可以回到過去殺死祖父，但你的行為不會改變「歷史」（你學過的世界歷史），而只是另一個平行世界的過去。最後，以上的矛盾證明了人類不可能回到過去，這是第四個說法。

先來討論自然陰謀論的說法。你回到過去，從值得信賴的時光機器走出來，只覺得頭有點痛。報紙上的日期證明了你回到一九三〇年，你找到祖父當年住的地方，查到他的行蹤。你舉起手槍，他就站在你眼前。你一定打得中。你扣下扳機，然後……會發生什麼事？這裡就是有趣的地方了。有人說物理定律會阻擋你殺死自己的祖父，他們並非主張會有超自然的力量來阻止你。而是會發生某件事或一系列的事件，讓你無法順利執行任務。有可能你在射擊場練習了很久，真的對準祖父時還是打不中。或許你改變了心意，在最後一秒鐘決定不要動手。或許你在前往祖父住所的途中踩到香蕉皮滑倒了。不論如何，就有一連串的事件妨礙你達成目標。

乍看之下，上面的推論似乎違反了自由意志的概念（很多哲學家和少數物理學家實際上都主張自由意志是幻覺，但現在不妨假設自由意志確實存在）。如果你不顧一切，一定要殺死祖父，為什麼你會「意外地」一直踩到香蕉皮或碰到其他類似的障礙？是否有種「整體的」定律妨礙到我們「局部」的行動？果真如此，那就違反了牛津大學的哲學家羅克伍德口中的**自主原則**。自主原則指出，我們要在所在地進行的活動，「不會涉及宇宙間其他人的行為。」換句話說，只要你不違反所在地的物理定律，整個宇宙和你在此時此地進行的活動都沒有關係（應該沒有任何關係）。宇宙的「訴求」或許是你無法殺死祖父，但你在**此時此地**瞄準那可憐的傢伙並扣下扳機時，為什麼整個宇宙應該和這件事有關聯？首先要說明的是，在沒有封閉式類時間曲線的宇宙中，普遍的定律絕對不會干涉你個人的自主性。但羅克伍德主張，加入時間迴圈後，你的能力範圍就會突然受到嚴格的限制。**某次**謀殺行動失敗了，你可以在所在地找到解釋，比方說踩到香蕉皮，但謀殺行動**連續**失敗，原因「則在於多形式時空的整體結構。」（或許你也可以說，要解釋的話，無窮盡的「意外」感覺就跟意外應該阻擋的矛盾情況一樣奇怪；哲學家當然也已經費盡心思來應付反對的說法。）

覆水難收

我想大多數的物理學家和哲學家都能接受這裡的假設，也就是人類無法改變歷史。格林恩說：「如果你回到過去的時間，你無法改變任何事情，就像圓周率的值已經固定了一樣。」在狹義相對論中，空間和時間的**存在**不需要質疑；過去的也就過去了。一旦回到過去，你所能採取的行動自然受到嚴格的限制。我們不得不面對「你已經做過這檔子事」的爭論，更正式的名稱則是**一致性原則**。哲學家弗里曼用更嚴密的說法來表達這個原則，他說：「要解決能在真實的宇宙中局部出現的物理定律，用的方法必須在任何地方都能維持本身的一致性。」用外行人的話來說，如果你回到過去的時間，你的行為一定要跟宇宙整體的歷史保持一致。更簡單的解釋是，**如果你回到過去，你只能做你實際上做過的事**。

我們現在就能明白，第一個跟第二個論點結果都一樣，時光旅人一定要因為一連串沒有盡頭的神祕巧合、特殊的限制或不知為何失去自由意志而無法殺死自己的祖父嗎？這種推理方式就本末倒置了。史密斯寫了一篇標題帶有諷刺意味的文章〈時光旅行要開始了，帶了足夠的香蕉嗎？〉，他說：「如果時光旅人要回到過去的時間，她人已經在那裡了。如果她要救人一命或阻擾某人出生，她也已經做了這件事了。」要說一連串的事件「不可能發生」，我們就該事先聲明這些事件的可能性有多高。如果這一連串的事件已經發生過，卻說它們「不可能發生」，就給人用詞不當的感覺。如果祖父記得一九三〇年有個瘋狂的陌生人要置他於死地，時光旅人就是那個陌生人。史密斯說，認為某件事已經發生，在時光旅人體驗到時這件事「再度發生」，其實不對。這件事就是發生過了。史密斯把這種混亂的情況成為「二度」謬誤。如果時光旅人見證到歷史事件，事實就是如此，但那表示她一直都在那個時間裡。

這個想法聽起來很簡單，但仍有可能嚴重破壞自由意志的概念。舉個例子來說，尼芬格的《時空旅人之妻》（二〇〇三年出版）中的男主角亨利，能在時間中移動，我們可以探討他的行為。當二十四歲的亨利見到五歲大的自己。成年的亨利很努力地要讓自己在十九年後仍能記住他看到「自己」做的事情。但這個行為看似出自自由意志。既然他的旅程「已經發生了」，就應該**迫使**他的行為就像五歲時看到已成年的自己所展現出來的，不是嗎？或許他察覺到這股強迫的感受，只是**覺得**自己有選擇……？

撞球和本體

我們還可以想像出更簡單的矛盾。假設撞球桌上正好有個精心放置的蟲洞。現在你把一顆球打到蟲洞的開口裡。球進去了，然後從另一端出來，正好就在進洞的前一刻。有可能發生的情景時這顆球撞到自己，或許會改變軌道，結果完全偏離蟲洞。但如果球不進蟲洞，就不會撞到自己，也不會從軌道遍斜出去，結果就會進入蟲洞……以此類推。（舉一個反例，只要球從側面撞到未進洞的自己，力道不怎麼強，不會妨礙進入蟲洞，那就沒關係了。這仍是一個很特別的案例，某件事導致自身發生，有時也叫作「本體矛盾」，但邏輯上並未出現牴觸。）

時光旅行的矛盾不只出現在人類和真正的物質上，也牽涉到資訊。這個說法有很多變化，通常叫作「知識矛盾」。假設是類似這樣的情況——你為了物理或數學上的一個問題（任何領域都可以）而苦惱不已。為了方便討論，不妨假設你是一個狂熱的數學家，對「哥德巴赫猜想」非常好奇，這個難題發表兩百五十多年，數學家仍找不出解釋的方法。（猜想的內容說，每個偶數都可以用兩個質數的總和來表達，例如四等於二加二、六等於三加三、八等於三加五……數學家強烈懷疑猜想正確無誤，所有的偶數都可以套用這個說法，但到目前為止仍沒有人能提出證據。）假設說現在是二〇〇八年，你覺得人類還需要好幾十年來證實哥德巴赫猜想，所以你就把時光機器的目的地設成二〇四〇年。到達目的地後，你立刻前往圖書館（那時候應該全都數位化了），發現哥德巴赫猜想已經被解開了，你覺得很高興，努力研讀已經出版的解答。證據內容冗長艱澀，但最後你終於牢牢記下來。你也發現作者是你認識的人，雖然他現在是一所大學的數學教授，但在二〇〇八年他還是小孩子，就住在你家附近。你也看到出版日期是二〇三八年。太好了。那孩子還有足足三十年的時間成為教授、找到證據跟寫出這篇文章。回到二〇〇八年後，你盡一切可能鼓勵那個孩子，雖然他對自己的數學能力心存懷疑，但在你的堅持下他進大學主修數學，最後也當上了教授。但日子一年一年過去，他似乎在哥德巴赫猜想上沒什麼進展。他只發表了幾篇研究論文，都不太值得注意。最後，只剩下幾天，他必須把論文寄給期刊的編輯室，你發現他可能趕不上。既然證據還記在心中，你把你記得的東西寫在紙上，裝入信封後從教授家的門縫塞進去。接到來自無名氏的寶藏，他當然欣喜若狂，事業有了出路，從此也會建立起屹立不搖的名聲。他立刻把證據寫出來，在截止期限前送給數學期刊的編輯，也就是你在未來看到的版本。

證據究竟從何而來？不是教授，他只照抄了你塞進門縫的資料。但也不是你發現的，你只從數學期刊上蒐集了這些證據！基本上相關的知識不知從何而來。就跟關係密切的本體矛盾一樣，這種「免費的午餐」似乎很怪異，但嚴格來說並未造成邏輯牴觸。

改變誰的歷史？

現在來看第三個可能性，所謂的「平行宇宙」。拿來避開各種矛盾還挺成功的：舉例來說，如果你殺了自己的祖父，只代表這件事發生在另一個宇宙中。這個理論當然「簡潔有力」，但消除了矛盾後，卻帶來了形而上的包袱。我們有沒有理由質疑多重宇宙是否真的存在？

在量子力學的古怪世界中，多重宇宙的想法早就出現了。這個想法現代的化身可以追溯到一九五〇年代，物理學家艾弗雷特三世用「多世界」來詮釋量子力學。在多世界的架構中，當某件事可能有超過一個的結局時，**所有**的結局據說都各自出現在不同的宇宙中。有些評論家可能會覺得多重宇宙的想法原本就背離了「歐坎的剃刀」——也就是說解釋應該愈簡單愈好。一個宇宙就夠了，為什麼要假設看不見的宇宙還有無限多呢？支持多重宇宙的人則答覆，因為一個宇宙**不夠用**。

量子理論的多世界詮釋依然爭議不斷，但幾位知名的理論家最近紛紛倒向這個說法。最直言不諱的擁護者則是牛津大學的物理學家道伊奇。他在一九九七年出版了《現實的結構》，書中說量子理論解決了時光旅行帶來的矛盾，尤其是多世界的觀點。他寫道：「平行宇宙的量子理論不是問題，反而是解答。這個說法闡明了非凡、反直覺的現實，唯有這個解釋才站得住腳。」我到他在牛津的住所拜訪，談話中他給我更清楚的解釋：「考慮到量子理論後，時光旅行就能真正保持一致。只是當你**確實**

回到過去時，你回到另一個宇宙的過去。」

如果你回到過去，找到你的祖父，這是一個不同的（或者可以說「平行的」）宇宙，祖父在其中**確實**遇到了來自未來的神祕旅人。如果你真把他殺了，表示他**在那個宇宙中**不會有孫輩。然而，在你所來自的宇宙中，他活到很老，歷史（**那個宇宙**的歷史）不會發生爭議。「哥德巴赫猜想」的知識矛盾也有類似的解決方法：在一個宇宙中，教授自己找到了證據；在另一個宇宙中，證據則從在第一個宇宙出版的論文複製過來。在這兩種情況下，證據都有確切的來源。

在美國康乃迪克州工作的研究人員馬雷特想用光束示範時空旅行，他跟道伊奇一樣，相信多重世界的真實性。「你過去做了什麼，不會影響到我們的宇宙。」他自信滿滿地說。（他當然明白，萬一他不知怎地能挽救父親免於早逝，並不會影響**他的**宇宙，他會在全新的平行宇宙中救回自己的父親。）

物理學所不容？

最後來討論第四個可能性，也就是物理學定律不知為何不允許我們回到過去。這個說法最有名的佐證來自劍橋的物理學家霍金。他把這種普遍的定律叫作「時序保護假說」：**物理學的定律聯合起來防止肉眼可見的物體回到過去**。霍金承認他不知道實際上阻礙時光旅行的機制是什麼；但不管是什麼，都能防止矛盾出現，「歷史學家的世界就安全了。」大家也知道他說過：「時光旅行從來沒有成功過，之後也不會成功，最好的證據就是我們到現在還沒有被來自未來的一大群旅客侵略。」但圖米和其他人也指出，霍金一定在開玩笑。畢竟，目前科學家在設計的時光機器都無法讓旅人回到機器建造前的時間，所以我們沒碰到時光旅人，只表示時光機器**尚未**發明。就算更進步的文明（或許是幾千年後的**我們**）不小心掉到原本就有的蟲洞裡，也能隨意地用蟲洞回到遠古時代，仍有幾個看似有理的原因證明為什麼我們看不到為數眾多的時光旅人。比方說，時光旅人只要做好必要的偽裝，就不會遭人注意了。（我想，如果你聰明到要去窺探凱撒大帝被刺殺的過程，應該也會很聰明地穿上當時的服飾，免得被識破。）還有另一個可能性，就像道伊奇和羅克伍德寫的，我們在銀河系裡算是比較無趣的文明，更進步的文明對我們沒有興趣，「也沒有理由假設他們覺得應該要先來參觀（這個世紀的）地球。」

耐人尋味的是，雖然霍金現在支持時序保護假說，他之前也猶豫不決，無法否定時光旅行的可信度。他在一九八〇年代曾揶揄時光旅行的想法，然後幫克勞斯的《星艦奇航的物理學》（一九九五年出版）寫序時，他說：「在星際間以高速旅行可能會有一個結果，就是讓人回到過去的時間。」根據倫敦的《周日泰晤士報》報導，霍金說如果結合了廣義相對論和量子理論，時光旅行「的確有可能實現。」然而，在寫第二本暢銷書《胡桃裡的宇宙》（二〇〇一年出版）時，他又再度貶低了時光旅行的可能性。

如果要找「來自未來的一大群旅客」，或許送出邀請是最好的做法。二〇〇五年五月七日在美國麻省理工學院舉辦的時光旅行會議就以這個想法為出發點。當然，科學家也利用這次論壇的機會詳細討論最新的時光旅行技術，但也鼓勵來自未來的旅客來拜訪我們。（這次會議的構想來自研究生多萊，他看了漫畫後學到要舉辦這種主題的會議，不論會議在何時舉行，來自未來的旅人都可以參加。）據與會者所知，沒有未來的訪客參加這次會議。

同時，大家仍用懷疑的態度閱讀有關時光旅行的論文。馬雷特認為在一個世紀內人類就能實現時光旅行的想法，也一樣遭人嗤之以鼻。許多研究人員繼續鑽研蟲洞，認為這是最有可能實現時光旅行的方法，但也有人認為蟲洞沒有用。史丹佛大學的物理學家色斯金在二〇〇五年發表了一篇技術性相當高的文章，他認為要能操控蟲洞，一定會違反兩個看似不可侵犯的自然定律，也就是能量不滅定律和量子力學的「測不準原理」。他說，穿越時間的人「需要找到另一種類型的時光機器」。有些物理學家也指出，弦論的等式讓封閉式類時間曲線從一開始就無法形成，透過蟲洞或其他機制都沒有辦法（我們會在下一章詳細討論弦論）。

如果真能證實時光旅行不可能，那也是一項極為重要的發現。霍金曾說過：「就算到最後發現時光旅行不可能實現，我們也應該了解為什麼不可能。」

答案可能來自像霍金或索恩這些科學界大老的深奧理論思考，或者來自尚未得到大眾矚目的馬雷特或克拉默，在地下室的實驗室裡，用相當樸實的設備，什麼都得一把抓。不論如何，想要找出時光旅行的答案，並不單純只因熱愛科幻小說中的故事。時光旅行體現了理論上的挑戰及明顯的矛盾，科學家不得不面對現代物理學中最難解的問題，也就是宇宙終極定律的本質；除了因果的奧祕，還有關於空間和時間本質的基本問題。

難道一切只是一場荒謬的夢境？當然是。馬雷特讀到《時光機器》時只有十一歲時。他現在長大了，也更聰明了，在物理學的真實世界中奠下更穩固的根基。他說：「隨著年齡增長，小時候覺得很驚奇的東西都被粉碎了。」他承認自己小時候很幼稚，分不清楚幻想和現實。他說：「小孩子覺得幻想都是真的。」但在內心深處，幼稚的夢想仍發出微弱的光芒，小說中有大膽的科學家，有奇妙的時光機器，還可以問別人說「如果……會怎麼樣呢？」

第九章 發端

尋找時間的曙光

對於太空中的創造成果，想要畫出範圍，不啻是白費心力……因此，我們已經準備好面對這樣的發現，時間中的宇宙範圍早已超乎凡人的掌握。

萊爾

在美國亞利桑那州東北部，蜿蜒而過的秦利溪支流把聚合在這裡的峽谷切成三塊扇形，現在納入德榭伊峽谷國家保護區。秦利溪向北流入聖胡安河，後者繼續向西前進，流入科羅拉多州，向西走兩百多公里，這兩條河流亦雕刻出大峽谷令人嘆為觀止的缺口。德榭伊峽谷由同樣的水系打造而成，雖怪景色和地質都和美國西部有名的親戚大峽谷非常類似。沿著德榭伊峽谷南緣的鋸齒狀小徑行走，腳下的砂岩懸崖離下面的沙漠大約有三百公尺，像蜘蛛岩這麼壯觀的巨大石柱離地向上拔出的高度也將近三百公尺。雖然一年四季遊人如織的大峽谷幾乎沒有「淡季」，但謝天謝地，德榭伊峽谷卻一片寧靜。最近趁著春季找了個傍晚去遊蕩，除了我之外，只有一名遊客在蜘蛛岩的鳥瞰台上享受日落的景色。那位先生滿頭白髮，帶著龐大的八乘十取景相機，架在巨大的木頭三腳架上，另一個三腳架上則放了頂級的哈蘇相機，應該是為了預防萬一吧。幾天後，我發現也有人在大峽谷拍類似的照片，但那裡有幾百名背著相機的遊客摩肩擦踵，在最受歡迎的南崖邊想辦法擠到可以拍照的地方。

當太陽朝著西邊的地平線下沉，峽谷北邊和東邊岩壁上一層層的岩石從粉褐色轉變成明亮的橘色和紅色。這景色美不勝收，還能窺探綿延不斷的時間。德榭伊峽谷最古老的特色是一層叫做蘇派岩層的砂岩，約於兩億八千萬年前形成，比恐龍始祖漫步地球的時間早了好幾千萬年，而崖壁柔和的玫瑰色則來自上方的岩層。這就是所謂的德榭伊砂岩，本來是沙丘，在兩億五千到兩億三千萬年前被壓成堅硬的岩石。過了五千萬年後，最上面的秦利岩層崩壞了。現在只留下當初的底層，叫做辛那壤礫岩，而其餘的部分經過幾百萬年的日曬雨淋和侵蝕後，已經瓦解了。

德榭伊峽谷的岩石以時間為主題，訴說非凡的故事，但要破解其中的訊息卻不簡單。一直到近幾百年來，我們才發覺地球的歷史有多麼悠久，又過了一段時間，才發覺整個宇宙居然比這些砂岩層更加古老。在遠古時代，宇宙浩瀚的歷史無人知悉。

我們在第四章看過，很多古代的文化把時間想像成一系列無止境的循環。在當時的社會中，質疑時間開始的方式或時間，感覺根本沒有意義。作家高斯特寫了一本很有趣的書《測量永恆》，書中說：「兩千年以前，要說世界有起點，這個想法根本不可思議。」但猶太人率先設想出世界的創造過程（很有可能受到巴比倫人的啟發），然後基督徒也採用這個構想，尋找起源的念頭突然就合乎邏輯了。數百年來，大家都相信答案就在經文中，而不在大自然裡，但是已經有人踏上尋找的旅程。偉大的思想家如奧古斯丁之流，鑽研聖經的《創世記》一書，把亞當男性後裔的年齡加起來（計算「生」

出現幾次，比方說，雅各「生」猶大），算出創世的時間。奧古斯丁最後算到西元前五千五百年，中世紀的英國修道士聖畢德尊者的結果稍晚，到西元前五一九九年。在這一千年內，不斷有人繼續投入，一直延續到現代。克卜勒、牛頓和馬丁路德推測的日期相去不遠，介於西元前四千年到三九九三年。（在猶太傳統中，創世年是西元前三七六〇年，不過猶太曆把前一年當作曆法起點，也就是西元前三七六一年。）

主教和聖經

世界幾歲了？最有影響力的說法來自愛爾蘭主教烏舍爾（一五八〇至一六五五年）。烏舍爾在都柏林出生，雖然愛爾蘭人大多是天主教徒，他卻從小接受新教徒的教養。他愛書若狂，看得到的書都拿來讀；也遊覽過英國和愛爾蘭境內的各大圖書館，最後積聚了上萬冊書籍，私人藏書的數量在歐洲可說是數一數二。為了要整合書中時有出入（而且通常互相衝突）的歷史，烏舍爾除了閱讀聖經，也讀了好幾百篇古文。最後他把巴比倫國王尼布甲尼撒二世的死亡日期，定在西元前五六二年，現在的歷史學家仍未提出反對意見。然後他讀了希伯來聖經（舊約），把先知的年紀和歷代國王的統治時期加起來，最後算到尼布甲尼撒，總和約三四四二年。再把兩個數字加起來，就算出創世發生在西元前四〇〇四年。烏舍爾還想繼續算出確切的時間和日期，根據他的推理，伊甸園的蘋果熟了，才會掉下來，所以那時很有可能是秋分時節。由於創世記的故事暗示傍晚是一天的開始（「有晚上，有早晨，這是頭一日。」），所以他相信世界在晚上創造出來。最後他推論出，世界於西元前四〇〇四年十月二十二日星期六晚上六點鐘誕生。後來的評論家幾乎都省略了過多的細節，第一個完整的日子是西元前四〇〇四年十月二十三日，後來稱為「烏舍爾日」。

現代人不懂烏舍爾怎麼能這麼自信滿滿，他推算出來的日期跟真正的日期差了十萬八千里，卻不論如何都有一種神準到令人不敢相信的感覺。不過在烏舍爾的時代，很多學者都使用同樣的計算方式得到類似的結果。大多數的研究結果現在早已遭人遺忘，但是這位來自愛爾蘭的神職人員卻因此成為家喻戶曉的人物，不然就沒有人認識他了。烏舍爾完成分析後，倫敦的出版商在印製聖經時也把他的年代表印在頁緣。一七〇一年，英國國教教會決定在聖經的新譯本中印上烏舍爾的年代表（過了幾百年，很多讀者都以為年代表原本就在聖經裡）。一直到了二十世紀初，聖經印製時仍加上烏舍爾的年代表。

愛爾蘭主教烏舍爾。研究聖經年代表的結果讓他相信世界於西元前四〇〇四年十月二十二日星期六誕生。

然而，到了十八世紀，有些學者開始懷疑地球並不如烏舍爾宣稱的這麼年輕。少數大膽的作家公開表示創世記中描述世界誕生的過程並不正確，頂多只能當作比喻，不能從字面上解讀。

在更大膽的思想家中，有一位來自法國的布豐（一七〇七至一七八八年）。他有一套充滿雄心壯志的著作《自然史》，共有四十四冊，目標在於涵蓋全部的自然科學。他在書中主張地球誕生是因為彗星撞到太陽，讓信仰虔誠的思想家聽了非常憤怒。高斯特寫道：「他一下子就貶低了世界的誕生，把至高造物主輝煌的節奏降級成一場大災難。」布豐也認為所有的物種之間都有或多或少的關聯，可能都來自同樣的祖先，他相信上帝並不在意每一種植物和每一種動物的細節。關於聖經上的說明，布豐說創世記的語言需要謹慎的詮釋。他呼應伽利略的說法，認為聖經的目標讀者是一般人，不是科學家。不需要假設創世記頭幾章提到的每一「天」跟現在有二十四小時的一天一樣長。的確，到了上帝創造太陽，第三個所謂的「天」過後，一天過後又一「天」的想法才得到確立。

布豐反向操作，利用科學方法計算地球的年齡。他相信我們的星球原本是一球熔岩，然後慢慢冷卻到目前的溫度。他用不同材質的球做實驗，加熱後觀察它們要花多久的時間才能冷卻。實驗了六年後，他的結論是地球已經七萬四千八百三十二歲了*。後來他又改動了估計的數值，覺得地球應該更古老，不過他沒有公布這些結果。或許他算出的數字大到連他自己都嚇到了，害怕公諸於世後會遭到攻擊。他想：「隨著時間過去，人類心智似乎也迷失了方向，為什麼？是否因為我們習慣了短短的生存期限，覺得一百年就是很長的時間，無法了解一千年有多長，更無法想像一萬年或甚至十萬年？」

牛頓研究過物體冷卻的物理現象，這也是布豐採用的根據，而牛頓事實上也用同樣的技術估算地球的年齡。他算出的數字跟布豐的有得比，大約為五萬年。但牛頓不一樣，他不能接受這個數字，這個結果與他的宗教信仰發生劇烈的衝突。

---

*跟烏舍爾的日期一樣，布豐的估計數字似乎太精確了。他好像不擔心自己的「誤差幅度」。

石頭裡的祕密

即使在古代，也有心思不受拘束的人，想像地球不斷演化，隨著時間過去，地貌也持續改變。舉例來說，希羅多德猜想地質作用要花好幾千年的時間。約於西元前一千年，波斯哲學家和科學家阿維森納想像中的古老地球聽起來卻相當符合現代的說法：他說山脈「是地殼隆起的結果，有可能因為劇烈的地震而出現，或是水造成的，流水切穿新的路線，剝蝕山谷，地層有好幾種，有的軟有的硬。風吹水流會讓一塊地層瓦解，但卻讓另一塊保持完整無缺。」他的結論是：「要花很久的時間，這些變化才能一一完成。」在布豐解出地球年齡前的一個世紀，英國博物學家約翰．雷（一六二七至一七〇五年）正在研究他在英格蘭中部地區和威爾斯北部找到的化石，發現有些化石屬於當時已經滅絕的植物和動物。他想，這些物種的繁茂和滅亡，難道不需要幾千年的時間嗎？果真如此，隨之而來的神學問題就令人頭痛了：如果上帝創造了完美的世界，為什麼某些生物相繼死去，被其他的生物取代？

地質學家赫登（一七二六至一七九七年）以約翰．雷的研究為出發點，在英國各地到處旅行，歸納出的地球年齡也差不多。他相信來自地心的熱力偶爾會把熔岩推出地殼，花崗岩之類的岩石也一度呈熔解狀態。根據他的推理，這種作用需要非常長的時間才能完成。赫登結論說：「所以，調查的結果是我們根本找不到源頭，也無法預期會在何時結束。」

某些人無法理解這個新的時標。基本上，這麼長的時間和經文中提到的比起來，很難找到交集。但至少有一位著名的哲學家願意接納最新的結論。康德（一七二四至一八〇四年）認為創世的過程「並非一蹴可幾」，而是持續了很長一段時間。康德的文字似乎為現代宇宙論學家提供了預兆，他說：「過了好幾百萬個世紀，還有好幾百萬個世紀，其間會形成新的世界和世界的系統，一個接著一個……要有像永恆那麼長的時間，無限的空間和無窮的世界才能享有活力，不斷延續下去，多得數不清，也沒有盡頭。」作家圖爾敏和菲爾德在《發現時間》中提到：「到了一七五〇年，延續數千年的未來已經進入人類能夠思考的範圍內；但在康德前，沒有人能像他這樣認真地公開討論『長達數百萬個年份和世紀』的**過去**。」

過了一個世紀，地質學家萊爾（一七九七至一八七五年）做出結論，他認為在古代讓地球成形的作用到了現在仍持續發揮力量。過了幾千年，就會逐漸看到變化，像諾亞大洪水這種激烈的變動其實沒有必要。根據化石提供的證據，他結論出連氣候都隨著時代變化：他相信歐洲的氣候曾經非常溫和，屬於熱帶天氣。萊爾的著作《地質學原理》分成三冊，出版時間介於一八三〇到一八三三年。他在書中推論，地球可能不只幾千歲，應該已經好幾

萊爾（左）率先指出地質作用延續了數百萬年。達爾文（右）搭上小獵犬號時帶了萊爾著作《地質學原理》的第一冊。

百萬年了，這個主張令人大吃一驚。也難怪他同事會把第一冊送給年輕的博物學家達爾文，鼓勵他享受萊爾活潑的文筆，但不要認真採納他的結論。儘管如此，當小獵犬號航向漫長的旅程時，這本書一定帶來不少刺激。

約在同時，和萊爾同一個時代的斯科羅普（一七九七至一八七六年）正在法國各地遊覽，查看死火山的狀態。他認為這些火山藉由持續的地質作用緩緩形成。他的結論收錄在著作《法國中部地質學紀要》（一八二七年出版）中，或許是地質學家發出的言論中最有名的：「對學習自然的人來說，大自然的成果似乎隨時隨地發出回聲：『時間！時間！時間！』」

達爾文的「深遠時間」

達爾文（一八〇九至一八八二年）剛從大學畢業時想受訓成為神職人員，而老師則建議他到海軍船艦「小獵犬號」上擔任博物學家。小獵犬號出航的目的是要到南美洲海岸進行水文測量調查，南大西洋和太平洋東部的島嶼也是目標。小獵犬號於一八三一年啟程，原本預定兩年後就回航，結果整個旅程花了五年的時間。在漫長的旅途中，達爾文親眼看到了地質作用的證據，上船後過了幾個月，他就轉而相信萊爾推論出的古老地球。達爾文仔細觀察了環狀珊瑚礁，認為成因是現在已經消失的火山。到了維德角共和國，他看到向上伸展的懸崖，顯然是由連續的火山活動造成。到了智利，他親身體驗了一場地震。達爾文推論，安地斯山脈本身就由地殼不斷隆起而形成。萊爾的精神似乎跟著達爾文，一起登上了小獵犬號。這位地質學家的著作，「改變了人心裡的整個定調，」達爾文後來在文章中寫道，「看到萊爾從沒看過的東西，卻好像透過他的眼睛看見。」

還有一路上看到的動物。達爾文一開始不怎麼了解他看到的眾多物種。在加拉巴哥群島就有幾十種不一樣的雀鳥，彼此之間可能體型略有差異和鳥喙形狀稍有變化。同時，他也看到一度非常繁茂的物種，滅絕後現在只留下化石，被新的物種取代。這裡他就不同意萊爾的看法，後者認為物種一旦出現在世界上，就再也不會改變。

一八三六年達爾文回到英國後，演化的想法才開始成形。在倫敦住了一陣子後，搬到倫敦東南邊郊區的大屋裡。他娶了表姊艾瑪（娘家姓瑋緻活，以製作瓷器出名），兩人生了十個小孩，有七名長大成人。在接下來的二十年內，達爾文努力鑽研自己的筆記、研究樣本、思索他在旅程中看到的事物。（同時也要對抗重病，他一直嘔吐、打顫、心悸，還有頭痛。他的病症一直沒有正式的診斷結果。不論到底是什麼，他常常病到無法工作，情況比較好的時候，一天能工作幾小時就不錯了。）

達爾文並非第一個想到演化的人；事實上他的祖父伊拉斯謨斯就曾說過，所有的溫血動物都來自同一個祖先。但隨著時間過去，物種**如何**變化，卻沒有人能夠解答。達爾文的重大突破並非演化的想法，而是背後的機制：**物競天擇**。（簡單地說，最能夠適應特殊環境的有機體比較有可能存活和繁衍，把賦予「優勢」的特質傳給下一代。）物競天擇的機制就是大自然用來創造動植物新品種的工具。演化需要時間，由於萊爾的地質學，達爾文也相信，現有的物種早已太多了。達爾文並沒有發現「深遠的時間」，但以地質學家的研究為基礎，他全力贊同「深遠時間」的存在。他寫道：「在人類無法了解的範圍外，在長遠的年份間，必然已經綿延了無限的世代。」

《物種起源》於一八五九年十一月出版，第一版立刻銷售一空，接下來的十幾年內，又刷了六版；科學界立刻接納達爾文的想法。當然，神學界有些反對的聲音：達爾文的理論指出所有的生物都有關係（後來他還說人類跟猿猴基本上是親戚），因為所有的物種都會逐漸演化，不需要特別的「創造行為」*。要習慣這些想法並不容易，有些保守的宗教思想家一直無法接受達爾文的說法。籠罩整場辯論的則是漫長的演化時間軸。在烏舍爾的年代表上，地球只有六千歲，感覺不夠恰當。地球的歷史和生命本身似乎要追溯到好幾百萬年前才算合理。作家費瑞斯說：「達爾文提出演化論就設定**時間**的炸彈。」

時間概念的革命掀起後，到了十九世紀末，幾乎所有人都能接受這場革命的衝擊，地質學家蓋基的文字非常有說服力：「如此不可思議的生物發展體系全都把年份記錄在石頭中，要多久的時間才能完成！」這是他在一八九二年提出的宣稱。「演化法則全都清清楚楚寫在地球的景觀上和大自然的書頁上。」除了生物世界，地球也透露出演化的過程：

> 今日依然存活的植物和動物就像早已消失的古代地質特色一樣有說服力……我們可以從中看出氣候的變化、島嶼脫離了廣大的陸地、曾經連在一起的海洋現在都分開了，或者一度分開的海洋現在又連在一起……現在和過去因此聯合成一個持續發展的龐大系統。

演化永恆的演出也讓達爾文驚嘆，還有演化所需的長遠年代。他在《物種起源》中說：「已經有漫長的時間變成過去，如果你不承認這一點，就立刻放下這本書。」

地質學家和博物學家的結論很快也為物理學家採納。一八九五年發現X光，一八九六年發現放射線，原子內的全新世界也跟著開啟，產生了新的工具，能用來調查久遠的時間。化學家拉塞福（一八七一至一九三七年）出生於紐西蘭，他在加拿大蒙特婁工作時，發現某些元素很不穩定，經過漫長的時間後，釋放能量的速率會不斷遞減（但可以預測）；含有這些元素的礦物過了好幾千年，甚至好幾百萬年，仍能釋放能量。拉塞福立刻想到自己的發現有多重要：地球的內部過了一段時間後，並不會像兩百年前布豐假設的一樣慢慢變冷，相反地，地球液態核心中的放射元素不斷衰變，繼續幫地球內部加熱。放射性「因此增加了地球上生命存續的可能期限，」拉塞福寫道，「才有足夠的時間給地質學家和生物學家所主張的演化過程。」

放射性衰變的概念帶來了全新的技術，能有效測定礦物的年份。這些不穩定的粒子衰變的速率不受溫度和壓力的影響，僅取決於元素的種類。過了不久，地質學家就用新的「放射性定年法」來測量岩石的年齡，才發現它們已經存在數億年了。物理學家霍姆斯在著作《地球的年齡》（一九二七年出版）中提到：「所有的證據都指向同一個結論……地球的年齡介於十六億到三十億年之間。**」烏舍爾推算出的年齡到了此時已經和聖經密不可分，卻突然看起來猶如滄海一粟。高斯特說：「社會大眾每天處理的數字不是幾十就是幾百，已經習慣了，突然從幾百萬跳到數十億，真令人目眩神迷。」

真的目眩神迷，還好對科學家來說，計算這些數字跟用手指數數一樣簡單。我們或許無法在腦海

*達爾文後來又寫了《人類源流》，於一八七一年出版，直接探索人類的起源。

**最新的數字是四十五億年，根據目前找到最古老的岩石、隕石和月球上的樣本來推算。

中設想這麼大的數字——要在擁擠的運動場中「看見」五萬名觀眾還真夠難的，但這並不妨礙我們去運算這些數字。英國天文學家愛丁頓曾於一九一九年帶領日食觀測隊，並證明了愛因斯坦的廣義相對論，他就了解龐大數字帶來的矛盾。在一篇廣為流傳的論文中，他用表格顯示地球到太陽、最近的恆星和其他天文物體的公里數，地球距當時所知最遠的星系有三垓（十的二十一次方）公里。他寫道：「有些人抱怨他們不明白這些數字。他們當然不明白。但碰到大數字時，就別想『明白』它們。再過幾個星期，英國的財政部長就會提出約九億英鎊的年度預算。」（當時的國家預算還**不到**十億英鎊或美元。）「你或許以為只要準備好，他就能進入恍惚狀態，想像眼前擺了一堆同等價值的銅板、鈔票或商品。我相信他應該無法『明白』九億英鎊有多少，但是他可以把這些錢花掉，」愛丁頓說，這麼大的數字「並非為了令人張口結舌，而是要拿來運算和使用。」

時間和宇宙

恆星也能告訴我們跟時間有關的故事，這個故事就像地球的古老源頭，人類花了好幾百年的時間才找出答案。每種文化都有宇宙起源的神話，但是和宇宙論相關的科學研究實際上卻是最年輕的學科，現代的宇宙論到了二十世紀初才開始。雖然伽利略已經看到那條叫做銀河的模糊光帶其實是由許多星星組成，多到數不清，但等到更高倍數的望遠鏡出現，還有更精密的新技術可以確定恆星的距離，我們才能了解銀河系的結構。現在我們知道銀河系的形狀就像個巨大的飛盤，直徑約為十萬光年*，中間突起，邊緣則有向外旋出的臂狀分支（地球位在其中一條分支上，因此從我們的觀點看來，銀河系就是晚上會看到的條狀銀河）。倍數更高的望遠鏡出現後，天文學家開始把其他模糊的光點編成目錄，這些光點叫作星雲，四散在天空各處。有些星雲的螺旋形狀看起來十分明顯，一開始時叫作「渦狀星雲」，但到了一九二〇年代，科學家就看到這些星雲其實跟我們的星系一樣。這些「外部」的星系很像我們的銀河系，但是非常遙遠。（事實上，康德在一七五〇年就提出了這種說法，把星雲稱為「宇宙孤島」。）我們的宇宙圖片愈來愈大。

但這只是開始。天文學家還要學習如何測量這些星系到地球的距離，觀察星系的光譜，就可以計算出它們在太空中移動的速度。很多星系的光譜線都朝著紅色那一端移動——也就是**紅位移**，表示它們會離我們的銀河系愈來愈遠。（這個現象可用「都卜勒效應」來比擬：當救護車愈走愈遠，警笛的音調也會比靜止時更低，就是所謂的「都卜勒效應」。）到了一九二九年，美國天文學家哈伯（一八八九至一九五三年）有一項很了不起的發現。他在加州的威爾遜山天文台使用當時世界上最大的望遠鏡（長約二．五公尺），有系統地研究遙遠的星系，發覺這些星系「在望遠鏡所及的範圍內散落各處。」他發現星系和銀河系之間的距離，與星系的移動有相互關係，覺得非常驚訝——星系離我們愈遠，移走的速度也愈快。這就是宇宙的擴張。

哈伯提出的全新宇宙圖非常激進。在這之前，科學家一直想像宇宙是**靜止的**，別無他想，宇宙一直都在，從以前到現在看起來都大同小異。新的寫照動態得多。我們的宇宙會不斷成長。

愛因斯坦差點就預測到宇宙的膨脹，很有趣吧。提出廣義相對論的等式後過了幾年，他把等式套

---

*一光年就是光線一年內前進的距離，大約為九．五兆公里。

用到宇宙上。但結果讓他大吃一驚：根據這些等式，宇宙不可能是靜態的，相反地，宇宙必須不斷擴張或收縮。幾名科學家積極地探索相關的情況，俄羅斯宇宙學家弗烈曼就是一個例子，他發現愛因斯坦等式的解答指出宇宙不斷膨脹，覺得這個情況非常合理。比利時物理學家勒梅特（他也是天主教神父）更進一步，在哈伯宣布他的發現前，就指出科學家觀察到的紅位移可能就表示宇宙正在膨脹，並提出一個想法，世界從一個「太古原子」開始*。

愛因斯坦無法接受這些想法。他跟當時大多數的科學家一樣，相信宇宙從不改變。頂多只在等式中加了一個附加因素來「平衡」宇宙，也就是所謂的**宇宙常數**。不過幾年後，哈伯最重大的發現就出爐了，愛因斯坦立刻後悔自己用附加因素來解釋宇宙。他把這件事稱為個人事業生涯中「捅最大的婁子」。

不斷膨脹的宇宙

宇宙不斷膨脹，其中的涵義超乎我們的想像。如果時鐘能倒轉，宇宙就會變小。如果能回到很久很久以前，宇宙會小得令人不敢相信。不久之前，宇宙爆炸的想法才奠定根基——宇宙一開始時一定是稠密火熱到無法置信的火球。不斷擴張

美國天文學家哈伯。他研究銀河系以外的星系，成果顯示我們住在不斷膨脹的宇宙中。

後，溫度逐漸降低。（我們現在非常幸運，附近有一顆溫暖的恆星，因為宇宙的平均溫度只比絕對零度多出幾度，低於攝氏負兩百七十度。）宇宙逐漸變冷，最原始的組織也開始成形，過了幾十億年，形成我們現在看到的宇宙，布滿星系和星系團。天文學家稱此為**大霹靂宇宙論**＊＊。（天文學家霍伊爾一九五〇年上英國廣播公司的電台廣播時發明了這個名詞。諷刺的是，他後來偏好自己提出的「穩定狀態」模型而否決大霹靂理論，卻很不幸地被推翻了。）

哈伯和愛因斯坦的研究結果揭開了新的世界觀。現在看來，宇宙果然有開端。（對某些科學家來說，大霹靂理論帶有基督教神學的味道，其中一名創始人又是教會任命的神父，更引人懷疑。）現在看來時間本身有一個明確的起點，又突如其來地能用科學判斷時間的起點在什麼時候。尋找時間開端的旅程原本從足下的岩石開始，現在我們也能仰望天際尋找答案。

到了二十世紀中，大霹靂的證據愈來愈多。物理學家懂得如何測量組成恆星及星系的大量化學元素，也發現氫、氦和更重的元素量就跟大霹靂理論預期的一樣，取得的數值也符合宇宙火球不斷

＊雖然發現宇宙不斷膨脹的榮耀多半歸給哈伯，但天文學家斯里佛和胡美遜等幾位科學家的貢獻也非常重要。當時無人重視勒梅特的研究成果，因為他把結果刊在沒沒無名的比利時期刊上。現在很多人都認為勒梅特是「大霹靂之父」。

＊＊雖然我用「爆炸」來描述大霹靂，但這個詞可能會造成誤解。物理學家認為大霹靂是太空本身的擴張，而不是將物質擴張到已經存在的空間中。因此，大霹靂並沒有發生的「地點」，宇宙也不需要有邊緣。但宇宙仍可能有限度，就像不斷膨脹的氣球表面面積也不可能無限大。

膨脹及冷卻的概念。到了一九六〇年代中期，科學家也有錦上添花的發現。大霹靂最清楚的「指紋」原來是回應第一次爆炸的共鳴，不是某種回聲。一九六五年，兩名科學家使用美國新澤西州的巨型無線電天線時，無意間發現這種微波輻射的反應。彭齊亞斯和威爾森偵測到來自天空四面八方的模糊微波信號。他們發現大霹靂的特徵，現在命名為「宇宙微波背景輻射」。（很巧的是，大概同一個時間，在離這裡一個小時車程的普林斯頓大學，物理學家狄基和同事根據大霹靂的理論模型，預測到宇宙微波背景輻射的存在。聽到彭齊亞斯和威爾森的發現時，他們正準備要找出緣由。）我們可以把宇宙微波背景輻射想像成宇宙年齡還不到五十萬歲時釋

比利時神父兼物理學家勒梅特（左），首先提出宇宙大霹靂的理論。愛因斯坦剛開始時還不能接受宇宙不斷變化的說法。

放出來的放射線。到了現在，太空中到處都是這種輻射。彭齊亞斯和威爾森在一九七八年獲得諾貝爾獎，表揚他們的發現。

到了近代，科學家用二〇〇一年發射的衛星WMAP（威金森微波異向性探測器）仔細探測背景輻射。利用來自WMAP的資料，天文學家就能非常精確地描述宇宙的基本特質。比方說，我們現在知道宇宙「是平的」，也就是說可以用歐幾里德的簡單幾何學來形容：平行線會保持平行，三角形的三個角加起來是一百八十度。我們也知道像恆星和行星等「普通物質」只占宇宙內容的百分之四（剩餘的部分有百分之二十三是神祕的「暗物質」，更神祕的「暗能量」則占了百分之七十三。我們下一章會繼續討論暗能量）。最後WMAP讓科學家得以確定宇宙的年齡：天文學家相信大霹靂在一百三十七億年前發生，可能有上下幾億年的誤差。

終極的免費午餐

發現宇宙微波背景輻射是科學上的重大突破，但也帶來新的問題。首先，宇宙大得不得了，光是根據大霹靂理論，就已經遠遠超過物理學家的預期。此外，輻射則很「平穩」，也就是說天文學家不管把望遠鏡對著哪個方向，都能測量到同樣的微波輻射強度（不論在何處，宇宙微波背景輻射和平均值都差了百萬分之幾）。如果宇宙很小，這也不值得驚訝，因為訊息可以到處來回流傳，消除不均勻的部分。但是宇宙很大，而且年齡只有一百四十億左右。要橫越這麼長的距離，就是沒有足夠的**時間**來消除不均勻的地方。

一九八〇年代初期，宇宙學家提出試驗性的解答，他們修改了大霹靂的說法，叫作「暴漲」。根據暴漲理論，宇宙在剛開始存在的一瞬間內，膨脹的速度快到無法想像。這段快速（或說「指數性」）成長的期間就有助於解釋為什麼宇宙這麼大又這麼平滑。研究暴漲的科學家有好幾位，但第一篇重要的論文則由物理學家谷史（現任教於美國麻省理工學院）於一九八一年公布。谷史的模型並未說明暴漲作用的驅動因素究竟是什麼。物理學家現在把主要因素稱為「純量場」，因為這個因素可以用一個和太空中所有地點有關的數字來形容，跟溫度有點像，但我們仍很難形容推動的力量從哪裡來。不過暴漲模型似乎真的有用，成功地描繪出宇宙後續的變化。

就像哥白尼發現地球不是宇宙的中心，暴漲理論也讓我們感到渺小：我們用望遠鏡能看到的宇宙雖然很廣大，卻只是浩瀚宇宙的一小部分。看得見的宇宙（有時稱為我們的「氣泡」或「視界」）周圍還有更廣闊的區域，但在宇宙的開端，暴漲作用把這些區域快速推到很遠的地方，所以它們發出的光線還沒有足夠的時間可以旅行到地球。或許我們一輩子都無法探索這些遙遠的領域，因為人類沒有方法接收到它們發出的信號。

科學家還不習慣從虛無中誕生出實體的想法，就連亞里斯多德聽了也嚇了一跳，覺得不符合理性。但暴漲的宇宙似乎證實了從無到有的過程。如果理論沒錯，谷史的文章說：「那麼暴漲的機制基本上就是宇宙中所有物質和能量的成因。」物質的起源從此落入科學能夠解釋的範圍內，他說：「我們可以明白，所有的東西都能從虛無中創造出來……在暴漲的宇宙論中，可以說宇宙就是終極的免費午餐。」暴漲理論立刻變成「全新經過改良的」大霹靂，現在科學家認為暴漲理論就是描述宇宙演化的標準方式。值得注意的是，天文學家到目前為止的觀測結果似乎都支持這個理論（比方說，暴漲理論預言宇宙按幾何學原理來說「是平的」，WMAP已經證實這個說法）。

前一陣子在美國加州戴維斯舉行的暴漲宇宙論會議上，我遇到谷史這位態度溫和友善的科學家，他很喜歡討論他的研究，我請他幫忙講解入門級的暴漲宇宙論。他解釋說：「暴漲是大霹靂理論的另一個版本。如果你問『推動宇宙的起因為何？我們親眼看到巨大的宇宙仍不斷膨脹，是什麼引起的？』，答案就是暴漲理論。」谷史說，根據暴漲理論，純量場會對宇宙中所有的物質施加強大的壓力。宇宙像氣球一樣鼓起來，直徑加倍再加倍，超過了一百次。暴漲前的宇宙只有質子的幾十億分之一乘以幾十億分之一那麼大，暴漲後，就變成彈珠大小（或者跟葡萄柚差不多大），整個過程還不到一秒鐘。WMAP持續提供的觀測資料和宇宙微波背景輻射的研究成果都支持暴漲理論，所以谷史說到了現在他依然跟一九八一年一樣，對這套理論充滿信心。「我認為觀測結果一定能證實暴漲理論，不然也相去不遠，解釋宇宙如何變成現在的樣子。」

故事還沒完，宇宙學家設想出其他質疑暴漲模型的情況，我們等一下就會討論到。望遠鏡愈造愈大，愈來愈精密的理論更深入地探索我們眼前的宇宙，人類對宇宙起源的描繪當然會跟著演化。在我們之前，就已經有人相信他們找到了宇宙的開端，甚至還定下了宇宙的年齡。正如高斯特提醒我們，烏舍爾不是第一個提出錯誤答案的人，「很多偉大的科學家目光也一樣狹隘，被自己的信念或當時最盛行的想法困住。」牛頓無法承認地球有多麼古老，愛因斯坦過了好多年才願意接受宇宙膨脹的想法。就連天才也有迷惘的時候。

中世紀的人所想像的宇宙年齡相當短暫，正好配合當時的觀念，宇宙是**為了我們**而創造的，直到近代，人類還保有這種想法。在地質研究得到成果後，宇宙論顯露出更長的時間線，令人更感謙遜；人類在宇宙中的地位似乎並沒有那麼重要。費瑞斯說：「籠罩在周圍的宇宙這麼大，如果還認為一切都是為了人類而創造，真的很愚蠢。」我們所在的地點也沒什麼特別：我們住在很普通的岩石行星上，繞著不起眼的黃色恆星運轉，這顆黃色恆星躺在非常普通的星系旋臂外側，我們稱這個星系為銀河系。但從這個基地我們學到了如何觀察更廣大的宇宙，有史以來我們第一次利用地面上和太空中的望遠鏡收集真實的資料，宇宙的結構和歷史無比清晰地展現在我們眼前。從那個角度來看，現代宇宙論不像某些後現代學者口中說的，只是「另一個創世的故事」。當然還有很多細節我們不明白，但在概略的草圖上，我們可以相信宇宙不斷演化的大霹靂模型。我們認識的宇宙和我們認識的時間始於一百三十七億年前。

第十章　大霹靂發生前

物理學的新領域和時間之箭的起源

我們心目中的真實世界，尤其是和時間本質有關的看法，馬上就要出現驚天動地的大改變，或許甚至連今日的相對論和量子力學所提出的看法也望塵莫及。

潘羅斯，《皇帝新腦》

宇宙起源的大霹靂模型一定能列入二十世紀科學界最偉大的成就。以宇宙暴漲理論這樣的最新風貌出現時，我們就能明白大霹靂後幾十億乘幾兆再乘幾兆之一秒後開始的那段時間（更簡潔地用科學記號表示，就是宇宙誕生後十的負三十三次方秒）。透過這個模型，我們離宇宙開端就只差了那麼一點點。但我們仍覺得十分挫折，因為能了解的太少。畢竟，目前人類提出最有趣的問題並非大霹靂後短短不到一秒的時間內發生了什麼事情，而是我們能不能讓時鐘倒轉，一路回到「零時」？

最後要跨出很大一步——時間如何開始？在大霹靂前要有東西，到底是什麼？這個問題真的有意義嗎？物理學家和宇宙學家對這個問題已經見怪不怪。宇宙論的會議公開舉辦過無數次，到了會議結束時，聽眾裡一定會有人走到麥克風前，感謝講者分享深刻的見解，然後問：「在那之前，是什麼樣子呢？」多年來，大家都認為這個問題超越了科學的界線。一般說來，物理學家和宇宙學家可以探索大霹靂之後的局勢，但要調查宇宙真正的起源時就束手無策了，最好用哲學或宗教來解答。同時，許多物理學家也指出，大霹靂就是時間的起點，所以在那之前就沒有「時間」這種東西。要問大霹靂之前發生了什麼事，其實沒有意義，就像你不能有意義地解釋北極的北邊有什麼。

我們想要探索最初的時刻，卻在幾個地方受挫。首先，我們的理論工具不恰當。重力負責掌管宇宙的膨脹，還好愛因斯坦提出了廣義相對論，所以我們也還算了解重力，但重力本身卻不足以用來探索宇宙最初的時刻。廣義相對論的等式告訴我們大霹靂發生時，宇宙中所有的東西都無止境地擠壓在一起，也就是說宇宙被壓成一個點。用數學物理學的行話來說，這種點叫做「奇異點」。在物理學家心中，奇異點有如瘟疫，避之唯恐不及。物理學家推論，描述真實世界的理論不應該有這種數學上的怪問題，因此預測奇異點存在的模型會遭人質疑。最後，除了廣義相對論，我們也需要微小物質的理論，亦即量子理論。科學家追尋已久的量子重力理論或許能結合這兩種世界觀，這時就沒有所謂的無窮無盡，我們也能更有條理地描繪出時間的起點。

霍金和美國物理學家哈托提出一個建議，採用微觀的角度，在大霹靂發生的時候，利用量子理論讓時間和空間同時變模糊。這個說法叫做「宇宙無邊界」，把時間的起源變模糊，消除奇異點的問題。（霍金的提案概要寫在《時間簡史》的第八章，如果你能看到這本書看到第八章，就會看到相關說明。）在這個模型中，雖然時間不會無限地延伸到過去，卻也沒有鮮明的起點。時間不會突然「開啟」，而是慢慢地從空間中出現。

現在，「宇宙無邊界」的提議仍只是提議，到目前為止，充分成熟（或至少大家都同意）的量子重力理論並不存在。在眾多針對此架構提出的理論中，最有可能勝出的就是弦論，科學家充滿雄心壯志，想把重力和自然界其他的力量聯合起來*。在弦論中，物質最基本的「小塊」不是粒子，而是一小圈一小圈弦線。由於弦線的大小有限，就能避免無限壓縮（也就是那些討厭的奇異點）的問題。弦論的確也能從量子理論的角度來描述重力，而且實際上帶給物理學家更豐碩的收穫——指出我們居住的世界有三個以上的維度（更精確的說法是，有三個空間維度和一個時間維度）。事實上，弦論說我們所在的世界可能有十個或十一個維度。

剛開始聽到這麼多的維度，或許會覺得很奇怪，但支持弦論的學者卻相當重視這一點。最近弦論也出現了副產品M理論（M是英文字「膜」的第一個字母），說明維度在宇宙中扮演的角色。根據M理論，除了單一維度的弦線，宇宙的成分還有兩個或更多維度的膜。

膜上的宇宙

本書不會詳細探討M理論，不過還是要提一下，在過去幾年內，物理學家開始按著M理論提供的卓越架構闡述宇宙模型。在某些方案中，我們的宇宙，或者說是透過最大型望遠鏡看到的所有東西，也許只是某種更高維度結構的三維「切片」。用M理論的術語來說，我們可能住在「膜」上。（可以

---

*關於弦論的詳盡討論，請參考《T恤上的宇宙》第七章。

拿你的影子來打比方：晴天時看看地面，你的身體雖然是三維，但你的影子只是二維的切片。）

這些膜世界模型描述宇宙的新方法令人十分驚異。在某些情況下，我們能看到的宇宙，只是嵌在大結構（稱為「大宇宙」）中的三維膜（叫做「三膜」）。這個大結構一定要至少有四個空間維度，而且照例還有一個時間維度。膜宇宙模型值得注意的地方是，沒有理由假設我們的宇宙是獨一無二的：在四維的大宇宙裡，除了我們以外，可能還有很多「平行」宇宙，又稱平行膜。就連一度抱持懷疑態度的霍金現在似乎也支持膜宇宙的說法。到戴維斯參加會議時，他說：「我必須承認我本來不相信還有其他的維度，但M理論織成了一張漂亮的網路，看到這麼多出乎意料之外的一致情況，我覺得繼續不管它，就像主張上帝把化石放在岩石裡，好誘騙達爾文相信演化論。」

在倡導膜宇宙的科學家中，有一位是在普林斯頓任教的斯坦哈特。他也是暴漲理論的先驅，但過去幾年來，他專心探索膜宇宙的模型。他和杜洛克（目前任職於圓周研究所）及其他幾位同事合作，開發出一套特別的模型，提供全新的大霹靂說法。這個想法其實有兩個版本，也就是「火劫」和「循環」模型。兩者都把大霹靂描述成兩層膜之間的碰撞。最大的差異則是在循環模型中，兩層膜之間會一再發生這種碰撞。結果就是好幾次大霹靂，有可能形成無窮的宇宙。

在戴維斯參加一整天的會議後，我到斯坦哈特的飯店房間找他，他很努力地幫我描繪這些新的宇宙模型。他說：「你應該想像在這兩個三維的世界中有一股力量想把它們拉在一起，就像兩張塑膠片被彈簧愈拉愈近。每隔一段固定的時間，塑膠片就會合而為一撞在一起，產生熱能（我們認為有可能是輻射和物質），然後再彈開。」換句話說，如果我們住在膜上，我們會記得之前出現過的能量暴增，事實上這就是我們察覺到的。斯坦哈特解釋，在循環模型中，「彈開」是結束，也是開始，一個「宇宙」的結束，同時也是另一個宇宙的開始，進入新的膨脹和冷卻階段。「現在我們又開始全新的循環。宇宙充滿了熱物質和輻射，形成新的恆星、星系和行星，可能也有新的生命，一個接著一個。」

我很希望這些膜能留在我的腦海裡，但我也提醒自己，斯坦哈特的提議比較像是根據知識和經驗的推測，而不完全是能夠接受試驗的理論，起碼現狀是這樣。但如果循環模型正確無誤，就是一套深奧的空間和時間理論。這項理論「提出基本的問題，時間是否在大霹靂的那一刻開始，」斯坦哈特說，「或者在之前還有一個演化期，大霹靂實際上是一段過渡時期。」

除了斯坦哈特的膜宇宙，還有其他人想探索大霹靂之前的情況。谷史的暴漲理論也繼續延伸，有一個很有趣的版本就想描繪出更廣闊的宇宙。根據這個版本，暴漲作用產生出不只一個宇宙，有些人把這個模型叫作「永恆暴漲」。這一派最知名的人物是生於俄羅斯、目前在史丹佛大學任教的林德。林德相信暴漲時期的起因，有可能導致多個獨立的宇宙形成，而且數目有可能無限多。他認為，宇宙整體而言應該沒有死期。谷史似乎也同意這種「更大的」新暴漲理論。他承認：「把大霹靂當成時間的起點，很明顯地把問題過度單純化了。」

在開始之前

關於宇宙起源的不同說法彼此競爭，雖然純屬理論，但至少提出的人願意探索大霹靂前的原始宇宙，就很值得我們欽佩。這些理論除了挑戰目前的科學，也挑戰人類的想像力。事實上，所有和宇宙起源相關的理論一定會帶來這種挑戰。我們苦苦掙扎，卻還是無法想像在無限久遠之前的時間，但要設想時間的開端，卻也一樣困難。

其中一個原因是人類直覺會把因果連在一起，任何「事件」都是之前發生過的事件引起的。但量子力學卻告訴我們有些事件就這麼「發生」了，例如放射性核子的衰敗。或許很籠統地說，宇宙（再加上空間和時間）就從虛無中誕生出來。物理學家泰榮說：「很多事物會不時出現，我們的宇宙就是其中一樣東西。」如果這種說法沒錯，奧古斯丁宣稱上帝同時創造了時間和世界，在那之前時間並不存在，其實也不無道理。

思索時間的起源時，受限於直覺，我們也只能想到這麼多。我們習慣了用公尺和公里來描述空間，用幾秒、幾天和幾年來描述時間。在這些人類創造出來的刻度上，似乎可用「中規中矩」來形容時間。「之前」和「之後」的意思也非常清楚，時間就跟空間一樣平滑均勻、始終如一。因此，我們支持牛頓的說法，相信時間「均勻流動」的主張。但是我們前面提過，愛因斯坦告訴我們在某些情況下，時間的表現會更加奇怪。再加上量子力學虛幻難懂的世界，我們只能隱約捉摸到物理學的方向。

物理學家希望有一天能用單一的理論囊括相對論和量子理論，當這一天來臨時，時間或許並不包含在內。物理學家藍道在文中指出，我們找到了「令人心癢難搔的線索，空間每隔一段很短的距離就會崩解，時間則在奇異點上崩解」，這些明顯的崩潰「告訴我們，基本上，時間和空間並非我們想像的那麼一回事。」的確，很多物理學家已經養成習慣，指稱時間和空間始於大霹靂那一刻，只是無人能清楚描述到底從哪裡開始。

從虛無中創造時間

當代幾位年輕優秀的研究人員全心相信「突現時間」的想法。支持者包括三十六歲的阿卡尼哈米德，他最近辭去哈佛大學的終身職，加入紐澤西州普林斯頓大學的高等研究院。阿卡尼哈米德承認：「我們不知道大霹靂時發生了什麼事，但我們能確定空間和時間崩潰的想法，所以『之前』發生了什麼，其實沒有意義。」他說，我們「一定錯過了重點」，某個東西「一定會涉及突現時間的想法。」

換個說法，時間或許不屬於宇宙的基礎。水給人溼溼的感覺，因為數十億個水分子滑過彼此造成這種整體性質，同理可證，時間本身也有可能來自更基本的「東西」，只是我們不知道是什麼東西。

時間出現的確切方式還有待商榷。如果我們從廣義相對論開始，然後嘗試加入量子理論，或者從量子理論開始，然後嘗試加入廣義相對論，處理時間的方法似乎就有了變化。（弦論採取第二種做法，物理學家必須用人工「插入」時間和空間。在最理想的情況下，他們希望能有「背景獨立」的理論版本，或許就能根據理論中心的振動弦線或薄膜來解釋空間和時間的出現。）

在加州大學聖塔芭芭拉分校工作的粒子物理學家和弦論專家葛羅斯相信，我們就是要接納突現時間的想法。葛羅斯在二〇〇四年因研究夸克和強核力，和其他兩位學者共同獲得諾貝爾獎，他相信能找到「單一理論」，我們就能明白時間並非基礎。最近葛羅斯告訴我：「時間其實深深扎根在我們思考物理學的方法內，空間也一樣。但我們從很多案例中學到，空間是某種突現的概念。弦論的一些領域最好用完全不牽涉到空間的概念來闡述。我們沒有跟時間相關的例子，但由於我們一向認為時空要連結在一起，如果空間是突現的概念，時間卻不是，這就超乎我們的想像了。」這和其他的理論都會改變我們對宇宙起源的看法。葛羅斯說：「時間從一開始到現在的『流動』只是一個猜測。要描述宇宙在幾秒後的演化，這個猜想還不錯，但之前的情況就不適用了。」

我催他回答我，告訴我大霹靂之前的情況。他說：「我只能想到三個可能性。第一，透過量子力學，宇宙從虛無中出現。第二，之前本來就有東西。第三，你可以問其他的問題，我最喜歡第三個。」換句話說，「在這些情況下說時間是突現的概念，根本就沒有意義。所以我只看到這三個可能性。誰知道答案呢？」

要踏入物理學新領域的理論家，自然會推動各種前衛的想法，例如弦論、膜宇宙等等。在缺乏實驗基礎的情況下，苦思冥想也有一定的限度。宇宙論的實驗當然無法重來，這一點很令人挫折：大霹靂就發生過那麼一次（至少我們確定有過一次），我們也只能將就了。雖然科學家無法重造大霹靂，只好希望退而求其次：在瑞士日內瓦附近有一座巨大的新粒子加速器，科學家想重現宇宙剛誕生時的強烈溫度和能量。這項高達一百億美元的計畫叫作「大型強子對撞機」，簡稱ＬＨＣ，在本書付印時已經接近完成。（編按：本書英文版於二〇〇八年十月出版，當時ＬＨＣ雖已竣工，卻因故障維修長達一年，後於二〇〇九年十一月首次運轉成功。）

ＬＨＣ身負重任。用對撞機進行的實驗顯示出我們現在看到的力量如何在遠古時代聯合成一體。從實驗中我們可以看到像「超對稱」這樣怪異的物質特性，也能更了解組成宇宙的主要成分，也就是暗物質。我們也可以略窺除了我們熟悉的三個空間維度外的其他維度，如果能找到證據，弦論就不會那麼像憑空想像出來的東西。還有「希格斯玻色子」——據說這就是組成質量的粒子（科學家認為希格斯會產生類似電磁場的場域，導致其他的粒子看起來很重）。很多物理學家都相信ＬＨＣ可以捕捉到別號叫作「上帝粒子」的希格斯。

當然，等機器開始運轉，要花好幾個月或甚至好幾年的時間努力處理資料，還有很多種實驗要進行。但大多數科學家都很有信心，認為ＬＨＣ最後能夠解答一些非常深奧的物理問題，或許還能說明空間和時間突現的難題。阿卡尼哈米德聲稱：「到了二〇一〇就能看到成果。」

再訪時間之箭

物理學家除了絞盡腦汁要解答時間起點的問題，還有一個同樣令人傷腦筋的問題，也就是時間的方向。我們已經看過「時間之箭」跟熵的關係，還有熱力學第二定律，但我們也看到第二定律無法完全解釋時間難以捉摸的流動。

熱力學的時間之箭從秩序指向失序，從低熵指向高熵，從茶杯指向打破的瓷片。但時間之箭還有其他的舞台。事實上，科學家注意到至少六種不同的「時間之箭」（雖然彼此之間也有關聯）。從我們剛提過的熱力學開始，描述如下：

•熱力學的時間之箭

熱力學的第二定律說封閉系統內的混亂量一定會隨著時間增加。典型的例子包括打破雞蛋、混合咖啡和鮮奶油，或冰塊融化；但當我們觀察自然界的複雜作用時，同樣的原理也會顯現出來。

•放射的時間之箭

想像把石頭丟到池塘裡，衝擊力會在池塘表面產生圓形的漣漪，漣漪從撞擊的點向外移動，圓形愈變愈大。我們看不到反轉的過程，不會看見池塘邊緣出現的細微扭曲慢慢移向彼此，力量和速度都不斷增加，直到匯集在池塘中間的某一個點，把石頭從池塘的表面彈回去。但等式兩個方向都適用——我們用來分析波浪的數學等式並未指出偏好的動作方向。

顯示這種偏好的不光是水波。馬克士威的等式描述電磁波的傳播，但跟前面說的一樣，我們無法從等式看出波移動的方向。（舉例來說，描述來自外太空的光波聚合在露營者的手電筒上，也一樣站得住腳，而不是只適用於相反的方向。）在物理學上，一般在自然情況下隨著時間向前的波傳播，據說會產生「延遲波」（指比較晚到達的波），而在相反的情況下，則會有「超前波」（如果真有這種波，它們會比較早到達）。超前波符合數學的原理，但實際上似乎不存在。就跟熱力學的時間之箭一樣，也要考慮或然率：從池塘邊緣出現的漣漪，「恰好」聚集在一起的機率微乎其微。的確，這樣的水波會導致系統的熵降低（超前的電磁波也會）。由於這種關係，有些物理學家相信放射的時間之箭可以用熱力學的時間之箭來解釋。

・量子的時間之箭

我們在第七章已經看過，量子力學也能提供另一種時間之箭，觀察量子系統時，系統的波函數據說會從很多狀態的重疊「坍塌」成單一的狀態。坍塌後看來就無法逆轉，表示和時間的方向有關。我們不清楚這種時間之箭跟其他的有什麼關係，但有些人推測量子箭和熱力學箭有關。

・K介子的時間之箭

目前已知在原子內發生的作用原則上都可以逆轉，用數學等式描述其中的粒子行為時，粒子似乎兩個方向都「行得通」，沒有偏好的時間方向。但叫作「K介子」的粒子卻有特別的例外狀況（這種粒子一般不帶電，但也有帶正電和帶負電的）。中性K介子很不穩定，衰變的速度很快，通常會變成種類相似的次原子粒子，叫作「π介子」。

衰變的過程由「弱」核力掌管，兩個方向都可以，也就是說，物理學家可以把很多π介子打碎，製造出K介子。但有些地方不一樣：用來產生K介子的反應只要一秒的幾萬億分之一再幾萬億分之一（十的負二十四次方秒），但衰變花的時間比較長，需要十億分之一秒（十的負九次方秒）。為什麼K介子的衰變會比創造多花幾千萬億倍的時間？（戴維斯指出，「這很像把球丟到空中，然後發現要等好幾百萬年球才會掉下來。」）K介子「按照自己的規則來」的特殊傾向實在費人疑猜，K介子箭（有時候也叫作「弱反應箭」）和其他時間之箭也沒有明顯的關聯。（儘管如此，科學家仍在爭論K介子箭有什麼意義。格林恩就說過，K介子的行為和時間之箭「可能關係不大」。）

・宇宙論的時間之箭

自大霹靂在一百四十億年前發生以來，宇宙就不斷膨脹。很多物理學家認為這定義了「宇宙論的時間之箭」，一頭指著火熱稠密的過去，一頭指著涼爽稀疏的未來。

我們已經提過，有些物理學家懷疑宇宙論箭和熱力學箭有某種連結，因為兩者似乎都是早期宇宙中最常見的特殊現象所造成的結果，等一下就會更詳細地討論這一點。

・心理學的時間之箭

最後，心理學的時間之箭來自我們直接的體驗，以我們對世界的感覺為基礎：我們記得過去，但不記得未來，我們會體驗（或似乎能體驗到）時間獨特的「流動」方向。腦部是處理資訊的系統，也就是組成腦部的數十億個神經元之間的相互關係，所以心理學的箭和熱力學的箭之間可能也有關聯（霍金就支持這個看法）。

物理學家（以及哲學家和心理學家）花了很多年的時間努力解決問題，想明白這些看似沒有關係的時間之箭可能會有什麼關聯。或許沒人像牛津大學的數學物理學家潘羅斯這樣深刻思考過這些關聯。潘羅斯最近上了《發現》雜誌，被形容成「出類拔萃的博學大師」，而他最早則以黑洞研究揚名立萬。在一九六〇年代和霍金合作時，他告訴大家巨大恆星崩潰時一定會導致奇異點出現，奇異點周圍一定環繞著「事件視界」，就是黑洞周圍的區域，東西掉進去後出不來。他也發展出全新的「扭子理論」來描述時空，指出空間和時間已經「量子化」，而不是連續的，也就是說，空間和時間都由不連續的區塊組成；這些區塊可以用想像的數字來描述（例如負一的平方根）*。潘羅斯對純數學也有貢獻：一九七〇年代，他證明了在平面上貼磁磚時，就算你的磁磚只有兩種不同的形狀，你創造出來的圖案也絕對不會重複，之前大家都覺得不可能。現在這種方法叫作「潘羅斯鋪磚」**。

物理學家潘羅斯。

卓越的科學家

我還記得我在一九九〇年春天第一次看到潘羅斯本人。那時我還在唸新聞學院，潘羅斯到多倫多大學發表演說。他用高架投影機的樣子還鮮明地留在我腦海裡，那時大家已經覺得用投影片有點「老

*外行人可能會覺得很奇特，但物理學家常用想像的數字，結果證明特別適合用來解決電磁學和量子理論的問題。

**在物理學中非常實用，可用來描述一種叫作「準晶體」的結晶體。

派」。他用很粗的彩色麥克筆親手畫圖寫字。投影片上有時空的圖表、不知是死是活的卡通風格貓咪以及一行一行看了就讓人畏懼的等式，每一頁都比前一頁更具挑戰性。他討論了哥德爾和柏拉圖、電腦和演算法、人腦和理智。演講結束後，我到大廳買了他剛出版的書《皇帝新腦》。這本紐約時報說會「折磨腦子」的書，占據了我接下來幾乎整個夏天的時間。他的最新作品更沉重，長達一千一百頁，書名是《通向真實的道路：宇宙法則全覽》（二〇〇四年出版）。

這些年來，在好幾次場合我有幸能跟現年七十多歲的潘羅斯教授對話，最近一次是二〇〇七年的春天我到牛津拜訪的時候。我比預定時間早到，就到數學研究所對面三角形的公園溜達溜達。在公園一角有座專門供奉聖吉爾斯的教區禮拜堂。整座牛津城散發著歷史悠久的氣息，聖吉爾斯也一樣。牆上的匾牌列出所有教區牧師的名字，可追溯到一二二六年。公園裡還有一小塊墓地。有些墓碑經過風吹雨打，上面的刻字早已模糊到無法辨認。在墓地前面三角形的頂點，立了一塊戰爭紀念碑；當地人會坐在紀念碑下面吃午餐、講行動電話和享受五月的陽光。在墓地和紀念碑中間有一塊圓形的青銅製日晷，提醒我是該進去的時間了。

有些傑出的物理學家在校園漫步時，很有可能被誤認成律師或會計師（在極少數的情況下，還會被當成搖滾樂手）。但潘羅斯不是這一型。海軍藍毛衣配上斜紋軟呢外套，看起來完全就是「擁有終身職的理論物理學家」。但這位教授在數學研究所的辦公室卻異常整潔，書本和期刊排得整整齊齊。我注意到他的桌上有兩個盒子，裝滿了他三十年前發明的潘羅斯磁磚。其中一組很有趣，叫做「潘羅斯小雞」。你可以把它想像成包含兩種形狀的拼圖，分別是胖雞和瘦雞。潘羅斯把設計授權給一家專門製造數學推理遊戲的公司，材質是色彩鮮豔的厚塑膠片。開始談論時間的本質後，潘羅斯不時拿起一片拼圖把玩，或在桌上隨意滑動。

我們從時間之箭開始，潘羅斯向我保證所有的箭皆屬真實。時間的流動又是另一個問題，或許只是我們的想法。在《皇帝新腦》中，他提到：「我們似乎永遠都在向前走，從明確的過去走向不確定的未來……然而我們所認識的物理學卻告訴我們另一個故事。」之後在第二本大受歡迎的著作《理智的陰影》（一九九四年出版）中，他說：「根據相對論，我們只有『靜態的』四維時空，沒有『流動』。時空一開始就存在，而時間和空間都不會『流動』。」但他說時間之箭——也就是我們所察覺到流動中蘊含的獨特「方向性」——真的出現了。各種不同的箭，來自我們能夠觀察和測量的物理現象。他說：「時間之箭彼此互相關聯，（雖然）它們的關聯有可能很複雜。」有些時間之箭，例如和K介子衰變有關的，「仍令人大惑不解。」心理學的時間之箭到目前為止也無人能夠解釋，雖然《理智的陰影》這本書討論到意識的問題，但他承認我們還無法掌握問題，所以進展不多。「我們記得過去，不記得未來，我想我們對意識的了解還不足以解釋這個現象。」

熱力學的時間之箭算是進展比較多的領域，當然也是潘羅斯花費更多心思研究的題材。然而我們在第六章看過，熱力學時間之箭的起源仍是個謎。熱力學的第二定律說，如果我們現在有一個低熵系統，就能預期未來有一個高熵系統，但定律卻未說明當下的低熵狀態從何而來。最終能夠追溯回宇宙的起點嗎？或許熱力學時間之箭的起源跟大霹靂的本質有關。

非常特別的大霹靂

潘羅斯說：「我們真的得往後退，查看剛開始的情況。熱力學第二定律用很簡單的話告訴我們，隨著時間流逝，事物的隨機程度也會提高。」但如果你回頭追溯更早的時間，就會出現問題。「定律說，在時間中倒退時，事物的隨機程度就會降低」，也就是變得愈來愈有秩序，從高熵變成低熵。但潘羅斯卻說，人類觀察到的結果恰好相反，和這個說法不一致。我們所認識的早期宇宙來自宇宙微波背景輻射（在第九章討論過）。WMAP衛星的資料和其他宇宙微波背景輻射的觀測結果顯示一開始的火球事實上「均勻」到令人難以置信。用物理學的行話來說，就是處於「熱平衡」的狀態，意思是所有地方的微波熱度都完全一樣。如果我們接受潘羅斯的推論（並非所有物理學家都能接受他的說法），那早期的宇宙一定處於極高熵的狀態，正好牴觸我們根據第二定律得到的預期。

潘羅斯說：「熱平衡就是熵升到最高的狀態。換句話說，也是我們能看到隨機度最高的狀態。這明明就很矛盾。」

潘羅斯似乎真的很苦惱，一百四十億年前發生的事件能讓人有多苦惱，他就有那麼苦惱。他坐在椅子上往後靠，右手肘放在桌子上，不時拿起一片潘羅斯磁磚翻來翻去。然後又繼續往後倒：「我不知道為什麼大家都一副漠不關心的樣子。」

潘羅斯認為他知道我們從哪裡就走偏了——我們忘了考慮重力。他指出，在描繪早期的宇宙時，如果不考慮到重力，就無法了解熱力學第二定律的根源。

提到日常生活中的熵，不考慮到重力也沒關係。通常我們就能看出來什麼已經達到平衡，什麼還沒達到平衡。(比方說，把牛奶倒入咖啡裡完全混合，分子到達最高的隨機狀態，所以我們可以很有自信地說已經平衡了。)乍看之下，像宇宙微波背景輻射這麼完美均勻的實體似乎也達成平衡。但因為重力，情況就不一樣了。這背後的原因相當具有技術性——一旦考慮到重力，像宇宙微波背景輻射一樣完全均勻的實體或許事實上根本不平衡，所以也屬於**低**熵狀態。

潘羅斯作出結論，早期宇宙的重力場一點也不平衡；他說事實上早期的宇宙「非常非常特別」，「特別」是指當時具備高度秩序的狀態。有多特別？這時，潘羅斯突然話鋒一轉，開始討論黑洞的熵。聽起來好像離題了，其實不然：大霹靂和黑洞在某些方面非常相似，至少從數學上來說果真如此。在某個情況下，物質來自奇異點，換個情況後，物質會演化成奇異點。(然而，兩者並非彼此的鏡象。潘羅斯告誡我們：「黑洞中的奇異點看起來一點也不像逆轉發生的大霹靂。」我打算相信他的說法。)還好，對於黑洞的熵我們的確有一些了解，霍金和物理學家柏肯斯坦在一九七〇年代告訴大家要怎麼做出這樣的推論，潘羅斯說我們也可以用同樣的方法來研究早期宇宙。

他說：「我們現在可以估計剛開始的狀態有多特別。特別到難以置信——特別到了極點。如果你只考慮到我們看得見的這一塊宇宙，一開始的狀態若要純粹出自偶然，可能性非常低，只有十的十次方的一百二十三次方分之一。」(這個數字好大，一後面跟了十的一百二十三次方個零，就算把已知宇宙中的每個原子都指派一個零，還是無法寫出來。)潘羅斯說：「這個說法特別到荒謬的地步了。所以，這是一個宇宙學家鮮少處理的困難問題——我覺得很奇怪。」他說，就連解釋其他幾個和早期宇宙物理學相關問題的宇宙暴漲理論也「沒有解釋一開始的特殊狀態。」

這個難題有解嗎？潘羅斯說，到了最後，想要發展出統一的物理學理論，就要考量全部的因素。

的確，統一的理論或許一定要包含某種時間不對稱性，結果就和目前已經發展出的物理學定律大相逕庭。（潘羅斯說：「這句話我說了幾十年了，」他臉上沒有表情，也沒有一絲厭倦，「別人覺得我說的有道理，甚至還會點點頭，然後跟以前一樣又回去鑽研量子重力，根本沒注意聽。」）

當然，潘羅斯率先承認他自己的量子重力研究並非特別正統：他覺得目前的量子理論還不完整，所以只想把重力（愛因斯坦的廣義相對論）「量子化」也行不通。潘羅斯沒有答案，但如果能證明扭子理論或類似的說法方向正確，他一定會很高興。不過他也有懷疑的地方：如果量子力學中「波函數崩潰」的時間不對稱性，居然和熱力學第二定律固有的時間不對稱性有關，他也覺得理所當然，意思是他懷疑量子的時間之箭跟熱力學的箭互相關聯。「我還有更激進一點點的說法，我相信這和我們察覺到的時間流動有關。」

心智與物質

潘羅斯這幾年來想出了一些不屬於正統的想法，但他也很明白主流科學和非主流的分際。如果某個想法主要基於猜測，而不是已經確定的理論，他並不會加以否認。即使渾身幹勁，要來處理棘手的人類意識問題，他也知道我們只能空想，找不出實證。「意識扮演什麼樣的角色？這是我有點脫離正統科學的地方，但是沒錯，或許真的跟意識有關係。」

他尤其懷疑熱力學時間之箭和心理學之箭真的有關聯。的確，記憶似乎和時間有很密切的關係。但箭似乎只有一個方向：我們記得過去，但只能想像未來。同時，熱力學的第二定律似乎正好相反。

如果你看到廚房流理台上有一塊冰塊，你知道過了幾分鐘就會看到一灘水。但如果有人過了幾分鐘才進來，就只看到一灘水，他們根本不知道水從哪裡來。他們無法「逆推」剛才有冰塊放在那裡。

潘羅斯說：「一般來說，逆推很可怕；這就是第二定律告訴我們的事情。但人類**有記憶**，我們一天到晚都在用當下的情況推論過去的事態。」最後，他說對於我們心目中時間流動的概念，熱力學僅能提供有限的解釋，「並沒有人能很清楚地說：『好，這就是熱力學第二定律。』那不算是答案。實際的情況更加微妙……跟察覺力有關，跟意識有關，牽涉到的問題遠遠超出我們能夠理解的範圍。」

至於時間本身，潘羅斯無法給予定義。他說：「我真的不知道。我真的認為，時間跟我們想像的不一樣。並非穩定前進的某種東西——絕對不是普遍的穩定前進。」

有一個說法很生動，物理學家知道時間不是什麼，但說不出時間是什麼。時間不光只是穩定的流動，不只是混亂狀態的增強，不光是膨脹宇宙的反射。跟這麼多科學家談過話後，我覺得眾人對於時間能夠同意的唯一結論，就是時間跟我們想像中的完全不一樣。

就算我們真能確定某種特殊的看法，例如愛丁頓八十多年前發現的「時間之箭」，仍可能再度陷入茫然。熱力學似乎說明了時間之箭的某一面，但就那一面而已。我們現在知道有很多種「時間之箭」，連當代最聰明的人也說不出它們之間的確切關係。或許時間不像尼羅河只有一條河道，而像亞馬遜河一樣盤根錯節，也有可能跟洛杉磯的高速公路交流道一樣混亂。有可能我再怎麼打比方，都抓不住時間的本質。

第十一章　萬物必將消逝

生命、宇宙和萬物最終的命運

難道汝不見
時光能征服頑石？
亦不見高塔崩塌，
巨岩碎裂？神殿
和偶像同顯舊態？

魯克瑞息斯，《論事物之本質》（西元前一世紀）

永恆是一段很長久的時間，尤其是快到盡頭的時候。

伍迪艾倫

英國牛津有很多知名的特色：某位詩人口中的「夢幻尖塔」、有名的方庭、蜜色圍牆、雅致的拱門、成群湧入的遊客。保存良好的學院建築外觀出色裝飾華麗，也非常古老。古老到旅遊手冊也提醒我們，「新學院」其實一點也不新，這所學院於一三七九年成立，而牛津大學那時已經有兩百年多的歷史。新學院內學生餐廳的木頭屋頂有一個很精采的故事。在十九世紀中期，校方發現支撐屋頂的橡木大梁該換了。管理員立刻帶著一隊木匠去新學院名下的林地，砍下五百年前學院剛成立沒幾年就為了更換大梁而種下的橡樹。

故事或許有點誇張，橡木通常過了一百五十年就可以砍伐，不需要等到五百年，卻激發我們去想很少想到的事情，因為故事中為數百年後規畫的概念在今日狂亂忙碌的世界中變得非常少見。聽了之後深受感動的人不少，率先研究超級電腦的美國發明家兼科學家希力思也一樣。希力思開始反省人性的短視，想出了幾種方法來鼓勵大家把眼光放遠。最後他決定造一架機器——他立誓造出一座能運轉一萬年的時鐘。希力思曾在華特迪士尼幻想工程的研發部門擔任主管，他召集了一群志趣相投的思想家，大家都和他一樣憧憬「久遠的時間」。小組內包括《連線》雜誌的創刊編輯凱利和《全球目錄》雜誌的創辦人布蘭德，後者曾說過「文明正在加速衝進短到近乎病態的三分鐘熱度」。他們共同成立了「今日永存基金會」，規畫要製造的時鐘就叫做「今日永存鐘」。（這個名字來自英國的前衛音樂家伊諾，到紐約一遊後他發明了「今日永存」的說法。紐約客「活在當下」的看法令他深受震撼，跟歐洲人習慣的長遠看法大相逕庭。伊諾寫道：「對我而言，這是『短暫的現在』，也就是說相反的『今日永存』也有可能。『當下』絕對不是某個時刻。『今日永存』就是承認你所在的某個時刻源自過去，也是未來的種子。」）

希力思的基金會在美國內華達州的沙漠買了七十五公頃的場地，長期計畫是要在這裡造出偉大的時計。在他們的想像中，這座鐘就像一座塔，高度約二十五公尺，材質要耐久。該項計畫仍在規畫階段，但他們已經造了一座僅三公尺高、更加平實的原型。工作人員在加州北部的工作室組裝完成後，就把這座鐘送到英國倫敦科學博物館的時間展覽廊，可說是適得其所。展覽廊上層擺放了各個時代的鐘錶，令人嘆為觀止，有源自西元前九世紀的埃及影子鐘複製品，也有一九五五年造出的第一座銫原子鐘。但今日永存鐘的外觀完全不一樣。

博物館天文學和現代物理學的館長波伊爾說：「看起來跟大家心目中時鐘的樣子很不一樣。」靠近玻璃展示箱，我們看到這座鐘就像某種頭重腳輕的獨眼金屬生物。鐘面是一隻巨大的黑色「眼睛」，直徑約五十公分，上面的資訊應有盡有，但是不顯示幾點幾分。（希力思說：「小時是我們的文化任意制定的產物。」）鐘面上有不斷旋轉的星系，設計用來反映真實天體的移動，展現月亮的陰晴圓缺和太陽的位置，甚至也考慮到春分和秋分每兩萬六千年一次的歲差循環*。外側的鐘面用五位數字顯示西曆年，比方說二〇〇七年會用〇二〇〇七來表示。波伊爾說：「一看就知道，因為這座鐘要運轉一萬年，所以我們當然要避免『萬禧年』的問題。」

即使在博物館微弱的光線中，整個裝置仍發出微光，部件的材質包括黃銅、不鏽鋼、鎢和商品名稱叫作「蒙耐」的鎳銅合金。但從某些方面來說，這座鐘很老派：沒有電子設備，動力來自落錘，就跟最早於十三十四世紀時出現在英格蘭大教堂的機械鐘一樣。這座鐘每天會「敲」兩次，齒輪的動

---

*在第一章第二十九頁曾簡短提過。

今日永存鐘的原型。這座鐘的設計要計時一萬年，注意年份用五位數字表示。

作由一個叫作「扭轉鐘擺」的裝置調節。鐘擺有三股分叉，撐住三顆巨大的鎢球，在機器底部的平面上來回轉動。鐘擺上有一個看起來很複雜的裝置稱為「二進位機械式電腦」（也叫作「串列位元加法器」），控制鐘面上顯示的資訊；外形很像點唱機裡堆起來的唱片，或者也可以形容一疊金屬煎餅，很適合當機器人的早點。波伊爾說在博物館的所有展示品中，這座鐘最像十九世紀電腦先驅巴貝基設計出來的裝置；的確，今日永存鐘被封為「全世界最慢的電腦」。事實上，很難說今日永存鐘該屬於哪個時代，可以想像達文西用星際大戰裡千年鷹號的零件打造出這座鐘。

在內華達的基地裡，原始尺寸的今日永存鐘可以記錄太陽在天空中的移動路徑，自動和太陽時間保持一致，過了一千年也不會有誤差。這個設計也很復古，就像幾百年前的人會人工調整時鐘，好跟日晷上的時間一致。但是今日永存鐘無法持續靠自己運轉：需要「上發條」；刻意加入這個設計，是為了讓管理人有積極參與的感覺，不光只是被動地在旁邊觀察。其中一個目標是要培養管理人的責任心。而且，鐘內的零件也需要定期更換。

倫敦的原型已經「變成全新時間觀感的象徵」，波伊爾說：「這座鐘背後的概念除了計時外，也鼓勵我們改變人類思考以及衡量時間的方式。」

今日永存鐘的原型在一九九九年底前完成，該年十二月三十一日午夜第一次「敲響」，引領我們走入新的千禧年*。然後千年鐘聲響了兩次，開始人類的第三個千禧年。根據今日永存小組成員的構想，全尺寸的大鐘會附有圖書館，裡面儲存了上千種語言的數位資料——為了跟後代的人類溝通。

*有些人認為新的千禧年跟著二〇〇〇年開始，而不是二〇〇一年。

一九七〇年代，先鋒號太空船載著銅碟穿越太陽系外圍，成為第一個為了離開太陽系而製造出來的人工產物，從時間的角度來看，今日永存鐘的目的也差不多。銅碟上刻了裸體的男人和女人、太陽系的資料以及恰克貝瑞和其他歌手的音樂，設計要用來跟遠方的生命溝通。如果有一天被有智慧的外星人攔截到，他們就可以從銅碟上的資料來認識地球人（先假設他們的音響功能跟我們的一樣，都是伴舞的好工具）。今日永存鐘的設計則是要讓溝通跨越時代，跟太空船的使命很像。事實上可以說大同小異，因為先鋒號太空船移動的速度很慢，等到被發現的時候（成功的機會似乎很渺茫），很有可能已經過了數百萬年。要運轉一萬年的鐘讓我們不得不問，未來的文明會是什麼樣子。我們能從相似之處認出幾千年後的人類嗎？他們思考和行動的方式是否和我們一樣？也會看重我們在意的事物嗎？

窺探未來，就像睜大了眼睛想看穿濃霧；靠近自己的東西還看得到，至少看得見模糊的輪廓，比較遠的景色就消失在霧氣中。時間會讓眼前的景象變得模糊。

在有形的範圍中，馬上要到來的時刻似乎夠清楚了——掉落的槌子會砸到地上，暴風雨終將逐漸減弱。但每當我們對複雜的系統（其中必定涵蓋了人事）作出具體的預測時，就會發現自己的前瞻力受到嚴重限制。我們知道未來會有死亡，會收到稅單，但說不出誰什麼時候會過世（死亡不一定總是壞事），也不知道幾年後到底要付多少稅金。

雖然小細節不確定，但大方向或許還能掌握。比方說，推估人口數目的專家可以研究出生率，預測到了二〇七〇年，世界人口會變成九十億，達到最高峰，然後就開始滑落。我們也有把握新增的人口大多出現在發展中國家，世界上會有愈來愈多人住在城市裡。（根據聯合國的預測，到了二〇二五年，住在城市裡的人會超過百分之六十。）

要臆測具體的事件就難多了。如果說二〇一八年會舉辦世界職棒大賽和奧斯卡頒獎典禮，或許還算合理，但二五一八年呢？假設二〇四〇年美國應該會舉行聯邦選舉，但西元三千年或一萬年呢？周刊雜誌常用「二〇二〇年的人類生活」當作封面故事，模擬十年或更久之後的未來生活。但除了科幻小說的作家，誰會去思索一千年後的文明是什麼樣子？一百萬年後又是什麼樣？看得愈遠，景象愈陰暗不明。如果今日永存鐘能流傳到一萬年後（差不多是從農業革命到現在的時間長度），凝望這座鐘的人會是誰？

未來簡史

預測未來算是一種滿新的休閒活動。宗教經書上當然早已出現了預言，雖然舊約聖經的但以理書和新約聖經的啟示錄等作品其實是針對寫作當時的世界提出警語。在十六和十七世紀時，開始有人想像烏托邦的世界，尤其是摩爾的《烏托邦》和培根的《新亞特蘭提斯》。十六世紀時，法國藥劑師諾斯特拉達姆斯出版了預言合集，預測形形色色的自然災害以及戰爭和軍事入侵，所有的預言都意義模糊、沒有日期，可以有無限的詮釋方法。到了十八世紀，另一本蒐集了許多長期預測的書也由法國劇作家梅西耶於一七七〇年出版，書名叫作《二四四〇》。書中的男主角是十八世紀的法國人，他睡了一覺，七百年後才醒來。他發現二十五世紀時幾乎已經沒有戰爭，奴隸制度也遭到廢除。法國仍採君主政體，人口是原來的一倍半，巴黎也按照科學計畫進行重建。蘇伊士運河已經建造完成，人類用熱氣球（！）快速地跨越大陸。

到了十九世紀，這種預言更加流行（在十九世紀結束前，現代人口中的科幻小說文體就開始盛行）。再舉一個來自法國的例子，一九〇〇年市面上出現了一系列色彩繽紛的煙畫（譯注：舊日香菸包內所附贈的小畫片）。當時法國全國各地都在舉辦十九世紀末的慶典，製作煙畫也是一項慶祝活動，上面畫了「西元兩千年」的生活。（一九八六年，艾西莫夫的《未來世界》出版時也重印了這些圖畫。）異想天開的畫片上描繪了各式各樣的飛船和輕量的木製飛行機器，在現代人眼中似乎不堪一擊。也有很多畫了個人飛行裝置，但看起來就像黏在人體上的帆布或其他布料，應該是利用拍打翅膀的力量產生上升力。

看來製作煙畫的藝術家利用一九〇〇年的科技，想要推測未來的世界，卻完全抓不住未來一百年內快速的科技發展。飛行技術當然發展得十分興旺，不過飛機能載上許多乘客（通常數百名），還能飛越漫長的距離，則要歸功於噴射引擎和輕量的鋁合金。個人飛行裝置到目前還沒有實現，如果旅行距離不長，大多數人會開車走陸路。煙畫藝術家也顯然想像到未來的飛船會更大更好，但在一九三七年的猛烈爆炸摧毀興登堡飛船前，飛船就已經不流行了。

很多人相信比空氣還重的飛行機器絕不可能成功飛上天。一八九五年，當時擔任英國皇家學會的凱爾文爵士說機器「不可能」飛到空中；過了幾年，在加拿大出生的天文學家和數學家紐康宣稱：「用比空氣還重的機器飛行不切實際（原文照錄）且沒有意義，但也不完全不可能。」過了十八個月，萊特兄弟就在美國的吉特赫克小鎮完成第一次飛行。

到了二十世紀，最有名的負面預言似乎跟電腦有關。在一九四〇年代，IBM的董事長指出，全球的電腦市場似乎用一隻手的手指就能數得出來。一九七七年，數位設備公司的董事長奧森說：「誰會想要擺一台電腦在家裡？沒理由。」（就在那一年，個人電子處理器、坦迪公司的TRS-80微型電腦和蘋果二號電腦紛紛上市，不論結果是好是壞，從此大家都離不開家裡的電腦了。）幾年後到了一九八一年，比爾蓋茲宣稱：「六十四萬位元的記憶體應該對所有人來說都夠了。」

「負面預言」的例子可以毫無止境地繼續下去，網路上隨便一找就可以找到很多。預測未來，尤其是未來的科技，是一項非常不單純的挑戰。當新材質（塑膠、鋁、鋼）出現時，我們通常看不出有多重要。有時候新的科技就算仍以原本就有的技術為基礎，還是有可能看起來新奇得不得了（例如網際網路）。即使新的發現或發明就快出現了，想像不到的結果還是有可能帶來一種漣漪效應。福特在一九〇八年組裝好第一款量產車Model T時，誰能預測到未來會有高速公路、交通堵塞、郊區蔓延、購物中心的興起（和「大街」的衰退）、嚴重的空氣污染或全球暖化？有時候變化來得比我們想像的還快，有時候卻慢多了。像空中飛車和機器人幫傭這些產品總讓人覺得再過十年也該出來了，可是卻一直無法實現。

未來學家的話

如果今日的未來學家能表現得更好，那就有意思了。二〇〇八年初去世的科幻小說作家亞瑟·克拉克，就留下毀譽參半的紀錄。在一九七一年的短篇故事中，他說一九九四年就有載人太空船首度登陸火星，到了一九九九年他就比較小心，自己承認說「二〇一〇年能實現願望就不錯了」。本書於二〇〇八年寫成，看來我們不可能在兩年內實踐目標。（現在大家認為二〇五〇年到二〇八〇年間比較有可能。）但亞瑟・克拉克也成功預測了不少重大事蹟：他預言通信衛星可以在跟地球同步的軌道上運作，以及所謂的千禧年錯誤（還好當電腦時鐘轉到二〇〇〇年一月一日時，這個錯誤並不怎麼嚴重）。

亞瑟・克拉克最近的一些預言相較之下比較平淡，例如英國的哈利王子會成為第一個飛到外太空的皇室成員，但有些預言就比較奇特。他期望在這個世紀結束前，人類會發明出新的火箭推進系統（「太空引擎」），人類探險家用這個系統前往附近的星系，在那之前，我們已經派出機器人探勘這些星系。他說，到了那時「歷史才真正開始」。亞瑟・克拉克也預言人工智慧到了二〇二〇年就能媲美人腦，之後「地球上就有兩種有智慧的物種」，其中一種演化的速度比另一種快多了。

霍金似乎也同意，在面對不斷加速的電腦科技時，必須秉持謹慎的態度。在二〇〇一年接受訪問時，霍金說人類應該透過基因改造來改變基因的分子，才不會輸給電子敵手，不讓智慧機器占上風。他說：「真的很危險，（電腦）智能會不斷發展，然後占領世界。」

發明家兼未來學家柯茲威爾同意人類和電腦一定會「合併」。他預言在二〇一九年以前，價值一千美元的電腦運算能力就跟人腦的能力差不多。到了二〇二九，機器的意識能力也會提高。到了二〇九九年，「人類和電腦之間已經沒有明顯的界線。」

再來看看美國物理學家和科學推廣作家加來道雄的說法，他提供比較樂觀的展望。在一九九七年出版的《財富、生命與智慧，在未來二十年及之後的面貌》，他詳細地向讀者介紹科學和技術將如何在未來的一百年內改變社會。隨著物理學、生物醫藥和電腦科技的進步，他預測我們「正要經歷畫時代的轉變，**從大自然被動的觀察者變成主動的編舞師**。」（強調語氣為加來道雄自己加上）他說，到了二〇二〇年，很多癌症不再是不治之症，電腦就跟啤酒一樣便宜，到地球軌道上進行一日之旅的價格就跟飛越大西洋的機票一樣。（然而，本書寫於二〇〇八年，還有十二年的時間，有些想法可能無法實現。）不過加來道雄也承認，整體而言他的想法太過樂觀：「誰也說不準會不會發生核子戰爭、爆發致命的疾病或環境崩壞。」要真的發生這些情況，就真的很掃興了，不是嗎？

文明的終點

是的，文明的崩潰向來是學術分析和各界觀察最喜歡的主題。盤算未來無窮無盡的時間時，自然也會想到人類會不會成為未來的一份子。我們的文明會繼續向前，還是分崩離析？自從人類出現在地球上，打發時間最常見的方法就是擔心世界末日來到。古代文化中關於末日毀滅的故事不勝枚舉，我們也可以說科學革命只讓人類愈來愈恐懼：與其等待天神消滅我們，人類更有可能自取滅亡。科學的進步延長了人類壽命和人口數目，但我們也第一次看到有些做法有可能消滅全人類。生態學家考克斯把我們的情況形容成：「在知識和災難之間不斷擴大的掙扎。」從聖經到炸彈，再到全球氣候改變，我們總能找到方法來想像人類的滅亡。

過去二三十年來，又出現了不一樣的焦慮。英國物理學家芮斯二〇〇三年出版的著作《時終》一書激起不少爭端，書中概述了幾項他最關切的問題。他說，之前只有一個國家，或至少一個充滿怒氣的行政區或反叛團體，有力量掀起大規模的破壞。而隨著科技進步（尤其是生物科技），芮斯說新的時代又開始了，「只要極少數擁護尋死異端的人，或甚至只要一個滿心憤恨的人，就能發動攻擊。」

芮斯提醒我們，除了擔心像蓋達組織這樣激進的基本教義團體外，比較小的異教如「天堂之門」（一九九七年帶領教眾集體自殺）和奧姆真理教（一九九五年在日本東京地鐵發動沙林毒氣攻擊），一樣會帶走人命，還有美國奧克拉荷馬市的幾名炸彈客跟「大學炸彈客」等充滿怒氣的人，都應該是我們恐懼的對象。他強調，不需要像教派這樣有想法相同的教眾，光是一個人就可以置很多人於死地。芮斯警告我們：「到處都有滿懷恨意的邊緣人，每個人能散發出來的『力量』也愈來愈強。」

芮斯說，還有一件危險的事情，社會愈來愈合為一體，互相依賴的程度愈來愈高。災難不太可能真的只出現在「局部」，影響城市、州縣或省份的事物也會自動影響到世界上所有人的態度和行為。二〇〇三年SARS（嚴重急性呼吸道症候群）爆發就是最好的例子：從亞洲開始的傳染病一下子就傳播到加拿大最大的城市裡，電視上播出幾名多倫多人戴著口罩的影像，馬上就讓這座城市臭名傳千里。過了好幾年的時間，當地的旅遊產業才恢復原狀。

但芮斯又說，至少從長遠的角度來看，這些危險或許都只是一時的。或許在這個世紀結束前，人類文明即將延伸到地球以外。那時，不管發生的災難再嚴重，也不太可能完全毀滅人類。他認為，我們正站在時間的瓶頸上：今日的危險真的存在，而且危機四伏，但如果我們能撐到幾十年後，或許就能永久遠離危險。

憶哥白尼於柏林圍牆

要解釋人類的長遠期盼，美國普林斯頓大學的物理學家哥特提出的方法更加抽象，但一樣耐人尋味（我們在第八章探討把宇宙弦當作時光旅行的工具時，提過他的名字）。哥特用他口中的「哥白尼原則」預測人類的壽命，就此而論，也能預測所有東西的壽命。這項原則以哥白尼命名，因為這位偉大的天文學家證明了我們所在的地球一點也不「特別」，只是一顆行星，我們後來又發現，太陽也只是普通的恆星。哥特主張，同理可證，我們所在的時間也不算特別。更明確地說，如果你正好碰到某樣實體（是什麼東西不重要），你就能假設兩件事沒錯：第一，或許這東西不是一存在就被你遇上；第二，這樣東西或許不會被你遇上後就消失了。（兩者都是「特別」的時刻，根據哥白尼原則，發生的機率很低。）他認為，比較有可能發生的是，你在隨便某個時間碰上這樣東西，這樣東西已經存在一陣子，也不會馬上消失。

一九六九年參觀柏林圍牆時，哥特突然有了這個想法。牆在八年前蓋好，很多人在猜測這面牆能延續多久。哥白尼原則指出，要預測某樣東西能延續多久，最好的預測方法就是看這樣東西已經延續多久了。哥特的推論直截了當，聽了會讓人很驚訝：他假設在他參觀柏林圍牆時，有百分之五十的機率，這面牆正處於其壽命的中間一半，也就是說在牆的歷史時間線上，介於百分之二十五到百分之七十五之間。稍微算一下，他就得出結論，這面牆未來的壽命有百分之五十的機會延續下去，介於原本壽命的三分之一到三倍之間*。由於當時圍牆才蓋好八年，也就是說算出的期限是未來的二・七年到二十四年。哥特特別強調，他並未預言那面牆最終的結果，只算了何時有可能倒塌。二十年後，柏林圍牆在一九八九年倒下，符合他的預言，所以他決定把自己的想法寫出來。一九九三年，他的文章〈預測人類未來展望的哥白尼原則有何意義〉刊在《自然》期刊上。

哥特也把這個原則套用在人類身上。他把「信賴界限」從百分之五十提高到科學家傳統會用的標準，百分之九十五。技巧一樣：根據哥白尼原則，有百分之九十五的機會看到某樣東西正在其壽命「中間的百分之九十五」，亦即介於該物體歷史的時間線百分之二．五和百分之九十七．五的兩個標記之間。再來算一下數學，你有百分之九十五的信心，你看到的物體能繼續延續的壽命介於目前年齡的三十九分之一和三十九倍之間。智人約於二十萬年前出現，所以人類有可能再延續五千一百年，但或許不會超過七百八十萬年。（哥特說，這些數字符合其他人類祖先的壽命期限：直立猿人延續了一百六十萬年，尼安德塔人則有十萬年，哺乳類動物一般來說已經有兩百多萬年的歷史。）

聽起來全都有點抽象，但哥特也用這個方法預測更實際的東西（預測的難度可能一樣高），就是紐約戲劇作品連續演出的時間長度。在一九九三年，哥特預測了四十四齣百老匯和百老匯外上演劇作的停演日期，唯一的根據就是它們的開演日期。哥特告訴我，上次他檢查名單時，發現四十四齣中已經有四十齣停演了（包括音樂劇《貓》，大家都以為這齣戲應該「永遠不會落幕」），所有的日期都落在哥白尼原則信賴區域百分之九十五所算出的範圍內。

並非所有人都相信哥特的論點。高等研究院的物理學家戴森說，用「抽象的數學模型描述真實世界」時一定要很謹慎，尤其是如果我們知道某件不太可能發生的事已經發生了，「那麼所有相關事件的可能性，說不定會跟著產生劇烈變化。」看看很久以後的未來，他又提出另一個我們剛才已經聽芮斯說過的論點——事實上，我們可能活在**非常**特別的時代，也就是說人類可能就剛好活在星際旅行變得很普遍的時間之前。根據他的解釋，是否要利用這個機會又另當別論。光是知道在接下來的兩百年內「規則可能會改變」，就會牽制哥白尼原則的作用。戴森的文章說：「知道不太可能發生的事，所有的**先天**機率也跟著變了，因為脫離了某個星球的生活，就改變了生活中的遊戲規則。」

下注

要玩「決戰末世代」的遊戲，不需要擁有博士學位。二十世紀接近尾聲時，好萊塢推出一部又一部小行星造成地球毀滅的電影；而定位給高知識份子閱讀的雜誌，最喜歡的題材就是關於末日的想法，其中有宗教的也有世俗的。（宇宙碰撞尤其駭人，因為我們見證過此類的事件。比方說，六千五百萬年前，有一顆小行星或彗星撞入墨西哥的猶加敦半島，目前找到的證據十分令人信服。據說這次的衝擊造成氣候發生劇烈改變，造成恐龍和數百種其他生物滅亡。）

在西元兩千年的前夕，英國的威廉希爾博彩公司開始接受下注，讓顧客打賭世界結束的方式，總共有十幾種廣為流傳的情節（但誰也不知道世界滅亡後該怎麼領自己的彩金）。最受歡迎的是「戰爭」，賠率一比一千。氣候變化的可能性比較低，賠率一比二十五萬。更低的還有外星人入侵，賠率一比五十萬。而造出萬年鐘的今日永存基金會也設立了一個網站（www.longbets.org），提供類似的長期下注。使用者可以衡量這裡的預言，如「到了二〇三〇年，民航班機乘客已經習慣搭乘沒有機長

＊假設那樣東西已經存在 x 年了。如果你覺得它在壽命時間線標記百分之二十五的地方，從現在算起，未來的壽命就是過去壽命的三倍，也就是三乘以 x。然而，如果你已經在百分七十五的標記，那未來的壽命只有過去的三分之一，也就是 x 除以三。所以百分之五十的信賴區域（百分之七十五減百分之二十五等於百分之五十）是從長度為三分之一 x 的未來延伸到長度為三倍 x 的未來。（信賴區域為百分之九十五的論證亦同。）

的飛機」或「在二〇〇〇年活著的人至少有一個到了二一五〇年還活著」。（下注無論輸贏，所有的收益都捐給慈善機構。）人工智慧專家李維最近提出的預言或許也會成為下注的目標，他在著作《與機器人談性說愛》中預測，到了二〇五〇年，「和機器人談戀愛就像跟其他人談戀愛一樣普遍，人類常用的性行為和性愛姿勢會變得愈來愈多，因為全世界的性愛手冊合在一起，都比不上機器人能教人類的。」

預言人類社會演化的方式一定會困難重重。光看有形的系統，會不會比較簡單呢？我們在第六章講過，牛頓的定律讓我們可以預測接收力道的物體會怎麼移動，在太陽系中已經得到證明。我們也提過拉普拉斯的想法，如果我們知道有形系統怎麼運作（所有元件粒子的確切運動），就可以準確地預言未來的方向。真能清楚掌握這些運動時，就能預測未來——太陽明天會升起，二〇一七年八月二十一日會出現日食，以此類推。

但從兩方面來看，大自然會阻撓我們的努力。我們已經提過，由於量子理論的阻礙，我們連單一粒子的速度都無法清楚得知，更別說複雜的系統了。第二，複雜系統演化的方式通常和原始的狀態密不可分。（再想想看撞球比賽中的「連續得分」，在撞球出現後，有哪兩次連續得分會一模一樣？）把系統轉回去，稍微改變某個物體的位置或速度，接下來的進展又會變得不一樣。這種系統被形容成「無秩序地不穩定」。最有名的例子就是具警世意味的「蝴蝶效應」，蝴蝶在亞馬遜的雨林裡拍拍翅膀，幾個月後中國的天氣就會受到影響。（預報氣象的人在預測某座城市的天氣時，很有可能無法正確料到一個星期後的天氣狀況。）還有一個類似的說法，跟生物演化有關，古爾德認為，如果你「重播」過去數十億年來生物在地球上活動的樣子，應該根本不可能看到同樣的生物（包括智人）以同樣的方式出現。當我們思索地球的未來時，能更有信心嗎？

地球的終曲

地球的命運和太陽息息相關，這是無法改變的。天文學家鑽研恆星物理學幾十年後，現在已經能很有信心地預測太陽的命運。太陽從五十億年前開始發光發熱，或許還會繼續照耀五十多億年。然而，當太陽用完自身的核燃料，就會出現獨特的扭曲狀態。重力會先導致太陽縮小，但這會導致太陽的核心變得更熱，反而讓外層明顯膨脹。到了這個階段，太陽會變成「紅巨星」。過了幾億年（對太陽的壽命來說不算長），又會經歷另一個發熱和膨脹的階段，蛻掉外層大部分的物質，最後崩壞成所謂的白矮星。到了這時，太陽的質量仍有現在的四分之三，但已經壓縮成跟地球一樣的大小。

美國密西根大學的亞當斯和勞夫林一起著作的《宇宙的五個階段》於一九九九年出版，再沒有人像他們這麼仔細地探索地球（還有宇宙）很久之後的命運。《宇宙的五個階段》出版前，我到亞當斯在安娜堡的辦公室拜訪他，他向我詳細介紹太陽系的未來，聽得我心驚肉跳。他說，太陽一開始在紅巨星階段漲大時，就會帶來災難。在五十億年內，地球「再也不適合人類居住」。那時，空中這顆不斷逼近的大火球會「把地球整個烤焦」。太陽的半徑從現在的一百十四萬公里膨脹到一億六千八百萬公里。而地球軌道的半徑只有一億五千萬公里，聽起來的確很可怕。然而，由於太陽的重力，地球的軌道到那時也會膨脹到一億八千五百萬公里。所以脹大的太陽還不會吞噬地球。但是地球上留下來的東西都會被燒得面目全非，因為太陽光的強度會變成現在的三千倍。不過我們早在那之前就會碰到麻煩。亞當斯說：「在太陽這麼靠近地球前的二三十億年，太陽就已經夠熱了，無法控制的溫室效應會讓地球變得非常非常熱。」氣溫不僅熱到會讓積極打擊暖化的美國前副總統高爾發瘋，連海水也會沸騰，「所以在二十億年內，就生活而言，地球本身的問題就夠多了。」在最近發表的文章中，亞當斯的說法更冷酷：「根據目前的估計，我們的生物圈在三十五億年內就會滅絕，所以過了這些年後，地球上的生命就會絕跡。」

到了那個時候，毫無生氣的地球可能還會苟延殘喘一陣子。雖然地球會移到更寬的軌道上，但亞當斯說當地球通過「星流」時，也會碰到更多阻力。阻力終將導致地球的軌道崩壞，讓地球更靠近太陽，走向自己的末日。在同一篇論文中，亞當斯用兩個簡潔到令人害怕的句子描述地球的結局：「然後地球就蒸發了，殘餘的重元素進入太陽的光球層。這個時刻距今約莫還有七十億年，也就是地球下台一鞠躬的時候。」

幸好人類在地球上生存的時間僅有二十多萬年，幾千年前才開始使用科技，和幾十億年比起來真是小巫見大巫。所以，或許我們可以想像，在地球滅亡前能夠旅行到銀河系的另一端，或至少離開命數已盡的太陽系。現在，我們再來看看宇宙未來的命運。

宇宙的命運

如果我們住在牛頓的絕對空間和時間裡，想像人類和很久之後的後代會一直延續下去，時間永遠沒有盡頭，其實也很合理。但物理學家二十世紀時的新發現改變了我們的想法。二十世紀中，大霹靂模型奠定根基後，天文學教科書提到宇宙的命運時，通常有兩種可能性。如果宇宙該有的命運很不錯的話，宇宙就應該是「封閉的」：重力終究會讓宇宙停止膨脹，然後開始收縮，最後則在所謂的「大崩墜」中坍塌，也就是反向的大霹靂。如果宇宙的命運比這更悲慘，宇宙應該是「開放的」：永遠不停止膨脹，宇宙中的所有作用會慢慢按著熱力學第二定律「衰減」。宇宙會變得更暗、更冷、更不適合生物。佛羅斯特有一首很有名的詩抓住了這兩個可能性的精髓：「人言，世界將毀於火／或說，將滅於冰。」一直到了二十世紀的最後幾十年，我們也只能想到這麼多，宇宙將承受其中一種命運，但我們不知道是哪一種。但宇宙一向充滿了驚喜，在二十世紀邁入尾聲時，又給了我們一個大驚奇。

一九九〇年代即將結束時，天文學家正在研究遙遠星系的特質，就像七十年前哈伯的做法（除了其他的設備外，天文學家現在用的太空望遠鏡就命名為哈伯）。這一次，他們把注意力放在這些星系內的爆發恆星上，也就是超新星，並測量出它們的正確距離。獨立從事調查的國際團隊有兩組。其中一組叫作「高紅移超新星搜尋團隊」，由澳洲國立大學的施密特和美國巴爾的摩太空望遠鏡科學研究院的黎斯負責領導。另一個團隊叫作「超新星宇宙論計畫」，由美國加州勞倫斯柏克萊實驗室的普密特帶領。兩個團隊比較了遠方星系的運動對靠近地球的星系有什麼影響。結果令人十分意外。宇宙除了不斷膨脹外，也在持續加速。

看來宇宙在七十億年前一直在減速，之後又進入了有史以來最為迅速的膨脹階段。宇宙加速的可能因素為何？大霹靂的推力無物能夠倖免，但重力的力量應該會減緩膨脹的速度，宇宙也應該慢下來。天文學家和物理學家的結論是一定有某種能量能抵銷重力，這種力量真的會加大星系之間的距離。我們都不知道這到底是什麼，現在只能稱之為「暗能量」。早在一九一七年，愛因斯坦提出他的「宇宙常數」時，他說有一種能量和空間有關，很有可能就是這種暗能量。假設果真如此，那麼他「畢生最大的錯誤」事實上反而是超乎想像的遠見。

然而，即使暗能量就是愛因斯坦的宇宙常數，還有其他的問題。物理學家沒有辦法解釋暗能量的確切來源，也不知道為什麼這種能量有特殊的強度。（科學家根據目前所知小於原子的粒子和量子理論，努力推算暗能量的強度，得出的值大到無法想像。）暗能量的本質仍是當今物理學界最深奧的一個謎。

黑暗的能量，黑暗的未來

我們只知道暗能量有一個特質——傳送出來的額外「推動力」確保開闊的宇宙會繼續膨脹。今日的天文學家凝望宇宙的另一邊，看到聚集成團的星系，這些星系團又組成超級星系團。超級星系團看起來就像串在巨大的弦狀細絲上，這些絲線橫跨宇宙中數億光年的距離。重力打造出這些結構，但暗能量卻會造成擾亂。

在命運的安排下，亞當斯出版了《宇宙的五個階段》，然後施密特、黎斯和普密特才公開他們的發現。暗能量的出現對亞當斯的預測有什麼影響？

「或許最重要的最新消息是我們現在『知道』宇宙正在加速，」亞當斯用電子郵件告訴我（用引號來強調實際上在科學的領域中，絕對沒有百分之百可靠的結果），「既然宇宙膨脹的速度不斷加快，基本上就不會再形成新的宇宙結構。」換句話說，這些星系團和超級星系團以及弦狀細絲就是宇宙演化的盡頭。亞當斯說：「現在宇宙中所有的東西再也不會變多了，就這麼多。」

由於暗能量的作用，這些巨大的結構會慢慢瓦解，宇宙最後也會變得跟現在完全不一樣。在剛開始的幾兆年內一切看起來還算正常，恆星繼續發光，它們庇護的行星可能正好適合人類居住。亞當斯稱之為「群星遍布」時期，正是我們當下所在的時期。

然而，到了最後，恆星的核燃料會耗盡（或許在過了一百兆年後），新星也無法形成。群星遍布時期步入尾聲，我們會進入亞當斯口中的「衰退時期」：宇宙中最顯眼的物體都會變成「衰星體」，基本上就是不再閃亮的恆星耗盡能量後的核心。普通的恆星都已經演化成白矮星，而比較重的恆星則會變成極度稠密的中子星或黑洞。（偶爾會有兩顆白矮星相撞，導致超新星爆炸。亞當斯算出來，在殘餘的銀河系中，每隔一兆年就會發生一次。每顆超新星都會燦爛發光好幾個星期，最後衰退成退化的核心，和其他類似恆星的物體一起留在宇宙中。）

亞當斯提醒我們，這些殘餘的星體終究也不值得留念。過了一段漫長到令人麻木的日子後，白矮星和中子星會透過「質子衰變」的作用完全瓦解，所有的固體都屈服在輻射線之下。（我們仍無法推算質子的壽命，但最可靠的估計則介於十的三十次方到十的四十次方之間。*）衰退時期就此結束，之後，宇宙中留下的大型結構只有黑洞，我們也會進入名副其實的「黑洞時期」。

---

*這幾個數字都很大，但別忘了宇宙現在的年齡也只有十的十次方。

我們的宇宙和物理定律所能打造出的物體中，最持久的就是黑洞。宇宙不斷膨脹，時間永無止境，但黑洞也必須屈服。黑洞最後會因霍金輻射（一九七四年，霍金率先提出這種量子力學的作用）而揮發消失。質量跟太陽一樣大的黑洞能夠持續十的六十五次方年；超級巨大的黑洞或許能持續十的一百次方年（或許看了很眼熟，這個數字叫做「古戈爾」（googol）：一後面跟了一百個零，也是知名搜尋引擎公司Google命名的由來）。

等到最後一個黑洞在霍金輻射中飛灰煙滅，宇宙裡幾乎什麼都沒有。只留下一團團稀疏的基本粒子，在冰冷平凡的真空中無盡地漂流。亞當斯把這最終的時期稱為「黑暗時期」*。

如果我們能有辦法把自己送到很久以後的「黑暗時期」去，我們會看到什麼？「不多。宇宙會變得非常黑暗、非常模糊，」亞當斯說，「只剩下相當迷濛的粒子『湯』。主要是基本的粒子：電子、正電子、微中子和光子，或許還有其他超出我們知識範圍的東西。」亞當斯解釋，在物質如此稀薄的環境中，也不太可能發生什麼作用。偶爾電子可能會跟正電子結合，形成「正子─電子偶」的原子，但連這種物質也終將瓦解。電子和正電子也可能直接毀滅彼此。亞當斯說：「除了這些微乎其微毀滅活動，宇宙幾乎沒有能量，整個寂靜無聲……宛如黑暗的海洋。」

艾略特的形容或許比佛羅斯特更貼切：「世界就會如此終結／沒有隆然巨響，只有一聲悲鳴。」

天文學的結局

宇宙慢慢地衰退成永恆的黑暗，比這更令人沮喪的現象似乎不太可能。但是我們現在就要舉個例子，由於暗能量的推力絕對不會讓步，很久以後的未來，當人類仰望天空，就不會像現在看到這麼多星星，那個時候的天文學家無從得知從前曾有這麼廣闊複雜的宇宙。

重力會把銀河系和最靠近的鄰居仙女座星系拉在一起，再加上稀稀落落的「矮星系」，組成所謂的「本星系群」。比本星系群更遠的數十億個星系並不靠著重力跟我們連在一起，暗能量驅動的宇宙膨脹最後會把這些星系推到我們的視線範圍外。最遠的物體會最先消失，正如亞當斯所說：「掩蓋在宇宙地平線後方。」比較靠近的星系則會步上後塵，一個一個消失。

約莫再過一千億年，就連室女座星系團（本星系群外離我們最近的星系團），也會從宇宙的地平線上消失。我們會跟宇宙的其餘部分完全隔開，除了組成本星系群的幾個星系，從望遠鏡看出去，只能看到一片黑暗。其他的星團也面臨同樣的命運，和最靠近的鄰居完全分離。如果在這些地方也有天文學家，他們的望遠鏡看出去也什麼都沒有。康德幻想的「宇宙孤島」將會真正實現**。

從本星系群仍可看到一些活動，我們的銀河系和仙女座星系目前正朝著彼此移動，預計過了

---

*亞當斯的書名是《宇宙的五個階段》，我講了其中的四個。我們現在的「群星遍布」是第二個階段，第一個階段是「太初時期」，大約涵蓋宇宙歷史剛開始的一百萬年，從大霹靂到恆星最初開始成形。

**有一個說法可以解釋這種消失的現象，這些星系彼此遠離的速度比光穿過其間距離的速度更快。（聽起來似乎違反狹義相對論，其實不然，太空本身的膨脹會拉開星系之間的距離。）同理可證，可以說星系的光線紅移程度太嚴重，以致無法偵測。

六十億年後就會結合在一起。（結合後大多數的恆星都不會直接受到影響，因為恆星彼此之間的距離遠超過個別的直徑，一般不會碰撞在一起。）過了很久的時間後，銀河系、仙女座和其他本星系群的小星系就會結合成龐大的星團。

本星系群形成獨立的宇宙後，天文學家可以把望遠鏡瞄準「本地」的目標，但無法察覺宇宙整體的結構。克勞斯和同僚最近提出主張，等到了那個時代，天文學家得費盡千辛萬苦，才能推論出曾經發生過像大霹靂這樣的事件，遙遠的星系紅移到看不見的地方，哈伯在一九二〇年代的發現從此已成絕響。同時，宇宙微波背景輻射也會遭遇相似的命運：當宇宙微波背景輻射被延伸到更長的波長，來自其他來源的輻射就無法接收到信號。克勞斯說那個時代的天文學家會被遭到誤導：「在觀察宇宙的現象時，他們可能做出錯誤的結論。宇宙看似靜態，其實這個想法大錯特錯，因為宇宙膨脹的速度快到讓他們無法觀察。」

這會帶來不少的麻煩。想到我們現在擁有的知識過了很久之後居然會消失，自然很令人氣餒，或許我們會因此為了保存知識而不計一切代價。也會讓我們思忖，人類對眼前景物的詮釋可信度應該有多高。另一方面，一定會有相關的科幻小說出現，故事還挺有說服力：甲文明宣稱他們畫出了全宇宙的地圖，卻遭到乙文明的挑戰，乙文明流傳下來的古老紀錄雖已蒙塵，但上面的夜空更加精采，描繪出更無窮大的宇宙，可惜早已失傳……

生命的盡頭

我們看到宇宙注定將如何在黑暗中結束，宇宙中的生命又將面對何種命運？熱力學第二定律似乎也指明了我們的命運。在開放的宇宙中，所有的實體、生物、想法都必須走到盡頭。哲學家羅素曾說：「世世代代的努力、奉獻、鼓勵、最光輝燦爛的人類天賦，最終的命運都是滅絕……人類成就的殿堂最後必定會埋葬在宇宙廢墟的破瓦殘礫下。」

然而，在一九七〇年代末期，戴森提出一個解決之道：他用更簡單的說法把「生命」形容成能夠處理資訊的生物。由於處理資訊需要能量，也會產生熱能，不斷膨脹的宇宙要讓這種系統保持運作，提供的有用能量似乎會愈來愈少。戴森認為生命實際上可以無止境地「休眠」。他主張，只要能延長休眠期，也就是降低生物的「新陳代謝」，生命或許就能永遠延續。

但是發現了暗能量後，戴森的策略或許就失效了。物理學家克勞斯和史達克曼在一九九〇年研究這個問題，發現生命的確有問題。他們推論說，生命需要能量，在不斷加速的宇宙中，集中和控制那股能量就會變得愈來愈困難。在我們各自的「宇宙孤島」中和宇宙的其餘部分愈隔愈遠，能用的資源也受到嚴格的限制。根據兩位科學家的理論，在資源有限的情況下，任何生物（或對等的機器）都只有有限的記憶，「最後會遺忘舊有的想法，以便增加新的想法。」他們認為，有限的知識就表示有限的想法。到了最後，能夠思考的生物除了不斷產生同樣的想法，似乎別無選擇。「永恆會變成監獄，而不是範圍無限擴張的創造探索空間。」到了最後，「從有形的化身而言，生命必須走向盡頭。」

生命、宇宙和萬物的展望果真如此，感覺並不怎麼美滿，但或許我們可以從中領走一些正面的想法。首先，眼前還有幾十億年的時間，可以做很多善事，我記得沙根在他的電視節目「宇宙」快播完時也說過類似的話。此外，人類有限的大腦竟然也能想到這麼久以後的事情，還有那麼一點信心，也實在令人佩服。我也不懂，我們怎麼能看得見未來過了數十億年又數十億年後的宇宙命運，卻看不清楚幾個世紀後的人類文明。

或許後代子孫會聚集到內華達的沙漠中，滿心敬畏地站在今日永存鐘前，就像現代的遊客站在埃及的金字塔前，感到自己的渺小。或許不然。這項充滿野心的計畫成果能延續多少代，誰也說不準。物理學家兼作家班佛德就是一個例子，他懷疑偉大的萬年鐘不到一萬年就會宣告死亡。他說：「第一批經過的飛車族就會把這座鐘的原型『太漂亮』，他希望要放在沙漠裡的正品沒這麼閃亮。他覺得這座鐘座鐘毀了。如果造得沒那麼漂亮，應該能更耐久。*」作家海斯更不以為然，如果我們竟然假設萬年後的文明仍跟我們有同樣的價值觀，甚至一樣想要記錄時間，等於犯了一個叫做「時間殖民主義的毛病，限制後代子孫要維護我們流傳下去的系統。」海斯承認，考慮對後世子孫最有益的做法的確很高尚，但我們怎麼能猜得到幾代之後的人到底想要什麼。他寫道：「假設我們這一代的價值觀體現了永恆的真理和美德，很愚蠢也很自大。據我所知，未來的人類會感謝我們燒光了有害的汽油，又咒罵我們根除了天花病毒。」為了避免到了西元九九九九年的最後一天人類會面臨「一萬年」危機而用五個數字編年，海斯認為這個想法也很偏執。他說四個數字就夠了。「如果我們養成習慣，造出的機器都要用到一萬年以後，或者把電腦程式編寫成可以容納五位數字的年份，我們根本沒幫到後代子孫的忙，只是在滿足自己的狂想。」

沒錯，海斯指出在過去幾百年，人類也懷抱著崇高的希望造了其他的鐘，希望它們能運作跟一萬年一樣漫長的時間。原本於西元十四世紀打造的斯特拉斯堡大教堂內的大天文鐘就是一個例子。過了兩百年，有一組人受雇修復這座鐘的機械裝置，可是他們卻造了一座新鐘。到了十八世紀又來了一次大修，匠人並未修復舊有的機器，反而裝了新的機心進去。今日永存鐘雖然展現了無比的雄心，但海斯卻懷疑還不到一萬年，就會有人進行類似的改頭換面工作。全尺寸的正品和原型至少會有一個很重要的差異。我前面說過原型鐘「每天敲兩次」，有三股分叉的鐘擺「來回轉動」，但我應該要說，這座鐘**會**運轉，鐘擺也**會**晃動，彷彿真在運作。

很明顯地，今日永存鐘從美國加州運到英國時就已經停下來，放在科學博物館後也並未恢復運作。我去參觀時這座鐘整個停住了，在二〇〇八年初也一樣。今日永存基金會的發言人說，包住鐘的玻璃箱也是一個原因，很難幫機心上發條。他說：「我們的目標是要裝有馬達的上發條和驅動裝置，就不用打開玻璃箱了。」我不清楚這個目標什麼時候才會達成。

在目標達成前，那座要訴說萬年故事的鐘只能默不吭聲。

＊班佛德在著作《深邃時間》（一九九九年出版）中用另一個令人稱奇的例子，說明我們無法和後代溝通：有些好心人為了後世的利益，封了很多「時光膠囊」，裡面放了具有時代特徵的物品，通常也會埋在地下，結果現在都找不到了，不是沒設立「記號」，就是忘了膠囊埋在哪裡。他指出，美國加州可樂納市的居民過去五十年來共埋了十七個時光膠囊，後來全部不知所終。

第十二章　虛幻和現實

物理學、哲學及時間的風景

時間宛若攜我前行的長河，但我就是河；好似吞噬我的老虎，但我就是虎；亦如燒乾我的烈火，但我就是火。

波赫士

時間是幻覺。午餐時間更是雙倍的幻覺。

道格拉斯．亞當斯

時間之旅進行到現在，我們從不同的角度窺探時間。有些人認為時間是絕對的，有些人認為是相對的。有人覺得時間是一條線，有人則覺得是一大塊。還有人想把時間折回原點，繞著圈圈在時間中旅行。我們也設想過最早感受到時間流動的人過著怎樣的生活，還有人學到了把一秒鐘切割成數十億份。在現代科學能夠涵蓋的範圍內，我們看到了時間的起點和終點。

但關於時間的本質，還有最基本的問題尚未得到解答。首先，時間「流動」這個麻煩的問題還沒解決。時間真的以有形的方式「流逝」嗎？這個古老的問題不是開玩笑，始於巴曼尼德斯和赫拉克利特斯彼此衝突的看法，偉大的思想家奧古斯丁、牛頓、康德和愛因斯坦都百思不得其解。時間難道是變化的同義詞嗎？會不會是更基本的東西呢？難道有了神祕的時間，才可能有變化，宇宙才有可能奠定根基？還是正好相反——我們再怎麼愛說「時間的長河」，河道有可能是乾的，流動也只是幻覺？（如果說討論流速沒有意義，這條河又怎麼能流動呢？）如果流動只是想像，「過去」和「未來」隨之乾涸，只留下一連串的「現在」，就像巴伯和其他大膽的思想家所說，每個「現在」的立足點都一樣嗎？

或許幾百萬年來的生物演化，加上數千年的文化和語言演進，引導我們想像出這種實際上不存在的流動。這個問題只能讓心理學家和哲學家來提供答案。或許就和心理學跟哲學其他的偉大問題一樣複雜和艱難，比方說「自我是什麼」和「意識是什麼」。

心智和頭腦

時間流動是不是我們的大腦從一團感官資料中組合成形，然後當成真實物品呈現給我們的東西？這個作用是否非常有效，讓我們以為成品一直「就在那兒」？對某些思想家來說，「自我」本身就是這麼建造出來的，如果還有其他這麼豐富的認知結構，時間或許只是其中的一小部分。

美國加州大學聖地牙哥分校的哲學家丘奇蘭認為：「在本質上，自我是大腦構造出來的東西。」自我是「仰賴大腦的真實組織網路，用來監督身體的狀態、設定優先順序，並在大腦內建立區隔，分開內心世界和外在世界」，她說一個很簡單的例子就是視覺感知。我們「看見」二維的世界（一隻眼睛看到一個二維影像），但大腦會收集資料，打造出三維的影像，這就是我們感知到的。丘奇蘭寫道：「大腦會建造一系列『了解外在世界意義』的神經工具。一個就是未來，一個是過去，還有一個是自我。」她強調，自我（以及過去或現在）並未因此失去真實性，但她認為這些東西都是我們使用的「工具」，而不屬於外在的世界。

物理學家和作家戴維斯的想法也差不多。我最近和他在美國鳳凰城見面，他在亞利桑那州立大學校園內新成立的「遠方」研究中心當主任。（七月的紐約就夠熱了，九月的鳳凰城更像火爐。他們在書店前裝了高空灑水器，下課時提供片刻的清涼，這還是我第一次在校園裡看到這種景象。）一九九五年，戴維斯寫了一本關於時間物理學的書，書名叫作《關於時間》，內容詳盡且充滿真知灼見。他在這本書跟無數的論文和文章裡都主張時間的流動只是幻覺，接受訪問的時候，他也非常堅持同樣的立場。

「時間的流動、時間的移動、過去現在和未來，或者當下，都沒有對等物，」他告訴我，「這些都不在物理學裡。」因此，「很容易相信這只是心理學和語言的產物，跟實體世界的本質其實沒什麼關係。」

我們覺得時間的流動屬於「常識」，但戴維斯說，我們的常識跟直覺都是生物演化的產物。「演化除了塑造形體，也塑造心智。所以我們常用某些方法來詮釋世界，某些概念也讓我們覺得比較自在。」看來我們早已習慣這種想法，認為時間是一種會流動的東西。因此他說，像時間流動之類的觀念，即使沒有物理學的基礎，也會「干涉我們對世界的看法。」

我不知道西元前五世紀的奧古斯丁那時在想什麼，他說時間流動並非來自外在世界的感知，而是心中的想法：「衡量時間，就在我的心裡……有事發生，就在心裡留下印象……我衡量的，就是這些印象。因此，這東西本身就是時間，否則，我根本無法衡量時間。」過了一千三百多年，康德的想法也差不多：「時間的想法並非來自感官，而是感官作用的前提，」這就是他的主張，「時間並非客觀之物，不是物質，也不是機遇或關聯，而是一種主觀的條件，必須歸因於人類心智的天性。」

如果時間的流動純屬幻覺，大腦也對心智玩了其他的花招。戴維斯用坐在辦公椅上的小孩當作例子：他轉啊轉，轉了一會兒才停下來，卻覺得房間好像繞著他轉。但小孩知道事實並非如此：這是幻覺，過了幾分鐘就會消散了。戴維斯說時間的流動或許也是同樣的幻覺，只是更為根深柢固。

但我們仍想知道「流動」的概念從何而來。戴維斯提到：「這個幻覺需要立刻找到解釋。」他認為，合理的解釋「可能來自心理學、神經生理學以及語言學或文化研究。」

時間的演化

當然有人根據專業知識作出猜測。前面提過潘羅斯努力鑽研不同時間之箭的關聯。美國麻省理工學院的物理學家賈菲懷疑，熱力學的時間之箭和心理學的箭有關係。他最近跟我說：「我覺得人類對時間的體驗基本上來自熱力學。我們察覺到的記憶和經驗，以及對未來的期望，都來自大腦這種物理化學環境中的資訊貯存、處理、衰退和熵生成。」

大腦的確會把資訊搬來搬去，是否和電腦移動資訊的方式類似，一直是大家爭論不休的問題（潘羅斯屬於強烈**反對**這個說法的一派）。最近也有很多人提出論據，認為資訊理論總有一天會幫助我們了解物理學定律以及意識的本質*。雖然還無法證明，但如果這個論據能解釋時間表象流動的來源，就很值得鑽研。

也有人從演化的觀點探討這個問題。面對時間的流動，老祖宗跟現代人的想法相去甚遠，隨著時間過去，我們的世界觀跟著演進。在大腦發展時，世界觀也一起發展。無時無刻，來自四面八方的新資訊不斷地轟炸（形狀和顏色、不同層次的光影、聲音和氣味等等），我們的大腦亦有方法整合所有的資訊，鍛造出合理的生活寫照。如果失去這種能力，源源流入的資料所造成的混亂會讓人無所適從。相反地，我們能建構出「場景」。生存價值當然是主因——我們不會看見一雙露出兇光的眼睛以及黑黃相間的條紋；我們看到「一隻老虎」，當然拔腿就跑。

時間流動也是類似的構造嗎？愈來愈多的思想家提出類似的結論，和霍金合作「宇宙無邊界」說法的物理學家哈托（第十章）也是其中一名。他寫道：「我們強烈地感覺到有『現在』以及時間從過去『流過』現在通往未來，都跟生存價值有關。」他也希望，如果能確定演化對人類感知設下的約束，就能幫我們了解時間的真正本質，或許也需要借助資訊理論。很簡略地說，他認為會收集和使用資訊的實體（包括人類的大腦）剛開始都把資訊放在「輸入暫存區域」，然後傳送到「記憶暫存區域」，釋放輸入區域內的空間。暫存區域之間的資訊傳送不知怎地「感覺」就像是時間。哈托說：「資訊從一個暫存區域流動到另一個，人腦內也會出現類似的作用，最後就帶給我們時間流動的

---

*有兩本趣味盎然的書在二〇〇六年出版，都探討這個想法，分別是席夫的《解讀宇宙密碼》和羅伊德的《宇宙的設計》。

感覺。*」

此外，賈菲說，我們還不知道實際的機制有哪些細節，「或許是種複雜到難以置信的一體化流程。」我們對時間流動的感覺，「是根深柢固、與生俱來適應演化的結果，帶有基因的生物（我們人類的老祖宗）處在毫無秩序的環境中，人類一開始面對物競天擇就已經繼承了這個結果。」

眼見可否為憑

大自然呈現的幻覺不只一種。早在數千年前，就有人凝望獵戶座的眾星，看到威風凜凜的獵人。到了今日，我們可以品味那景象代表的神話，同時在冬季的傍晚觀賞燦爛恆星的壯麗景色，但我們現在明白了，獵人只活在我們的想像裡。我們也打破了很多相關的錯誤觀念，比方說地球是平的、天空是個大圓頂，以及太陽繞著地球轉。除此之外，許多類似的錯誤觀念會出現，只是因為我們從有利的特定位置觀察宇宙，可以稱之為「看法的幻覺」。

也有一些看法可以稱為「詮釋的幻覺」。數百年來，周遭的動物和植物總讓我們嘖嘖稱奇，覺得設計非常精巧，動植物的活動會讓我們想到製造精細的機器（比方說時鐘），便想像一切都來自神聖的鐘錶匠。但達爾文的理論出現後，我們才發現自然作用有多麼複雜，也明白了其實不需要一位看不見的鐘錶匠。

第三種看法可以叫作「萌現的幻覺」。再回到我們前面提過水的「溼度」。我們現在知道要有幾百萬個水分子聚集在一起，溼的感覺才會萌現，單獨的水分子沒有這種特質。（你也可以說，有知覺的人才能**體驗**溼的特質。）物質的「硬度」也是類似的幻覺，原子物理學告訴我們，石頭大部分是真空，但我們渾然不覺原子核之間的大片空白。從宏觀的角度碰觸石頭，就會感覺到石頭的硬度。

我們或多或少都學會了活在這些幻覺下。我們花了好幾百年（或好幾千年）的時間學習，但現在我們能辨別出幻覺，繼續日常生活。我們仍會教小孩辨認天上的星座（如果自己能認得出來，也很幸運地正好在沒有光害的地方），但現代的小孩知道天上的獵戶不是真人。我們可以用比喻的方法討論人眼的「設計」，但內心也明白這跟車子的設計不一樣。不溼的水也不太可能構成問題，去掉溼的特質，仍留下彼此推擠的水分子。就我們對水的了解，這沒什麼大不了，只是拐彎抹角地提醒我們，人類對「溼」的感知要視很多條件而定（最重要的是，那只是一種感覺）。

如果時間的流動是幻覺，似乎比其他的幻覺更加深刻。物理學家可以告訴我們時間在大霹靂的那一刻「萌現」，但時間的萌發似乎比水的溼度或石頭的硬度更令人困惑。去掉水的溼度雖然沒問題，但去掉時間的「流動」卻讓人無所適從。如果時間不流動，那我們到底還有什麼？還能認得出時間就是……**時間**嗎？

如果說時間不是宇宙的基礎，這個概念很難讓人接受。但從二十世紀初，我們不得不放棄牛頓的絕對時間和空間，採納相對論和量子理論，接下來這一百年來的科學研究也提出了很多讓人難以接受

＊哈托點出言外之意，我們碰到的外星人或許會有跟人類一樣的時間觀念，「也有過去、現在和未來的概念，以及時間流動的想法。」

的說法。四維的時空很難想像（不管是什麼，只要是四維就很難想像），當下死活狀態不分的貓咪，以及特質和遙遠的粒子具有神祕關聯的粒子，都落入難以想像的範圍。時間不是大自然的基本要素，這點算是**非常**難以想像。格林恩哀嘆：「每次我坐下來闔上眼睛，想要描繪某個東西不會占用空間，也不想感覺到時間的流動，總是無法達成期望，甚至跟期望差得遠了。和環境有關的空間，或和變化有關的時間，總是能滲進來。」我又想起兩千三百年前亞里斯多德講的話也有異曲同工之妙：「即使四周一片黑暗，我們的肉體也不受干擾，如果心裡想到什麼事情，我們就會馬上覺得時間也悄悄地流逝了。」

哲學插曲三

這個特別的維度最耐人玩味的特質是我們不太明白哪一門學科「負責」研究第四維。我們已經看過，要努力釐清時間的意義，除了物理學，還牽涉到心理學、語言學、人類學、神經科學和認知科學，當然少不了哲學。就連這些學科也彼此牽連，沒有清楚的分界。我們也看到了，像記憶的演化這麼特別的問題，自然涵蓋了不只一門學科。

在本書中我主要從物理學的角度來討論，但哲學的分支叫作形上學，偶爾也會違反傳統的物理學（或有些說法會彼此重疊）。討論到現實的終極本質、心智的本質和宇宙的起源時，我們多半把這些問題形容成形上學的問題。但是我們看過，科學家也會鑽研這些問題，也有不錯的成果（像我們在第十章看到的），尤其在討論宇宙起源的時候。

看來不論是什麼學科，學者都可以鑽研時間的問題。或許物理學家的進展最為實在，但每個人都可以提出意見。在哲學界，關於時間的辯論仍跟以往一樣激烈。只要有心，人人都可以探索「時間之箭」、感覺得到的時間「流動」和時間特有的本質。

在哲學期刊中，一篇又一篇的論文討論的問題可追溯到亞里斯多德的時代（有時候還更早），但搭配了新的科技素材或惑人的修辭，就連最古老的問題都讓人耳目一新，覺得再不正視就糟了。比起物理學期刊中呆板的寫作風格，哲學期刊通常會給人熱烈激昂的感受。

過去幾年來，素負盛名的英國期刊《哲學》刊登了不少當今重要思想家有關時間本質的論文，一般都很難懂、滿篇爭論，甚至語氣也不太友善。牛津大學的達美特和東安格里亞大學的瑞德最近的意見交流就十分火爆。達美特寫了一篇文章〈時間等於連續不斷的頃刻嗎？〉，正式掀起戰局，他討論的問題從亞里斯多德和奧古斯丁以來就一直是各代思想家的困擾。瑞德回應時宣稱：「我們不清楚人類怎麼能把不占時段的頃刻累進成連續體。這個概念就像用沒有維度的點構成一條線。」（他的論文標題很精采：「時間是什麼？」是個好問題嗎？）達美特猛烈抨擊瑞德，說他「看來不明白」連續體的意思，並舉出一組實數當作反例*。過了幾頁後他說：「瑞德博士似乎發狂了，到處亂揮拳，不知道他的對手站在哪裡。」在另一次提出抗辯時，瑞德說達美特，「面對無可避免的觀念**不夠認真**，時間是**概念性**的，不單是我們能在宇宙（組織）中**找到**的東西。」誰知道哲學居然會跟劍術這麼相像？

---

*實數包含數線上的所有數字，不光是整數，還有整數之間無限多的分數，包括像圓周率 π 這種「無理」數。

物理學家對這種爭論有沒有興趣又是另一回事。過去幾年來跟無數的物理學家談過話後，我的結論是他們大多沒有特殊的興趣去探討辯論的哲學層面（在自己高度專業的領域中要讀過所有的文獻已經夠花時間了）。瑞德這位哲學家也勉強承認：「在物理學中，『時間』就是時間，哲學永遠無法成功預測物理學的走向，根據我的猜想，甚至一點用也沒有。」

但哲學家或許某個方面超越了物理學家，他們懂得向後退一步，努力地綜覽全局。哲學家魯卡斯在著作《時間和空間的論文》（一九七三年出版）中盡全力解決組成時間問題所有的複雜因素。他完全了解當我們思索像時間這麼難懂的謎題時心中會浮現哪些固有的矛盾說法；跟奧古斯丁一樣，我們認為我們知道時間是什麼，但想用言語表達時，心理和語言卻都陷入狂亂。魯卡斯寫道，當我們聽說時間是永恆的動態影像、心理的延伸、事件的順序、鐘錶上的數字或第四個維度時，我們「禮貌地聆聽」。「但雖然禮貌地聆聽，我們卻無法全心贊同，」他說，上面的定義都無法捕捉時間的精髓。「我們說不出時間是什麼，」魯卡斯覺得很沮喪，「因為我們早就知道了，而人類語言卻永遠追不上我們已經知道的東西。」

凱撒還活著？

對大多數人來說，要把時間的流動歸類為純粹的幻覺，需要違反直覺，培養出全新的思考方式。我們看過其中幾個最令人困擾的問題，比方說自由意願會遭到否定。如果在宇宙中，每個「現在」都具有同樣的地位，或許也有積極的一面。根據某些思想家的說法（包括我們在第六章提過的巴伯），這個想法蘊含了永垂不朽的信念。

親人朋友過世，為什麼會覺得難過？這個問題有很多答案，但究其原因，想到死去的人從此不存在，就會令人憂傷，他們的功績和悲劇都變成過去式，未來沒有他們的一席之地。正如哲學家羅克伍德說，我們會有這種感覺，「因為我們本能認為存在——充滿精力的存在，就等於當下的存在，就在現在這個時刻。」

在現代物理學不分時制、沒有「現在」的區塊宇宙中，可以用悲慘程度大幅降低的新觀點來看待死亡。過去的事件就跟現在的事件一樣真實，所以已經「結束」的生命就某種意義而言，只是換了位置，換到「區塊」上比較遙遠的區域。（從這個觀點來看，生命的「結束」的確就像亞利桑那州的領域在新墨西哥州的邊界上「結束」，但亞利桑那州並沒有「去」其他地方。）羅克伍德寫道：「從這個觀點看來，不活在**現在**、但活在過去或未來的人，感覺就像不活在**這裡**、但活在其他地方的人一樣真實存在……在這個觀點中，死亡並非刪除某人的存在。而僅僅是一次事件，標記此人朝著一個（類時間的）時空方向延伸的最終界限，就像人的皮膚標記其他（類空間的）方向的最終界限。」如果我們認真地從這個觀點來思考，所愛的人即使已經去世，也應該把他當成「依然」活著，就像住在遙遠國度的朋友也還活著，只是聯絡不到（在沒有電話和電子郵件等工具的情況下）。羅克伍德說：「愛因斯坦鼓勵我們把活在過去的人當成跟活在遠方的人一樣，存在於時空中，跟我們一樣有血有肉。只是他們跟我們住在連續體的不同地帶內。」

我們前面看過巴伯用他的「柏拉圖尼亞」概念，張開雙臂擁抱這種類型的「永生不死」（如果可以用這四個字形容的話），用「柏拉圖尼亞」這種新方法來描繪時間，每個「現在」都獨立存在。到英國的南紐英頓拜訪他時，我問他凱撒大帝是否就跟我們兩人一樣還活在這個世界上，他給我肯定的答案。我告訴他我不同意，凱撒已經死了，他的肉體早就化為塵土，結束了。有宗教信仰的人或許會說他的「精神」還在云云，但他並不像我們說的「活著」一樣活在世界上。

巴伯不為所動。

我懷疑我們只是字面上出現歧義，我問他是否相信凱撒大帝「真的活著」。我活著，因為我具備某些特質，那凱撒也有這些特質嗎？巴伯回答：「我認為沒錯。我也會說，你跟我在生命的早期階段就跟現在的你我一樣，都活著。」

我很想相信他的話。

我費力想像，十二歲的我依然「存在」，滿腔熱情地把玩他的（我的）第一台相機，是慷慨的祖父給的那一台柯達軟片機……或是二十歲的我苦苦掙扎讀懂第四年的量子物理學，一大堆晦澀的等式……但我做不到，「他們」都消失了，「我」卻還在這裡。要想像五十歲或六十歲的我也「存在」，更是難上加難，他們的時代會來臨（我希望會），但似乎只有「我」存在於「現在」。

別忘了，如果我們採納巴伯的見解——所有過去和未來的「你」都跟現在正在讀這個句子的「你」一樣真實——那麼曾經活過的人現在仍「活著」。根據這個看法，希特勒和史達林也跟其他人一樣「活著」。這感覺利弊難斷，想到所愛的人仍活著（在時空或柏拉圖尼亞的某處，就是「沒有現在」的場所中），似乎就能得到安慰，但想到帶來苦難不公的情況仍在進行中，一定會讓我們覺得痛苦。巴伯不喜歡這種說法，說某件事「仍在進行中」、「正在發生」或「正在繼續」，因為這麼說就會給人時間正在流動的錯覺。他比較喜歡說這些事件「存在」。

這個關於存在的觀點很值得注意，實在很難懂。我想我懂了，但是不覺得我能贊同。巴伯呢？當然他一定也跟其他人一樣，感覺得到時間流動和流逝，不是嗎？

沒錯：他承認在這方面他跟其他人一樣。巴伯說：「我的生活跟其他人沒什麼兩樣。」儘管如此，懷有這些脫離正統的時間觀點，或許也對他有益。「我覺得我的理論讓我比很多人更珍惜每一個剎那。」他告訴我，他不在乎要跟別人鬥個你死我活。的確，很難找到像南紐英頓這樣遠離都市塵囂的地方。如果（起碼在英格蘭）要找個避開現代社會壓力的住所，這裡就是最好的選擇。巴伯補充道：「我真的認為世界太美了，太有意思了。我要盡我所能品味一切。」

在加拿大多倫多談時間

巴伯的想法脫離了主流，但他也有自己的追隨者。至少他啟發了新一代的物理學家，他們很敬佩巴伯能用新的方法思考古老的問題。

位於多倫多滑鐵盧的圓周研究所主要研究理論物理學，在這裡工作的物理學家施莫林也是巴伯的追隨者（我們在第六章簡短提過）。圓周研究所是獨立的研究機構，離多倫多市區有一個小時的車程，施莫林就住在這裡。他和其他人創造的「迴圈量子重力理論」，應該是他最出名的成就，他們提出這個理論來取代想要聯合相對論和量子理論的弦論。迴圈量子重力理論指出，空間和時間必須量子化（跟潘羅斯的扭子理論一樣）。根據施莫林的說法，「迴圈」這個詞「源自理論中的一些計算結果牽涉到時空中標出的小迴圈。」我們甚至可以把空間（跟時間）當成這些迴圈組成的結果，這些迴圈小到幾乎無法想像，直徑約為十的負三十五次方*。

在那之後，大家都知道施莫林寫了一本爭議性很強的書《找物理的麻煩》（二〇〇六年出版），很多人認為這本書在攻擊弦論。施莫林在書中主張，弦論雖然感覺很有希望，但大肆宣傳了幾十年後，卻無法提出成果。他也說，太多才華橫溢的年輕物理學家放棄了其他的方法，紛紛走上弦論的道路。弦理論家聽了當然不高興了。（施莫林強調，他並不想用這本書攻擊某些弦理論家。）

施莫林從哈佛大學取得博士學位，在耶魯大學和賓州州立大學任教後，定居在加拿大的安大略省。他住在多倫多寧靜的住宅區裡，正好在皇后西街熱鬧的那一帶和新興的西皇后西街（找不到更好的名字給這個地帶）中間。

施莫林告訴我，他非常敬重潘羅斯和巴伯。過去他曾說過，巴伯尤其是他心目中的「哲學導師」。他特別崇拜巴伯處理量子重力理論的方式；施莫林說，很多處理這個問題的人都給人「思緒鬆散」的感覺，而巴伯卻「真的想得很透徹。」

但施莫林並沒有全盤採納這位英國學者「時間無干」的結論。施莫林不願意承認所有的「現在」都具有同等的地位。這種做法完全地抽掉時間的本質，剩下來的就不是我們所知的「時間」了。施莫林告訴我：「從哲學的角度來看，我相信時間真的是基本要素，這個想法揮之不去。

物理學家施莫林。

時間是自然體驗的基本要素；怎麼可能不是宇宙的基礎呢？」

五十二歲的施莫林頂著一頭亂髮，蓄著發白的鬍鬚，戴著金屬框眼鏡，黑色羊毛衣袖子捲得高高的。我們坐在他家的大餐桌旁談話，周圍不斷有人經過（也有動物），包括管家、施莫林十五個月大的兒子小凱、名叫艾蜜莉的黑色大狗、偶爾幫忙蹓狗的人（他的妻子是律師，這時正好不在家）。施莫林說：「我就待在這裡，旁邊有人來來去去。」

既然有人來來去去，又怎麼能否決時間的流動呢？

我們啜飲熱茶，配上巧克力碎屑餅乾，施莫林說：「我們體驗到的真實有如連續不斷的時刻。很難歸納出特徵，但不論在什麼情況下，很清楚地都有『現在』——雖然說起來會讓人覺得很混淆，也有『過去』和『未來』。」

聽起來還算合理，不久以前，這樣的說法對我而言就是不證自明的真理，甚至可用顯而易見來形容。現在聽起來仍給我很真實的感覺。

「坐在這裡聊天時，『現在』一直更新，曾是『現在』的東西就不再存在，」施莫林繼續說，「這一定是最基本的。在體驗真實時，也是最難磨滅的特徵。」

換句話說，施莫林跟潘羅斯和巴伯一樣，相信物理學對時間的鑽研還不夠。我們的理論雖然不

---

*在《宇宙的構造》中，格林恩總結與之對抗的理論如下：「一言以蔽之，弦理論家從小（量子理論）到大（重力理論），迴圈量子重力理論的支持者則從大（重力理論）到小（量子理論）。」比較這兩個方法時，他說弦論的進展超前了。

錯，卻無法抓住時間本質的精華。

施莫林認為，時間（包括令人頭痛的「流動」）太真實了，不能用幻覺來帶過。因此巴伯「時間無干」世界的見解並不在他認同的範圍內。

我告訴他我跟巴伯討論過凱撒大帝究竟是死是活。施莫林說：「我不同意巴伯的說法。凱撒已經不存在了。」

有些物理學家把時間定義成時鐘測量的對象，再沒有其他涵義，聽起來十分刺耳，也讓施莫林不滿。或許就實演性定義而言也夠了，但他說這也是「一種實演性藉口。我在這方面並非實演主義者。」這種定義一來沒考慮到因果關係，更不用說大家常提到的流動*。

施莫林在著作《宇宙的生命》（一九九七年出版）中表達了類似的關切：「就個人而言，面對一個沒有變化和時間的世界，我的想像力就消散了。我不知道人類心智所能想像的事物有沒有真正的限制，但光想這個問題就會讓我更靠近自己的心智能用語言或其他方法來設想的界限。」

我提出另一個建議，時間的流動是心智的屬性，不是宇宙的特質。要解釋時間的流動，最後仍將走上哲學的道路。

他說：「這一點也讓我想了很久。我想不出來要用什麼方法解釋。」

早在愛因斯坦出現前，時間「流動」的概念就快要消失了。或許可以說伽利略、笛卡兒和牛頓的研究成果讓這個概念開始腐壞。這三位科學革命的偉人踏出第一步，用幾何學的方法描繪時間（但是牛頓在他著名的定義中也提到了「流動」）。從此以後，我們就很習慣時間是一條線的說法，可以畫在圖表上，**表示空間中的方向**。如果時間和空間放在不同的軸上並形成正確的角度，我們就可以畫另一條線來表示兩者之間的關係。例如，我們可以繪圖表示正在加速的車子已經通過的距離和用掉的時間**。把這個問題交給小學生，大多數人都畫得出來。但這種表現方式雖然有幫助，學生畫的線自然不會「流動」，也無法幫助我們了解這種流動。

在第六章我們已經看過這種思考方式會帶我們走上的方向——我們可以想像宇宙是「塊狀」，裡面有很多同樣重要的「現在」。沒有「流動」把「現在」從未來運送到現在，或從現在運送到過去。當然也沒有包羅一切的「現在」能夠聯合所有人。

這確實就像愛因斯坦用狹義和廣義相對論引領我們的方向，顯示出空間和時間實際上的聯繫有多麼密切。正如前面說過的，在相對論中，普遍的「現在」消失了。相反地，每個人都有自己的「現在」，而且我的就像你的一樣好。相對論摧毀了我們對「宇宙時鐘」的期望，也有可能讓「過去」和「未來」變得四分五裂。「過去」和「未來」這兩個詞也變成跟「現在」一樣主觀嗎？

很多物理學家會給肯定的答案，情況就是這樣。我們在第八章提過的物理學家道伊奇屬於這一

---

*所謂的「實證主義」這種哲學立場提供了另一條「逃生通道」，實證主義以測量和觀察的結果為焦點，並不想辯明「真實」。霍金就曾說過：「如果像我一樣採取實證主義的立場，你就說不出時間到底是什麼。你只能描述某種已經證明還不錯的時間數學模型，指出這個模型能預測的東西。」

**一般標繪的方法是讓圖表的線向右上方走。也就是說，距離隨著時間一起增加。如果車速固定，就會畫出一條直線。

派。他跟潘羅斯及巴伯都堅定地相信時間「流動」只發生在人類的腦袋裡。他在一九九七年出版的《現實的結構》中寫道：「我們無法體驗時間的流動或流逝。我們只體驗到現在的感知以及現在所記得過去的感知之間有什麼差異。我們把這些差異詮釋成宇宙隨著時間變化的證據，這也沒錯。但我們也把這些差異詮釋成我們的意識或現在或某物在時間中移動的證據，這就不對了。」

去掉時間的「流動」後，道伊奇堅持，「現在」的想法就跟「這裡」的想法一樣主觀。在他位於牛津郊區的住所對談時，我提議我們畫一條「時間線」，在上面標出年份……二〇〇六、二〇〇七、二〇〇八……都沒有問題。然後我問他（我們見面時是二〇〇七年），我們不能畫個箭頭指向「二〇〇七」，然後貼上「現在」的標籤嗎？他說要加上警告才行：在線上把某個點標成「現在」就像拿張地圖把上面的某個點標成「這裡」。根據他的解釋，「這裡」和「現在」等標籤都只是參考，是相對的，不是絕對的。「如果拿一張世界地圖，我可以在上面標一個『這裡』，就跟你（在時間線上）標出『現在』一模一樣。但沒有人會相信『這裡』真的屬於這個世界，在世界上沒有一個地方可以從客觀的角度稱之為『這裡』。」他補充說：「這不是什麼祕密，只是語言的怪癖。」

他的邏輯沒有破綻，但仍覺得有點怪。（雖然從二〇〇八年的立場回頭看，二〇〇七年當然再也不是「現在」，但曾經是！我推測他的論點就是這樣。）儘管如此，在你讀到這句話時，難道不覺得當下這個時刻很特別嗎？是否感覺比「這裡」這個地點更特別呢？你目前在空間中的位置當然跟往東十公尺或往西十公尺不一樣；不過十公尺的差別很細微。如果想要的話，你可以坐到十公尺以外的地方。但講到在時間中的位置時，感覺別無選擇。你自然而然就在我們口中的「現在」這個時刻。

這些論點道伊奇都聽過很多次，仍不為所動。他說：「『這裡』和『現在』連提都不用提，你還是可以絲毫不漏地描述宇宙。」（如果我是《星艦奇航》中的麥考伊博士，道伊奇是史巴克先生，這時候我就該告訴他：「你的邏輯要更混亂點！」）

那麼，為什麼我們會有這種時間流動的感覺呢？道伊奇說：「我不覺得我們有這種感覺。我覺得時間流動的想法不是人類的感覺，而是我們從小就學會的說法。實際上這不是我們的世界觀，只是我們說人類會有這種感覺。」

在離開前，我當然要問他凱撒到底是死是活。我告訴他，我覺得我才活著，凱撒已經死了。他說：「好吧，你現在是這樣沒錯。」

時間的風景

很多哲學家和物理學家（尤其是愛因斯坦之後的），似乎對現狀都很滿意，他們願意接受比較靜態的時間說法。一九五一年，美國哲學家威廉斯發表了影響力深厚的論文〈時間推移之謎〉，他討論時間的方式就彷彿時間跟空間真的很類似。在時間中移動，就等於在空間中移動，反之亦然，他堅持兩者都可以很簡單地當作「有序的擴展」。我們感受到的「流動」就只是感覺，不是真實「存在」的某物。

城裡來的遊客問：「這條路不通往其他地方嗎？」鄉民說：「不，這條路就在這兒。」要說一條線會流動或景色「向西退去」，才能說時間會「流動」。也就是指有序的擴展。每個人通過時間就像籬笆前進通過農場：也就是說我們的存在和籬笆的存在分別會占據連續不斷的頃刻和點。這就是推移，不是什麼額外的東西。

哲學家帕特南也很滿意現狀：「我不相信時間還有其他的哲學問題，只有物理學的問題，要決定我們所在的四維連續體有什麼樣的物理幾何。」德國數學家魏爾也說：「客觀的世界就這麼存在，不需要從無到有。只有當我的意念定睛凝望，在隨著時間不斷變化的空間中，世界的某一塊如飛逝的幻象般甦醒過來，順著肉體的生命線往上爬。」

好吧，這個解釋夠清楚了嗎？時間不會流動，反而是「有序的擴展」、屬於四維的連續體、某人的「意念定睛凝望」的產物。我必須遏止衝動，免得諷刺的話脫口而出，畢竟這是目前物理學和哲學的主流立場。不論時間是什麼，並不是會流動的東西。可以說這是我們無中生有的特質，並非原本就「存在」的東西。

但我仍想要抗拒。時間就像風景「向西退去」般地流動？根本不是！風景會**待在原處**，時間的表現卻不一樣，它會把我帶著走，或者從我身旁匆匆通過。時間這片風景實在很奇特，強迫所有人緊緊跟在後面，不准停下來也不准回頭。在我的想像中，時間幾乎就等同於一片風景。

伽利略的名言是，大自然就寫在數學的語言裡。但施莫林指出，數字和線條等數學的實體習慣上就靜止不動，似乎凍結住了。最近在紐約的物理學研討會上，他說：「我們體驗到的時間中的世界就像一連串的時刻。但當我們用數學表示世界時，這些時刻就消失了。」在《找物理的麻煩》中，他斷言：「我們必須找到**解凍**時間的方法，來表示時間，但不會把時間變成空間。我不知道該怎麼做。我無法想出用來表達世界的數學運算，而那世界並非凍結在永恆中。」

他也指出，這個問題經過好幾個世紀才形成，一有新的理論出來（包括二十世紀的重大突破），我們反而更加貼近本質上就大錯特錯的時間概念。他寫道：「我的感覺愈來愈強烈，量子理論和廣義相對論都把時間的本質弄錯了，錯得很離譜。把這兩個理論結合還不夠。還有更深的問題，或許要回歸到物理學的源頭。」

施莫林並不孤單。比方說，藍道也提過她的疑慮，最近她說過：「我希望時間是幻覺，但不巧的是感覺非常真實。」就連戴維斯也有不確定的時候。雖然寫了很多論文支持沒有時制的時間觀點（他用旋轉椅子的說法當作比擬），他也不確定我們形容時間的方法是否少了什麼。在《關於時間》的結尾，他說：

身為物理學家，我自然明白直覺很有可能引領我們偏離正道……但我也是人，我發現自己沒辦法放棄我感覺到的時間流動，和不斷移動的現在。這是我最基本的現實經驗，要說只是幻覺或錯覺，反而讓我心生厭惡。我覺得時間的某個面向非常重要，但到目前為止，我們在描述有形的宇宙時都忽略了這一面。

關於時間的本質我們有很多急欲解答的問題，或許再過幾十年就會有更滿意的答案出現。物理學家認為我們所認識的「時間」來自量子泡沫，或振動的弦，或鼓動的膜，或當大霹靂發生時的某物。好吧，但別忘了，我們需要更詳細的資訊。時間到底如何出現？又如何擁有我們所認定的這些特質？

我也要問心理學家和哲學家：如果時間的確是幻覺，是心智和大腦產生的構想，也請告訴我們，這幻覺從何而來？

漫步普林斯頓

在一個世紀前掀起旋風、顛覆人類時間看法的愛因斯坦去美國度假兼工作時，納粹取得了德國的政權。那時他已經是舉世公認當代最傑出的科學家。他的血統和命運也讓他成為全世界最出名的猶太人。納粹來不及阻止他逃脫，只得搜查他在柏林郊外的住所，查封他的財產。之後，支持納粹的人還公開焚毀他的著作。愛因斯坦的照片也列在納粹的頭號通緝犯名單裡，下面寫了「尚未處以絞刑」的字樣。

愛因斯坦立刻宣布放棄德國的公民身分，從此再也沒踏上祖國的土地一步。他寫了無數的書信幫助其他還在德國的猶太裔科學家順利取得簽證，救了不少人的命。一九三三年，美國新澤西州的普林斯頓大學成立了高等研究院，愛因斯坦應聘到這裡工作。他定居在默塞街一棟古老的木製房屋裡，在充滿鄉村風味的普林斯頓享受隱居的生活。他去世前在這裡住了二十二年。

普林斯頓在美國算是高檔的大學城，自愛因斯坦去世後過了五十多年，小鎮風貌依舊（有可能多了一兩家星巴克咖啡店）。但跟愛因斯坦少年居住的伯恩相比，為這位舉世聞名的居民舉辦的慶祝活動實在很少。愛因斯坦的房子如他所願，並未改建成紀念館，目前依然是私人住所。（這棟房子仍散發出天才的味道，住在此處的經濟學家最近拿到諾貝爾獎。）當地的歷史學會在納蘇街經營一家小小的博物館，陳列了不少跟愛因斯坦有關的收藏物，在二〇〇五年——愛因斯坦奇蹟年的百年紀念日，當地的公民團體在市政廳前樹立了這位科學家的半身銅像。

愛因斯坦的相對論帶給世人全新的時間觀和空間觀，他雖然清楚這一點，卻也覺得有些不自在。也有人跟他陷入同樣的掙扎，到了晚年，他常跟傑出的奧地利邏輯學家哥德爾（一九〇六至一九七八年）對話，對他的想法有很重要的影響。哥德爾跟愛因斯坦一樣逃離了納粹的魔掌，搭乘火車穿越西伯利亞後，他乘船到達美國，一九四〇年跟愛因斯坦一起在高等研究院工作。他們兩人很快就變成好朋友。在每天來回研究院的路上，他們緩步而行，穿過普林斯頓住宅區覆蓋著茂密樹蔭的街道，用德語討論宇宙的奧祕，不知道是否會引起路人的注意，抑或根本沒人注意到？

哲學家尤格拉的最新著作《沒有時間的世界》（二〇〇五年出版）以兩人的友誼為主題，才引起學界的廣泛注意。在數學界，哥德爾最出名的理論就是「不完備定理」。這個定理是他在一九三〇年代早期發展出來的一組證據，為數學系統可及的範圍設下了基本的限制。但尤格拉指出，哥德爾也想過物理問題，比如說愛因斯坦的廣義相對論有什麼涵義。他仔細考慮過廣義相對論描述的「旋轉宇宙」，也率先對「封閉式類時間曲線」和時光旅行帶來的問題提出疑慮。受到相對論影響的時間概念似乎最讓他覺得困擾。哥德爾

和愛因斯坦都不明白主觀的「現在」是什麼意思——假設「現在」只是另一個「這裡」。但哥德爾比愛因斯坦更鑽牛角尖，他跟巴曼尼德斯和哲學家麥塔加一樣，得出的結論是時間本身屬於幻覺。

愛因斯坦從未完全摒除時間的真實性，但他仍無法接受時間不會「流動」的概念。去掉了「宇宙時鐘」，不能用清楚明確的方法標出每一個「現在」。宇宙中所有的事件都有過去和未來，但沒有「絕對的」過去和未來。在描述二十世紀中這一對偉大的思想家時，字裡行間看得出尤格拉的憂慮。過去和未來真能和現在一樣真實嗎？

> 現在正在思索明天早餐要吃什麼的同時，我應該繼續想昨天的早餐該點什麼嗎？還是兩次點餐都該取消，因為餐點早就來了？由於現在跟過去一樣不真實，我現在正躺在我去年去過的沙灘上，為什麼我只能認同現在在寒風中顫抖的「我」？……時間中有無數的時刻，也有無數的我，果真如此，他們都是我，還只是不完整的我？

難題來了——在相對論中，所有的時刻都有同等的地位，但人性卻認為所有的時刻並不平等。笛卡兒說「我思故我在」，他其實也可以說：「我思，故我現在在。」跟人類經驗有關的事物都讓我們不得不特別在意當下這個時刻。

去掉「現在」的特殊地位，時間的長河就變成塊狀，每一個部分看起來都一樣。或許這時我們會想到巴伯無窮無盡的現在，還有無窮無盡的巴伯。還有麥塔加的「B系列」，其中有很多事件，但沒有事件「發生」。再來則是道伊奇的主張，「現在」只是主觀的標籤。愛因斯坦革命性的理論就把我們帶到這裡嗎？如果答案是肯定的，為什麼我們覺得自己只占據了獨一無二的現在？如果潘羅斯的說法沒錯，能了解人類的意識時，我們就有答案了嗎？難怪尤格拉衷心盼望能夠知道五十年前，愛因斯坦和哥德爾傍晚時分在空氣清新的普林斯頓漫步時究竟聊了什麼。他寫道：「當大眾（或許不包含所有的人）的心理堅持一個信念，也就是從時間的角度來說，相信宇宙和愛因斯坦博士之間一切都很順利，等於是把自信心寄託在錯誤的地方。一切其實都不順利。」

來聽聽愛因斯坦自己關於這些問題有什麼說法，應該很有趣。很可惜雖然愛因斯坦著作等身，題材廣泛，不限於物理學，也涵蓋了政治、人權、宗教等等，但他對於時間滅絕的想法卻只能看到蛛絲馬跡。我們在第七章看過，愛因斯坦提到「簡單而主觀地感覺到」時間的流動，這種感覺「讓我們能夠整理印象，判斷某件事比較早發生，另一件事則比較晚。」另一個或許非常重要的線索來自生於德國的哲學家卡納普（一八九一至一九七〇年）。納粹掌權後，卡納普設法儘快離開德國，在高等研究院與愛因斯坦短暫共事，然後移居到加州，接受加州大學洛杉磯分校的職位。在一篇自傳性的論文中，卡納普提到一九五〇年代早期他跟愛因斯坦的一段對話：

> 愛因斯坦曾說過，「現在」的問題令他非常困擾。他解釋說，「現在」的經驗是人類特有的，實質上跟過去及未來不一樣，但這項重大的差異不屬於物理學，也不可能用物理學解釋。無法用科學來領會這種經驗，他只得痛苦地放棄，但是也無可奈何。

卡納普接著說，物理學當然能夠解釋自然界中一切事件的結果，但要靠心理學才能解釋「和時間有關的人類經驗有何特別之處，包括他對過去、現在和未來的不同態度。」愛因斯坦聽了，最後他對卡納普說：「不落入科學領域的『現在』才是重要的精華所在。」

內心充滿懷疑的愛因斯坦如是說，至少他是這麼反應的——理應全力支持自己所有理論的愛因斯坦，或許仍猶豫他的理論是否還有未盡之處。但作家和傳記作者喜歡引述另外一段話，在每本跟愛因斯坦有關的書裡，幾乎都會出現這三句話。字字切中主題，感覺就像另一個人的聲音，這個人出力創造了一個奇異的世界，或許出人意外的是，他聽起來比真正的愛因斯坦對這個世界更有自信。這三句話來自愛因斯坦晚年寫的一封信。之前和他在專利局一起工作的好友貝索過世了，愛因斯坦寫了慰問信給他的家人，日期是一九五五年三月二十一日，不到一個月後愛因斯坦也離開了這個世界。

「現在，他比我早一步離開這個古怪的世界，」愛因斯坦如此描述好友的去世，「這不代表什麼。我們是有信念的物理學家，過去、現在和未來的差別只是揮之不去的幻覺。」

注釋

引言

十七頁　「如果有知覺……」：Lucas (1973), p. 8.

十七頁　「時間流逝……」：Thomas, Dylan. *Under Milk Wood*. London: J.M. Dent & Sons, 1954. p. 3.

十七頁　「我徹底解決了問題……」：quoted in Calaprice (2005), p. 216.

十九頁　「即使四周一片黑暗……」：Aristotle, *Physics*, quoted in Lucas (1973), p. 12.

二十頁　「那麼，時間是什麼？……」：St. Augustine, *Confessions* (11:14), http://www.leaderu.com/cyber/books/augconfessions/bk11.html.

第一章　天上的時計

二十五頁　「最早的偉大發現就是時間……」：Boorstin (1983), p. xvii.

二十六頁　「他們用石頭和木頭當作工具……」：Clare Tuffy interview, May 2007.

二十七頁　「我是天文學家……」：Tom Ray interview, May 2007.

二十七頁　「毫無疑問地……」：Andrew B. Powell, "Newgrange - Science Or Symbolism," *Proceedings of the Prehistoric Society*, vol. 60 (1994), pp. 85-96, p. 86.

二十九頁　「格林威治標準時間早上八點五十四分整的時候……」：Quoted in Ruggles (1999), p. 17.

三十二頁　「……或許已經有初步的時間概念……」：John Shea interview, November 2003.

三十三頁　「這個跡象很有說服力……」：Klein (2002), p. 189.

三十四頁 「首次出現的宗教意識形態」：Mithen (1996), p. 174.

三十五頁 「這些優勢的代價就是……」：Fraser (1987), p. 14.

三十六頁 「我相信這項工藝品……」：Anthony Aveni interview, May 1999.

三十六頁 「用我們的模糊觀念……」：Aveni (1995b), p. 70.

三十九頁 「……最為人不齒的例子……」：Clive Ruggles, "Astronomy and Stonehenge," *Proceedings of the British Academy,* vol. 92 (1997), pp. 203-229, p. 203.

三十九頁 「從統計的角度來看，很有可能……」：Burl (1976), p. 53.

四十頁 「如果建造石圈的人考慮到天文現象……」：Joshua Pollard and Clive Ruggles, "Shifting Perspectives: Spatial Order, Cosmology, and Pattern of Depositions At at Stonehenge," *Cambridge Archaeological Journal,* vol. 11, no. 1 (2001), pp. 69-90, p. 71.

四十頁 「但就算沒有出現月食……」：Aveni (1995a), p. 25.

四十頁 「我相信……」：Aveni (1995a), p. 31.

四十頁 「那也難怪中世紀……」：Colin Renfrew, "Setting the Scene: Stonehenge in the Round," *Proceedings of the British Academy*, vol. 92 (1994), pp. 3-14, p. 4.

四十一頁 「……該處埋了兩百多人的骨灰。」：Philip Jackman, "A mystery solved?" *The Globe and Mail,* May 30, 2008, p. A2.

四十一頁 「……人群集會的地方……」：Aveni (1995a), pp. 26-27.

四十一頁 「……對過去的參考……」：Pollard and Ruggles, p. 80.

四十一頁 「……巨石陣具體呈現了……」：ibid., p. 87.

四十一頁 「永恆的準則」：Alasdair Whittle, *Proceedings of the British Academy,* vol. 92 (1994), pp. 145-66, p. 163.

四十二頁 「肯定是最早對宇宙的真誠描述」：quoted in Tony Paterson, "Gold star chart points way to German

'Stonehenge," *The Daily Telegraph,* Oct. 6, 2002 (online edition).

四十三頁　「堪基佑塔」：Ivan Ghezzi and Clive Ruggles, "Chankillo: A 2,300-Year-Old Solar Observatory In in Coastal Peru," *Science,* vol. 315, no. 5816 (March 2, 2007), pp. 1239-43.

第二章　日日，月月，年年

四十八頁　「此年要額外加……」：quoted in Robert Hannah, "The moon, the sun, and the stars," in McCready (2001), p. 59.

四十九頁　「……過了好幾個世紀……」：Duncan (1998), p. 17.

五十頁　「……增加或減少稅金和租金……」：ibid., p. 30.

五十頁　「確鑿的規則……」：Plutarch, *Lives,* (ed. Charles E. Eliot). Danbury, Conn.: Grolier Enterprises, 1980, p. 311.

五十一頁　「終結混亂的一年」：Duncan (1998), p. 33.

五十一頁　「在眾人心目中就是……」：ibid., p. 37.

五十二頁　「……馬丘比丘的「郊區」……」：Thomas H. Maugh II, "Lost Incan 'suburb' in Andes rediscovered," *The Boston Globe,* Nov. 9, 2003 (online edition).

五十三頁　「過度準確」：Duncan (1998), p. 138.

五十四頁　「……馬雅的神聖時間……」：Aveni (1995a), p. 108.

五十四頁　「……蘋果和柳橙」：Duncan (2000), p. 186.

五十五頁　「……君王代表……」：David Stuart, "Kings of Stone," *Res: Anthropology and Aesthetics,* Spring/Autumn 1996, pp. 149-72, pp. 165-66.

五十五頁　「馬雅人本質上是宿命論者……」：Aveni (1995a), p. 102.

五十六頁 「……是這人下令……」：David Stuart interview, September 2003.

五十九頁 「……披頭四的歌曲……」：Steel (2000), p. 73.

六十一頁 「發明了和猶太人唱反調的理由」：Steel (2000), p. 98.

六十二頁 「……天主教會和科學的關係……」：see, for example, John L. Heilbron, *The Sun in the Church: Cathedrals as Solar Observatories*. Cambridge, Mass.: Harvard University Press, 1999.

六十五頁 「……特洛伊木馬……」：quoted in Duncan (1998), p. 213.

六十五頁 「法案通過了……」：ibid., p. 225.

六十五頁 「同樣地，老百姓很不高興……」：ibid., p. 228.

第三章 時時，分分，秒秒

六十七頁 「……露出一條銀鍊……」：Jonathan Swift, *Gulliver's Travels,* (ed. John Hayward). New York: Random House, 1939. p. 30.

六十八頁 「他說透過天文台的……」：Geoff Chester, "Lighthouse of the skies," *Astronomy,*Aug. 2007, pp. 58-63; www.usno.navy.mil.

六十八頁 「被計時的藝術誘惑」：Demetrios Matsakis interview, July 2007.

七十二頁 「……十三種不同的日晷……」：Boorstin (1983), p. 28.

七十二頁 「也擊敗那個……」：quoted in McCready (2001), p. 121; Boorstin (1983), p. 28.

七十三頁 「……歐洲的時鐘傳到……」：Boorstin (1983), p. 61.

七十四頁 「……發出的滴答聲……」：ibid., p. 39.

七十四頁 「人類發表宣言……」：ibid., p. 39.

七十五頁 「……鄧斯塔布爾修道院裝了……」：Dale (1992), p. 20.

七十六頁　「我百分之百認為……」：Bryson, Bill, *Notes from a Small Island*. New York: Harper Collins, 1995 (2001 ed.), p. 86.

七十七頁　「運作了六百多年的時鐘……」：John Plaister interview, August 1999.

七十八頁　「我們老說他現在應該……」：Frances Neale interview, August 1999.

七十八頁　「這支錶甚至有個小鬧鈴……」：Landes (1983), p. 87.

七十九頁　「……比較像是結果……」：Sara Schechner, "The time of day," in McCready (2001), pp. 121-139, p. 134.

七十九頁　「……歷史學家克羅斯比……」：Crosby's idea is summarized in Anthony Aveni, "Time's Empire," *Wilson Quarterly,* vol. 23, no. 3 (1998), pp. 44-57.

七十九頁　「……一段相對來說不怎麼長的幾年內……」：Anthony Aveni, "Time's Empire," p. 47.

七十九頁　「愛惜時間……」：from Baxter's "Christian Directory" of 1664, quoted in Whitrow (1988), p. 160.

八十一頁　「或許不是巧合……」：Boorstin (1983), p. 72; McCready (2001), p. 166.

八十二頁　「查理二世任命弗拉姆斯蒂德……」：Eric G. Forbes, Greenwich Observatory, vol. 1. London: Taylor & Francis, 1975. p. 19-20.

八十三頁　「可憐的老哈里遜……」：Jonathan Betts interview, August 1999.

八十五頁　「蒸氣提供工業革命的驅動力。」：Whitrow (1988), p. 160.

八十六頁　「……時鐘才是。」：quoted in Whitrow (1988), p. 164.

八十七頁　「……現在發生了怎樣的變化！」：quoted in Blaise (2000), p. 140.

八十八頁　「……所有的車站都以倫敦時間為準……」：quoted in Thelma C. Landon, "The Father of Standard Time," *Canadian Geographic,* Feb./Mar. 1990, pp. 74-81, p. 76.

八十九頁　「……法國的時間正式……」：Blaise (2000), p. 206.

八十九頁　「亞特蘭大日出的時間……」：Michael O'Malley interview, November 1999.

八十九頁　「……是西方人發明的。」：See Nicholas Hune-Brown, "Timing is Everything," *The Toronto Star,* Nov. 4, 2007, p. D1, D9.

九十頁　「最好的石英鐘……」：Dale (1992), p. 60.

九十一頁　「……原子噴泉鐘……」：See, for example, Quinn Norton, "How Super-Precise Atomic Clocks Will Change the World in a Decade," *Wired* (online), Dec. 12, 2007.

九十一頁　「東京大學的研究人員……」：Paul Marks, "The Most Accurate Clock of All Time," *New Scientist,* May 18, 2005 (online edition).

九十二頁　「事實上平均下來，每年增加不到……」：Dale (1992), p. 61.

九十二頁　「如果不加以修正……」：Michelle Stacey, "Clash of the Time Lords," *Harper's Magazine,* Dec. 2006, pp. 46-56, p. 50.

九十三頁　「做出決定的國際機構……」：Michelle Stacey (2006), p. 56.

第四章　在時間的控制中

九十五頁　「考慮到你該做的所有事情……」：quoted in Whitrow (1988), pp. 110-11.

九十六頁　「成為當下的囚徒……」：quoted in Carl Honoré, "Slowing the world," *The National Post,* Jan. 26, 2002, pp. B1, B6.

九十六頁　「……永遠沒有足夠的時間……」：quoted in Alexandra Gill, "Sleep no more," *The Globe and Mail,* April 1, 2006, p. F9.

九十六頁　「喬叟不知道……」：Macey (1994), p. 443.

九十六頁　「《聖母經》禱文……」：The text of the prayer has evolved over the centuries; the modern version, quoted abovehere, dates from the mid-16th sixteenth century.

九十八頁　「……來回編織在一起……」：David Pankenier interview, September 2003.

九十八頁　「……和時間取得和諧。」：Fraser (1987), p. 19.

九十八頁　「印度教信仰的重點在於不斷循環的時間……」：Gorst (2001), p. 4; also John Bowker (ed.) (ed.), *The Oxford Dictionary of World Religions*. Oxford: Oxford University Press, 1997, p. 980.

九十九頁　「跳進時間……」：Philip Novak, "Buddhist Meditation and the Consciousness of Time," *Journal of Consciousness Studies*, vol. 3, no. 3 (1996), pp. 267-277, p. 277.

九十九頁　「時間邏輯似乎是這樣……」：Aveni (1995b), p. 171.

一〇〇頁　「他可能會告訴你……」：Aveni (1995a), p. 93.

一〇一頁　「這些人常四處游牧……」：Aveni (1995a), p. 93; see also. Gell (1992), pp. 300-305.

一〇一頁　「在烏美達人的一周內……」：Gell (1992), p. 88.

一〇二頁　「……月亮就像菜園裡的塊莖……」：Gell (1992), p. 291.

一〇二頁　「……大老婆的角色非常清楚……」：Chap Kusimba interview, August 2003.

一〇二頁　「……久遠的過去和現在……」：John Mbiti, *African Religions and Philosophy*. New York: Praeger Publishers, 1969, p. 17.

一〇二頁　「因此實際的時間就是……」：ibid., p. 17.

一〇三頁　「……時間的概念不存在。」：Pritchard (1997), p. 11.

一〇三頁　「……沒有字詞……」：This is Whitrow's summary of Whorf's conclusions, in Whitrow (1988), p. 8.

一〇三頁　「有些人不贊同姆比蒂的看法……」：John A.A. Ayoade, "Time in Yoruba Thought," in Richard A. Wright (ed.), *African Philosophy: An Introduction*. Washington: University Press of America, 1979, p. 95.

一〇四頁　「霍皮語並非是一種沒有時間……」：Gell (1992), p. 127.

一〇四頁　「……成功編寫出……」：Whitrow (1988), p. 9.

一〇四頁　「……愛瑪拉人談論過去……」：Rafael Núñez and Eve Sweetser, "With the Future Behind Them: Convergent Evidence From Aymara Language and Gesture in the Crosslinguistic Comparison of Spatial Construals of Time," *Cognitive Science,* vol. 30 (2006), pp. 401-450.

一〇五頁　「原住民對於時間的概念……」：Howard Morphy, "Australian Aboriginal Concepts of Time," in Lippincott (2000), p. 267.

一〇五頁　「時間，地點和人物……」：Mike Donaldson, "The End of Time? Aboriginal temporality and the British invasion of Australia," *Time & Society,* vol. 5, no. 2 (1996), pp. 187-207, p. 193.

一〇六頁　「在夢境中……」：Gell (1992), p. 315.

一〇七頁　「……西元二十九年在耶路撒冷城……」：Brandon (1965), p. 29.

一〇八頁　「兩者彼此定義……」：quoted in Danielson (2000), p. 38.

一〇九頁　「蘇格拉底和柏拉圖以及所有人……」：quoted in Caveny and Highfield (1990), p. 26; Whitrow (1988), p. 43.

一〇九頁　「你或許會覺得很好奇……」：quoted in Barnes (1997), p. 88.

一一〇頁　「……都有循環。」：quoted in Coveney and Highfield (1990), p. 25.

一一〇頁　「我們必須說……」：quoted in Whitrow (1988), p. 46.

一一一頁　「就像在這個時代……」：quoted in Gorst (2001), p. 7.

一一一頁　「……把時間和人類活動分開……」：quoted in Whitrow (1988), p. 127.

一一一頁　「時鐘和曆書上的時間」：John Postill, "Clock and Calendar Time: A missing anthropological problem," *Time & Society,* vol. 11 11, no. 2/3 (2002), pp. 251-270, p. 251.

一一二頁　「……改變了每天的工作……」：ibid., p. 255.

一一二頁　「在其他國家被迫西化時……」：Nishimoto Ikuko, "The 'Civilization' of Time: Japan and the adoption of the western time system," *Time & Society,* vol. 63, no. 2/3 (1997), pp. 237-259, p. 239.

一一二頁　「在一八七三年的教科書中……」：ibid., p. 250.

一一二頁　「在其他國家，晚了九十秒……」：quoted in Brigitte Steger, "Timing Daily Life in Japan," *Time and Society,* vol. 15, no. 2/3 (2006), pp. 171-175, p. 171.

一一三頁　「勒范恩並未深入研究……」：Levine (1997), p. 10.

一一三頁　「『時間錯誤』（故意毀壞……」：ibid., p. 252.

一一四頁　「火車很晚才開……」：ibid., p. 6.

一一四頁　「當我們把……」：ibid., p. 203.

一一四頁　「美裔印第安人喜歡……」：ibid., p. 10.

一一四頁　「……在西班牙文裡都是同一個動詞……」：bid., pp. 94-5.

一一五頁　「……卡保庫人……」：Levine (1997), p. 14.

一一五頁　「我們的世紀從一開始……」：quoted in Wendy Parkins, "Out of Time: Fast subjects and slow living," *Time & Society,* vol. 13, no. 2/3 (2004), pp. 363-382, p. 372.

一一五頁　「人類學家雖然可以……」："Inuit artist accuses CRA staff of writing racist tax memo," www.cbc.ca, Oct. 26, 2007.

一一六頁　「我真的瘋了嗎？」：quoted in Zsuzsi Gartner, "What's your big hurry," *The Globe and Mail,* May 15, 2004, p. D6.

一一六頁　「泡泡裡……」：Kate Zernicke, "Calling In in Late," *The New York Times,* Oct. 26, 2003, Section 9, p. 1, p. 11.

第五章　記憶的持久度

一一七頁　「記憶的缺點也是⋯⋯」：Schacter (1996), p. 206.

一一七頁　「想得愈多⋯⋯」：quoted in Joshua Foer, "Remember This," National Geographic, Nov. 2007, p. 54.

一一七頁　「我想問我們是用哪一種⋯⋯」：quoted inWhitrow (1972), p. 28.

一一八頁　「令人驚訝的假設」：Francis Crick, *The Astonishing Hypothesis*, New York: Macmillan, 1994.

一一八頁　「很多複雜的人類行為⋯⋯」："How Does Your Brain Tell Time?" Press release from the University of California in Los Angeles, Jan. 29, 2007; see also David M. Eagleman et al, "Time and the Brain: How Subjective Time Relates to Neural Time," *The Journal of Neuroscience,* vol. 25, no. 45 (Nov. 9, 2005), pp. 10369-10371.

一一八頁　「我們仍不清楚內建時鐘⋯⋯」：Suddendorf and Corballis, "The evolution of foresight: What is mental time travel and is it unique to humans?" *Behavioral and Brain Sciences,* in press (2007).

一一九頁　「⋯⋯描繪出腦部如何處理⋯⋯」：David Eagleman (2005), p. 10369.

一一九頁　「雖然對行為和感知來說非常重要⋯⋯」：ibid.

一一九頁　「視叉上核」：Ralph Mistlberger, "Keeping time with nature," in McCready (2001), p. 33.

一二〇頁　「考慮到這一點，我認為⋯⋯」：quoted in Whitrow (1972), p. 28.

一二〇頁　「⋯⋯從記憶運作中學到了什麼⋯⋯」：Several recent books by distinguished scientists do attempt such an overview. Particularly noteworthy are neuroscientist Eric Kandel's *In Search of Memory* (2006) and psychologist Daniel Schacter's *Searching for Memory* (1996).

一二一頁　「⋯⋯會思考時間是什麼⋯⋯」：quoted in Barbara Turnbull, "Mastering the mind," *The Toronto Star,* Sept. 16, 2006 (online edition).

一二二頁　「⋯⋯記憶類型大多⋯⋯」：Endel Tulving, lecture at the University of Toronto, Sept. 25, 2007.

一二二頁　「對記憶者來說，想起某件事⋯⋯」：quoted in Schacter (1996), p. 17.

二二二頁 「……提供更高的行為靈活度……」：Suddendorf and Corballis (2007).

二二二頁 「知道過去發生的事有什麼好處……」：Tulving lecture (2007).

二二三頁 「腦部造影的研究結果指出……」：Daniel L. Schacter et al, "Remembering the past to imagine the future: the prospective brain," *Nature Reviews - Neuroscience,* vol. 8 (Sept. 2007), pp. 657-661; for a popular account, see Jessica Marshall, "Future recall," *New Scientist,* 24 March 2007, pp. 36-40.

二二三頁 「……基本上有預測能力的……」：Daniel Schacter (2007), p. 660.

二二三頁 「我們總以為……」：Daniel Schacter interview, May 2007.

二二四頁 「……更籠統的工具箱……」：Suddendorf and Corballis (2007); see also Schacter (1996).

二二四頁 「……完全扎根在當下……」：William A. Roberts, "Are Animals Stuck in Time?" *Psychological Bulletin*, vol. 128, no. 3 (2002) pp. 473-489, p. 473.

二二四頁 「……一具空殼……」：Schacter interview (2007); see also Barbara Turnbull (2006).

二二五頁 「沒有記憶的E・P…….」：Joshua Foer, "Remember This," *National Geographic,* Nov. 2007, pp. 32-56, p. 37, 40, 55.

二二五頁 「……活在當下……」：This idea has been expressed by Endel Tulving, Sue Savage-Rumbaugh, Merlin Donald, and others; for an overview, see Thomas Suddendorf and Michael C. Corballis, "Mental Time Travel and the Evolution of the Human Mind," *Genetic, Social, and General Psychology Monographs,* Vol,ol. 123, no. 2 (1997), pp. 133-167.

二二六頁 「記住過去的事件……」：quoted in William A. Roberts (2002), p. 473.

二二六頁 「……產生的『語言』……」：Suddendorf and Corballis, 2007.

二二六頁 「……但是在想什麼?」：quoted in Eric Jaffe, "Mental Leap: "What apes can teach us about the human mind," *Science News,* vol. 170, no. 10 (Sept. 2, 2006), online edition.

二一七頁 「……會先找出最近貯藏的……」：Originally published in *Nature;*, these results are summarized in Nicola S. Clayton et al, "Can animals recall the past and plan for the future?" *Nature Reviews - Neuroscience,* vol. 4 (Aug. 2003), pp. 685-691.

二一七頁 「……灌叢鴉並不覺得……」：C.R. Raby et al, "Planning for the future by western scrub-jays," *Nature,* vol. 445 (22 Feb. 2007), pp. 919-921; also discussed in Suddendorf and Corballis (2007); Carl Zimmer, "Time in the Animal Mind," *The New York Times,* April 3, 2007 (online edition).

二一七頁 「……都能自發地規畫明日……」：C.R. Raby et al (2007), p. 919.

二一七頁 「能夠預料未來，規畫……」：William A. Roberts, "Mental Time Travel: Animals Anticipate the Future," *Current Biology,* vol. 17, no. 11 (2007), pp. 418-420, p. 418.

二一七頁 「……或許會察覺到……」：William A. Roberts (2002), p. 486.

二一七頁 「想像過去……」：Thomas R. Zentall, "Mental time travel in animals: A challenging question," *Behavioural Processes,* vol. 72 (2006), pp. 173-183, p. 173.

二一八頁 「……不相信這些……」：Suddendorf and Corballis (2007).

二一八頁 「……這點讓他很高興。」：Tulving lecture (2007).

二一八頁 「……最近才成形……」：Tulving lecture (2007).

二一八頁 「遙想未來的事件……」：Suddendorf and Corballis (2007).

二一九頁 「很有趣的是……」：Whitrow (1988), pp. 5-6.

二一九頁 「另一個能力可能……」：This has been investigated by H.M. Wellman, J. Perner, and others, and is summarized in Suddendorf and Corballis (2007).

二一九頁 「薩登朵夫和柯貝利斯堅持……」：Suddendorf and Corballis (2007).

二二〇頁 「……終極步驟」：ibid.

一三〇頁　「……因為不斷……」：ibid.

一三〇頁　「在腦海中重建過去……」：ibid.

一三一頁　「到了三至五歲……」：Janie Busby and Thomas Suddendorf, "Recalling yesterday and predicting tomorrow," *Cognitive Development,* vol. 20 (2005), pp. 362-372.

一三一頁　「羅柏茲認為……」：William A. Roberts (2002), p. 473.

一三一頁　「這個年齡……」：These results are summarized in Suddendorf and Corballis (2007).

一三一頁　「並非所有對未來的領悟……」：ibid.

一三一頁　「雖然很明顯幼兒已經有形成……」：Charles Nelson, "Ask Discover: Why don't we remember things from when we were babies?" *Discover* Feb. 2005, p. 13; Jamie Baker, "Why early memories disappear," *The National Post,* Sept. 29, 2005 (online edition).

一三一頁　「這種實驗的難度……」：Busby and Suddendorf (2005), p. 370.

一三二頁　「……大多數十歲的小孩……」：Whitrow (1988), p. 6.

一三二頁　「……很難把……」：ibid., p. 7.

一三二頁　「我們沒有計算到底過了多少時間的……」：Gell (1992), p. 92.

一三三頁　「……也不驚訝吧。」：An excellent recent book on the subject is Daniel Schacter's *The Seven Sins of Memory* (2001).

一三三頁　「……他們常常……」：Daniel L. Schacter, "The Cognitive Neuroscience of Constructed Memory: Remembering the Past and Imagining the Future," *Philosophical Transactions of the Royal Society (B),* in press; Daniel Schacter (1996), p. 103.

一三四頁　「從正面的角度來說……」：Schacter interview; see also Daniel L. Schacter and Donna Rose Addis, "The ghosts of past and future," *Nature,* vol. 445 (4 Jan. 2007), p. 27; Daniel Schacter (2001), Chapter 8.

一三四頁 「數十億又數十億」：Carl Sagan, *Billions and Billions*. New York: Ballantine Books, 1998, pp. 3-4.

一三四頁 「……和受試者的近親面談過……」：Elizabeth F. Loftus, "Creating False Memories," *Scientific American*, Sept. 1997, pp. 70-75.

一三五頁 「……容易引發爭議的做法來治療。」：A detailed look at the controversy over "repressed memory" is beyond the scope of our discussion. One useful resource is *The Myth of Repressed Memory* by Elizabeth Loftus and Katherine Ketcham (New York: St. Martin's Press, 1994).

一三五頁 「鎂光燈記憶」：Schacter (1996), pp. 195-201.

一三六頁 「……仔細調查關於九一一事件的記憶……」：Elizabeth Phelps interview, July 2007; also Tali Sharot et al, "How personal experience modulates the neural circuitry of memories of September 11," *Proceedings of the National Academy of Sciences*, vol. 104, no. 1 (Jan. 2, 2007), pp. 389-394.

一三七頁 「……挑戰者號太空梭爆炸後……」：Daniel Greenberg, "Flashbulb memories: How psychological research shows that our most powerful memories may be untrustworthy," *Skeptic*, vol. 11, no. 3 (Winter 2005), accessed through InfoTrac.

一三七頁 「要說服別人他們……」：Phelps interview (2007).

一三七頁 「……調查，卻發現……」："30% of Americans cannot say what year 9/11 attacks happened, poll finds," *The National Post*, Aug. 10, 2006, p. A18.

一三八頁 「加州大學洛杉磯分校的心理學家……」：My account is based on Daniel Greenberg (2005).

一三八頁 「我人在佛羅里達……」：CNN, quoted in Daniel Greenberg (2005).

一三九頁 「布希總統記得資深顧問……」：*The Washington Post*, quoted in Daniel Greenberg (2005).

一三九頁 「我人坐在那兒……」：White House press release, quoted in Daniel Greenberg (2005).

一四〇頁 「……荷蘭人做的一份研究中……」：Daniel Greenberg (2005).

一四〇頁　「總統先生就像大多數美國人一樣……」：Daniel Greenberg (2005).

第六章　牛頓的時間

一四一頁　「自然與自然定律……」：quoted in Coveney and Highfield (1990), p. 39.

一四一頁　「再沒有其他人能像他這麼超凡入聖。」：Cohen and Whitman (1999), p. 380.

一四一頁　「……持重、沉默、好思考……」：quoted in Westfall (1994), p. 13.

一四二頁　「那是我從事……」：ibid., p. 39.

一四三頁　「……拒讀討論……」：ibid., p. 109.

一四三頁　「……在書桌前站著寫字……」：ibid., p. 162.

一四三頁　「由於數學家常常利用到……」：quoted in Coveney and Highfield (1990), p. 29.

一四四頁　「絕對、真實且精確的……」：Cohen and Whitman (1999), p. 408.

一四四頁　「思考的模式」：quoted in Turetzky (1998), p. 71.

一四四頁　「時間和空間的類比」：Turetzky (1998), p. 72.

一四五頁　「絕對空間……」：Cohen and Whitman (1999), p. 408.

一四五頁　「……時間就不一定包含動作……」：quoted in Whitrow (1988), p. 128.

一四七頁　「……是虛構的……」：Lee Smolin, "What Is Time?" in John Brockman (1995), p. 236.

一四七頁　「……只是斷言上帝……」：quoted in Keith Ballard, "Leibniz's Theory of Space and Time," *Journal of the History of Ideas,* vol. 21, pp. 49-65, p. 53.

一四八頁　「如果某樣東西……」：Alexander (1956), pp. 72-73.

一四八頁　「永恆、無限……」：Cohen and Whitman (1999), p. 941.

一四八頁　「能支配一切的上帝……」：Stephen Snobelen, "'The true frame of nature': Isaac Newton, Heresy, and the Reformation of Natural Philosophy," in John Brooke and Ian Maclean (eds.), *Heterodoxy in Early Modern Science and Religion*. Oxford: Oxford University Press, 2005, p. 254.

一四八頁　「……最完美的系統……」：Cohen and Whitman (1999), pp. 940-941. Newton also makes a similar argument about the biological world.

一四九頁　「……機械式宇宙……」：Thanks to James Robert Brown for helpful comments on this matter.

一四九頁　「辯論仍未結束……」：J.R. Lucas, "Time and Religion," in Ridderbos (2002), (ed.), pp. 143-167, p. 162.

一四九頁　「牛頓的神學著作繁多……」： Newton's voluminous theological . . . see, for example, Westfall (1994).

一五〇頁　「如果時間會流動……」：quoted in Lockwood (2005), p. 13.

一五〇頁　「……普萊斯指出……」：Price (1996), p. 13.

一五一頁　「我們或許會把宇宙當前的狀態……」："Ask Science," *The New York Times*,

一五二頁　「如果宇宙中所有……」：Thomson, William, "Kinetic Theory of the Dissipation of Energy," *Nature*, vol. 232 no. 9 (1874). p. 442.

一五四頁　「……至高無上的地位」：quoted in Savitt (1995), p. 1.

一五五頁　「我們望向……」：ibid., p. 1.

一五八頁　「沒有創造也沒有毀滅……」：quoted in Turetzky (1998), p. 10.

一六四頁　「……爭同一個玩具……」：Julian Barbour interview, May 2007.

一六六頁　「哲學的健康警告」：Simon Saunders, "Clock Watcher," *The New York Times*, March 26, 2000 (online edition).

一六六頁　「前面那位老兄……」：quoted in Westfall (1994), p. 190.

第七章　愛因斯坦的時間

一六七頁　「相對論教我們……」：quoted in Coveney and Highfield (1990), p. 70.

一六七頁　「我看到過去……」：quoted in Pickover (1998), p. 6.

一七〇頁　「……你也不能辨別……」：Galileo (1967), pp. 186-7.

一七二頁　「不可能有這種東西……」：quoted in Stachel (1998), p. xxxix.

一七二頁　「……知道（或能夠確定）……」：ibid., p. xxxix.

一七二頁　「……蓋里森認為……」：Galison (2003)

一七二頁　「要立刻去爬……」：quoted in Isaacson (2007), p. 46.

一七三頁　「……無法從絕對的角度來定義……」：Calaprice (2005), p. 216.

一七三頁　「提供了幾項珍貴的建議」：Albert Einstein, "On the Electrodynamics of Moving Bodies," in Stachel (1998), p. 159.

一七七頁　「他完全是個局外人……」：Gerald Holton interview, November 2004.

一七九頁　「……最深入的洞察」：Greene (1999), p. 36.

一七九頁　「……聽不到可以拿來當作時間的滴答聲。」：quoted in Isaacson (2007), p. 128.

一八一頁　「……我沒戴手錶。」：quoted in Fölsing (1997), p. 266.

一八一頁　「在格溫納的實驗中……」：Elizabeth Quill, "Time Slows When You're on the Fly," ScienceNOW website, http://sciencenow.sciencemag.org/cgi/content/full/2007/1113/2.

一八二頁　「從今以後，獨立的空間……」：quoted in Fölsing (1997), p. 189.

一八三頁　「……對你來說可能是未來……」：I have omitted the physics behind this assertion, but the interested reader may turn to Roger Penrose's *The Emperor's New Mind* or Michael Lockwood's *The Labyrinth of Time* for a more detailed discussion. Penrose (pp. 260-61) gives a remarkable example involving a space fleet from the Andromeda

Galaxy, some two million light years away, intent on destroying Earth. If you and I pass each other on the street - even at normal walking speeds - we can disagree about what time it is on Andromeda by several days. For one of us, the fleet is already on its way; for the other, the decision to launch has not even been made!

一八三頁　「簡單而主觀地感覺到……」：Einstein and Infeld (1938), p. 180.

一八三頁　「拿選舉當作例子……」：I've taken this example from Michael Lockwood's version of Putnam's argument, outlined in *The Labyrinth of Time* (2005).

一八五頁　「要認真看待時空概念……」：ibid., p. 68-69.

一八六頁　「把時間切割成……」：Davies (1995), p. 71.

一八六頁　「……留下很深刻的印象。」：Albert Einstein, "How I Created the Theory of Relativity" (trans. Yoshimasa Ono). *Physics Today*, August 1982, p. 47.

一八七頁　「我這一生……」：quoted in Pais (1982), p. 216.

一八八頁　*The Times* (London), 7 November 1919, p. 12; *The New York Times,* 10 November 1919, p. 17.

一八八頁　「……找出方法切割……」：Lockwood (2005), p. 80.

一八八頁　「……美國科羅拉多州柏德市的……」：Coveney and Highfield (1990), p. 95.

一九一頁　「對理論物理學的貢獻……」：http://nobelprize.org; Isaacson (2007), p. 314.

一九二頁　「在進行測量時……」：Paul Davies, "That Mysterious Flow," *Scientific American,* Sept. 2002, pp. 40-47, p. 47.

一九三頁　「聽了量子理論而不……」：quoted in Gribbin (1984), p. 5.

一九三頁　「牛頓，原諒我……」：Einstein (1979), p. 31.

第八章　回到未來

一九五頁　「我知道……」：H.G. Wells, *The Time Machine: An Invention*. New York: Random House, 1931. p. 82..

一九五頁　「戰後……」：Mallett (2006), pp. 2-3.

一九五頁　「完全崩潰了」：Ronald Mallett interview, May 2007.

一九六頁　「大家認為黑洞……」：Mallett interview (2007).

一九六頁　「……馬雷特都躲在他所謂的……」：Mallett interview; also Michael Brooks, "Time Twister," *New Scientist,* May 19, 2001.

一九七頁　「……同儕評論的物理學期刊……」：Ronald Mallett, "Weak gravitational field of the electromagnetic radiation in a ring laser," *Physics Letters A,* vol. 269 (2000), p. 214; Ronald Mallett, "The Gravitational Field of a Circulating Light Beam," *Foundations of Physics,*Vol. 33, No. 9 (Sept. 2003), pp. 1307-1314.

一九七頁　「似乎遙不可及」：quoted in Michael Brooks (2001), p. 19.

一九七頁　「比我們看得到的宇宙……」：Ken D. Olum and Allen Everett, "Can a circulating beam of light produce a time machine?", *Foundations of Physics Letters,* vol .18, p. 379-385 (Oct. 2004), p. 379.

一九九頁　「原則上，如果量子……」：John Cramer interview, April 2007.

一九九頁　「……讓我覺得有點不自在。」：Cramer interview (2007).

一九九頁　「……顛覆我們最看重的……」：Patrick Barry, "What's done is done," *New Scientist,* Sept. 30, 2006, pp. 36-39, p. 36.

二〇一頁　「……重大突破……」：Clute and Nicholls (1995), p. 1225.

二〇一頁　「……時光旅行的書籍充斥市面……」：A wonderfully comprehensive account of such stories can be found in Paul Nahin's *Time Machines: Time Travel in Physics, Metaphysics, and Science Fiction* (1999).

二〇二頁　「碰到這個問題時……」：Douglas Adams, *The Restaurant at the End of the Universe*. London: Pan

Books, 1980 (1983 ed.), pp. 79-80.

二〇三頁　「到目前為止，他的老化程度……」：Dennis Overbye, "A Trip Forward in Time. Your Travel Agent: Einstein," *The New York Times,* June 28, 2005, p. F4; www.wikipedia.org, "Sergei Krikalev."

二〇三頁　「假設你要繞銀河系一圈……」：The example and the calculations are from Michael Lockwood's *The Labyrinth of Time* (2005), p. 48.

二〇四頁　「……充分的理由可以相信……」：Greene (2004), p. 449.

二〇四頁　「愛因斯坦的廣義相對論等式……」：Krauss (1995), p. 15.

二〇六頁　「蟲洞理論出現不久……」：Thorne (1994), pp. 483-484.

二〇六頁　「……時光機器的想法……」：Toomey (2007), p. 18.

二〇六頁　「科學家還提出了其他好幾種一樣深奧的想法……」：A concise roundup of possible time machine mechanisms can be found in Ivan Semeniuk, "No going back," *New Scientist,* Sept. 20, 2003; for a more detailed account, see Davies (2001) and Nahin (1999).

二〇八頁　「哲學家劉易斯……」：David Lewis, "The Paradoxes of Time Travel," *American Philosophical Quarterly,* vol. 13, no. 2 (April 1976), pp. 145-52.

二一〇頁　「不論如何……」：This was essentially the solution proposed by Lewis in his 1976 paper.

二一〇頁　「不會涉及宇宙間……」：David Deutsch and Michael Lockwood, "The Quantum Physics of Time Travel," *Scientific American,* March 1999, pp. 68-74, p. 71.

二一〇頁　「**某次**謀殺行動失敗了……」：Lockwood (2005), p. 172. Lewis had expressed essentially the same idea, though formulated in less technical terms.

二一一頁　「如果你回到過去的時間……」：Greene (2004), p. 454.

二一一頁　「要解決能在……」：quoted in Nahin (1999), p. 272. As Nahin points out, the principle had been set out earlier by the Russian philosopher Igor Novikov.

二一一頁　「如果時光旅人要……」：Nicholas Smith, "Bananas Enough for Time Travel," *British Journal of the Philosophy of Science,* vol. 48, 1997, pp. 363-389, p. 366.

二一四頁　「……反而是解答。」：Deutsch (1997), p. 51.

二一五頁　「**物理學的定律**……」：Hawking (2001), p. 153

二一五頁　「……最好的證據就是……」：Hawking (1994), p. 154. (Arthur C. Clarke made the same point more than twenty years earlier.)

二一六頁　「還有另一個可能性……」：Another possibility is that we're . . . Toomey (2007) suggests several more possible reasons for the absence of time-traveling tourists.

二一六頁　「也沒有理由假設……」：David Deutsch and Michael Lockwood, "The Quantum Physics of Time Travel," *Scientific American,* March 1994, pp. 68-74, p. 74.

二一六頁　「……的確有可能實現……」：Jonathan Leake and Rajeev Syal, "Hawking: we'll be able to travel back in time," *The Sunday Times,* Oct. 1, 1995, p. 1.

二一七頁　「……需要找到另一種……」：Leonard Susskind, "Wormholes and Time Travel? Not Likely," http://arxiv.org/abs/gr-qc/0503097v3, April 8, 2005, p. 4.

二一七頁　「有些物理學家也指出……」：Ivan Semeniuk, "No going back," *New Scientist,* Sept. 20, 2003, pp. 28-32.

二一七頁　「就算到最後發現……」：Hawking (2001), p. 147.

第九章　發端

二一九頁　「對於太空中的創造成果……」：Charles Lyell, *Principles of Geology* (vol. 3). New York: Johnson

Reprint Corp., 1969. p. 384.

二三〇頁 「……經過幾百萬年的日曬雨淋……」：Canyon de Chelly," pamphlet published by the U.S. National Park Service, U.S. Department of the Interior.

二三〇頁 「兩千年以前，……」：Gorst (2001), pp. 3-4.

二三二頁 「後來的評論家幾乎都省略了……」：ibid., pp. 34-39.

二三三頁 「他一下子就貶低了……」：ibid., p. 104.

二三三頁 「是否因為我們……」：quoted in Gorst (2001), p. 119.

二三三頁 「但牛頓不一樣，他不能接受……」：Toulmin and Goodfield (1965), pp. 146-7.

二三四頁 「風吹水流會讓一塊地層瓦解……」：quoted in Toulmin and Goodfield (1965), p. 64.

二三四頁 「……根本找不到源頭……」：quoted in Gorst (2001), p. 134.

二三五頁 「過了好幾百萬個世紀……」：quoted in Toulmin and Goodfield (1965), p. 133.

二三五頁 「到了一七五〇年，延續數千年……」：ibid.

二三六頁 「對學習自然的人來說……」：quoted in Gorst (2001), p. 146; Toulmin and Goodfield (1965), p. 170.

二三七頁 「看到……」：quoted in Gribbin (1999), p. 19.

二三七頁 「……必然已經綿延了無限的世代。」：quoted in Gorst (2001), p. 167.

二三八頁 「……**時間**的炸彈。」：Ferris (1988), p. 245

二三八頁 「今日依然存活的植物和動物……」：Archibald Geike, "Geological Change," in Shapley (1943), pp. 112-3.

二三八頁 「……如果你不承認這一點……」：quoted in Ferris (1988), p. 245.

二三九頁 「……因此增加了地球上生命存續的可能期限……」：ibid., p. 249.

二三九頁 「社會大眾每天處理的數字……」：Gorst (2001), p. 204.

二三〇頁　「……並非為了令人……」：Arthur Eddington, "The Milky Way and Beyond," in Shapley (1943), p. 93.

二三一頁　「……在望遠鏡所及的範圍……」：Edwin Hubble, "The Exploration of Space," in Ferris (1991), p. 336.

二三五頁　「天文學家相信……」：For an excellent overview, see Wendy Freedman and Michael Turner, "Cosmology in the New Millennium," *Sky & Telescope,* Oct. 2003, pp. 30-41.

二三六頁　「……但第一篇重要的論文……」：Alan Guth, "The Inflationary Universe: A Possible Solution to the Horizon and Flatness Problems," *Physical Review D,* vol. 23 (1981), pp. 347-56.

二三六頁　「我們可以明白，所有的東西……」：quoted in Danielson (2000), pp. 482-3.

二三七頁　「……觀測結果一定能證實……」：Alan Guth interview, March 2003. For a recent popular account, see Adam Frank, "Seeing the Dawn of Time," *Astronomy,*Aug. 2005, pp. 34-39.

二三七頁　「很多偉大的科學家……」：Gorst (2001), p. 291.

二三八頁　「籠罩在周圍的宇宙這麼大……」：Ferris (1997), p. 305.

第十章　大霹靂發生前

二三九頁　「我們心目中的真實……」：Penrose (1989), p. 480.

二四二頁　「這些膜世界模型……」：Popular accounts include Gabriele Veneziano, "The Myth of the Beginning of Time," *Scientific American,* May 2004, pp. 54-65; Michael Lemonick, "Before the Big Bang," *Discover,* Feb. 2004, pp. 35-41; Paul Steinhardt, "A Cyclic Universe," SEED, July-Aug. 2007, pp. 32-34.

二四二頁　「……上帝把化石放在岩石裡……」：Stephen Hawking lecture, U.C. Davis, March 2003.

二四三頁　「……宇宙整體而言……」：Andrei Linde, "The Self-Reproducing Inflationary Universe," *Scientific American,* Nov. 1994, pp. 48-55.

二四四頁「……我們的宇宙就是……」：Edward P. Tyron, "Is the Universe a Vacuum Fluctuation?" *Nature*, vol. 246

(1973), pp. 396-7.

二四五頁 「……告訴我們，基本上……」：Lisa Randall, untitled essay, *New Scientist,* Nov. 18, 2006, p. 49.

二四五頁 「一定錯過了重點」：Nima Arkani-Hamed lecture, hosted by the Perimeter Institute for Theoretical Physics, held at Waterloo Collegiate Institute, Waterloo, Ont., Feb. 7, 2007.

二四五頁 「……他們希望能有……」：Greene (2004), pp. 489-481; James Glanz, "Physics' Big Puzzle Has Big Questions: What Is Time?" *The New York Times,* June 19, 2001.

二四六頁 「但我們從很多案例中學到……」：David Gross interview, October 2003.

二四八頁 「由於這種關係……」：See, for example, Price (1996), p. 51. Price says that most physicists believe that the thermodynamic arrow explains the radiative arrow; however, he is personally doubtful of this argument.

二四九頁 「這很像把球丟到空中……」：Davies (1995), p. 209.

二四九頁 「……可能關係不大」：Greene (2004), p. 145. See also Davies (1995), pp. 208-213.

二五〇頁 「……花了很多年的時間努力解決問題……」：For example, John Cramer (Chapter 8) suspects that the cosmological arrow is paramount, and that it causes the radiative arrow, which in turn causes the thermodynamic arrow (Cramer interview, 2007). Several recent books examine the arrow of time in detail, including Coveney and Highfield (1990), Savitt (1995), and Price (1996). There are also very good discussions in Hawking (1988), Penrose (1989), and Greene (2004).

二五〇頁 「出類拔萃的博學大師」：The quote is from Tim Folger, "If an Electron Can Be in 2 Places at Once, Why Can't You?" *Discover,* June 2005, pp. 28-35, p. 30.

二五〇頁 「他也發展出全新的……」：For an overview, see Roger Penrose, "Strings with a twist," *New Scientist,* 31 July 2004, pp. 26-29.

二五二頁 「折磨腦子」：The quote is from George Johnson of the *New York Times,* who mentions *The Emperor's*

New Mind in his review of *The Road to Reality.* Of *Emperor,* he says: "Starting from scratch with Pythagoras and Plato, [Penrose] dismantles what is known about the nature of the universe and then puts it back together again." George Johnson, "A Really Long History of Time," *The New York Times,* Feb. 27, 2005, p. 14.

二五三頁　「我們似乎永遠都在……」‥Penrose (1989), pp. 391-2.

二五三頁　「根據相對論……」‥Penrose (1994), p. 384.

二五三頁　「……彼此互相關聯……」‥Roger Penrose interview, May 2007.

第十一章　萬物必將消逝

二五九頁　「難道汝不見……」‥Lucretius, *On the Nature of Things,* Book 5.1, (trans. W.E. Leonard), in J.T. Fraser (1987), p. 33.

二五九頁　「永恆是一段很長久的時間……」‥quoted in Rees (2001), p. 117

二六〇頁　「……橡木通常過了……」‥After being cited by Hillis in an essay posted on the organization's website, www.longnow.org, the story of the 500-year-old trees has circulated endlessly, even appearing in the *New York Times* and in the book *Deep Time* by Gregory Benford (1999). The warden of New College wrote in 2002: "No matter how often the story is denied, newspapers and radio journalists still insist on believing that [the 19th-century workers] used oak beams from trees that had been planted for the purpose almost five hundred years before. Since most structural oak was cut from trees of about a hundred and fifty years old, it would have been unlikely that anyone would plant it for use in five hundred years." (http://www.new.ox.ac.uk/pdfs/alumni_nc_news_nov2002.pdf).

二六〇頁　「對我而言……」‥http://www.digitalsouls.com/2001/Brian_Eno_Big_Here.html.

二六一頁　「小時是我們的文化任意制定的產物。」‥quoted in Patricia Leigh Brown, "A Clock to See You Through the Next 10,000 Years," *The New York Times,* April 2, 2000, p. WK5.

二六三頁 「全世界最慢的電腦」：Stewart Brand, *The Clock of the Long Now: Time and Responsibility - The Ideas Behind the World's Slowest Computer.* New York: Basic Books, 2000.

二六四頁 「……變成九十億，達到最高峰……」：Cocks (2003), p. 40.

二六五頁 「……書名叫作《二四四〇》。」：Cornish (1977), p. 58; Clute and Nicholls (1995), p. 457.

二六六頁 「用比空氣還重的機器飛行……」：www.brainyquote.com; http://www.nasa.gov/ centers/dryden/news/X-Press/stories/2004/013004/res_feathers.html.

二六七頁 「……沒理由。」：http://listverse.com/history/top-30-failedtechnology-predictions/.

二六七頁 「六十四萬位元……」：quoted in Kurzweil (2000), p. 170.

二六七頁 「……就不錯了」：Arthur C. Clarke, "2099 . . . The Beginning of History," in Griffiths (1999), pp. 43-44.

二六八頁 「……接受訪問時……」：The interview was with the German magazine *Focus,* and was later summarized in an article in the *Observer* (story by Nick Paton Walsh, Sept. 2, 2001, online edition).

二六八頁 「……明顯的界線。」：Kurzweil (2000), p. x.

二六八頁 「……正要經歷畫時代的轉變……」：Kaku (1997), p. 5.

二六九頁 「……不斷擴大的掙扎」：Cocks (2003), p. 130.

二六九頁 「只要極少數擁護……」：Rees (2003), pp. 48-9.

二七〇頁 「到處都有……」：ibid., p. 43.

二七一頁 「……哥特突然有了……」：The story is recounted in Gott (2002), pp. 207-9.

二七二頁 「智人約於……」：As Gott points out, similar arguments have been put forward by Australian physicist Brandon Carter and Canadian philosopher John Leslie. They used a different mathematical approach, based on a method known as "Bayesian statistics," but reached very similar conclusions. Leslie presents one version of the argument in his book *The End of the World* (1996).

二七二頁「……所有的日期都落在……」：Richard Gott, personal communication.

二七二頁「……抽象的數學模型……」：Freeman Dyson, "How Long Will the Human Species Last? An Argument with Robert Malthus and Richard Gott," in Brockman (1995), pp. 269-275, p. 271.

二七二頁「知道不太可能發生的事……」：ibid., p. 274.

二七三頁「……開始接受下注……」：Helen Carter, "Plenty of bets on Armageddon," *The Guardian*, Feb. 8, 1999 (online edition).

二七四頁「和機器人談戀愛……」：David Levy, *Love + Sex with Robots: The Evolution of Human-Robot Relationships*. New York: Harper Collins, 2007. The quotation appears in Robin Marants Henig, "Robo Love," *The New York Times*, Dec. 2, 2007, p. BK14.

二七四頁「重播」：Stephen Jay Gould, *Wonderful Life: The Burgess Shale and the Nature of History*. New York: W.W. Norton and Company, 1989.

二七五頁「……適合人類居住」：Fred Adams interview, June 1998.

二七五頁「……膨脹到一億六千八百萬公里。」：These are newer figures from Klaus-Peter Schröder and his colleagues at the University of Sussex, as quoted in Gribbin (2006), p. 250.

二七六頁「……地球上的生命就會絕跡。」：Fred Adams, "Long Term Astrophysical Processes," in Bostrom and Cirkovic (in press).

二七六頁「然後地球就蒸發了……」：Fred Adams, "Long Term Astrophysical Processes."

二七九頁「既然宇宙膨脹……」：Fred Adams, personal communication.

二八〇頁「宇宙會變得……」：Fred Adams interview (1998).

二八一頁「掩蓋在宇宙地平線後方。」：Fred Adams, "Long Term Astrophysical Processes."

二八二頁「宇宙看似靜態……」：quoted in J.R. Minkel, "A.D. 100 Billion: Big Bang Goes Bye-Bye," *Scientific*

American (online edition), May 28, 2007.

二八三頁 「世世代代的努力……」：Bertrand Russell, *A Free Man's Worship*, London: George Allen & Unwin Ltd., 1976. p. 10.

二八三頁 「……任何生物……」：Interestingly, Krauss and Starkman suggest that copying our minds onto non-living material is the least of our problems. "While futuristic, the idea of shedding our bodies presents no fundamental difficulties . . . Most philosophers and cognitive scientists regard conscious thought as a process that a computer could perform . . . We still have many billions of years to design new physical incarnations to which we will someday transfer our conscious selves." Lawrence Krauss and Glenn Starkman, "The Fate of Life in the Universe," *Scientific American,* November 1999, pp. 58-65, pp. 62-3.

二八四頁 「如果造得……」：quoted in Patricia Leigh Brown, "A Clock to See You Through the Next 10,000 Years," *The New York Times,* April 2, 2000, p. WK5.

二八四頁 「假設我們這一代的價值觀……」：Brian Hayes, "Clock of Ages," *The Sciences,* Nov./Dec. 1999, pp. 9-13, p. 13.

第十二章 虛幻和現實

二八七頁 「時間宛若攜我前行的長河……」：Jorge Luis Borges, "A New Refutation of Time," in *Labyrinths* (ed. Donald A. Yates and James E. Irby). New York: New Directions Publishing Corp., 1964. p. 234.

二八八頁 「在本質上，自我……」：Patricia Churchland, "Do We Have Free Will?" *New Scientist,* Nov. 18, 2006, pp. 42-45, pp. 44-45.

二八九頁 「……都沒有對等物……」：Paul Davies interview, September 2007

二九〇頁 「……就在我的心裡……」：Augustine, *Confessions* 11:27, in Fraser (1987), p. 34.

二九〇頁　「時間並非客觀之物……」：quoted in Coveney and Highfield (1990), p. 28; Fraser (1987), p. 42.

二九〇頁　「這個幻覺需要……」：Paul Davies, "That Mysterious Flow," *Scientific American,* Sept. 2002, pp. 40-47, p. 47.

二九〇頁　「我們察覺到的……」：Robert Jaffe interview, April 2007

二九一頁　「我們強烈地感覺到……」：quoted in Marcus Chown, "Clock-watchers," *New Scientist,* 1 May 2004, pp. 34-37, p. 34.

二九一頁　「……類似的作用……」：ibid., p. 35.

二九二頁　「……根深柢固……」：Jaffe interview (2007).

二九三頁　「……言外之意……」：ibid., p. 37.

二九四頁　「每次我坐下來……」：Greene (2004), p. 471.

二九四頁　「即使四周……」：Aristotle, *Physics,* quoted in Lucas (1973), p. 12.

二九五頁　「達美特寫了一篇文章……」：Michael Dummett, "Is Time a Continuum of Instants," *Philosophy,* vol. 75 (2000), pp. 497-515.

二九五頁　「我們不清楚……」：Rupert Read, "Is 'What is Time?' a Good Question to Ask?", *Philosophy,* vol. 77 (2002), pp. 193-209, p. 193.

二九五頁　「看來不明白」：Michael Dummett, "How should we conceive of time?", *Philosophy,* Vol. 78 (2003), pp. 387-396, p. 388

二九五頁　「……似乎發狂了……」：ibid., p. 390.

二九五頁　「面對無可避免的觀念**不夠認真**……」：Rupert Read, "Time to stop trying to provide an account of time," *Philosophy,* Vol. 78 (2003), pp. 397-408, p. 399.

二九六頁　「……無法成功預測物理學……」：Rupert Read (2002), p. 208.

二九六頁　「我們說不出時間是什麼……」：Lucas (1973), p. 4.

二九七頁　「因為我們本能……」：Lockwood (2005), p. 53.

二九七頁　「從這個觀點看來……」：ibid., pp. 53-54.

二九八頁　「我認為沒錯。」：Barbour interview (2007).

二九九頁　「……提出這個理論……」：For Smolin's own account of the theory, see Lee Smolin, "Atoms of Space and Time," *Scientific American*, Jan. 2004, pp. 66-75.

二九九頁　「……標出的小迴圈」：ibid., p. 69.

三〇〇頁　「……感覺很有希望……」：Smolin (2006)

三〇〇頁　「哲學導師」：Lee Smolin (1997), p. 223.

三〇〇頁　「思緒鬆散」：Lee Smolin interview, December 1997.

三〇一頁　「一言以蔽之……」：Greene (2004), p. 489.

三〇二頁　「就個人而言……」：Smolin (1997), p. 286.

三〇三頁　「……採取實證主義的立場……」：Hawking (2001), p. 31.

三〇四頁　「我們無法體驗……」：Deutsch (1997), p. 263.

三〇四頁　「如果拿一張……」：David Deutsch interview, May , 2007.

三〇五頁　「這條路不通往其他地方嗎？」：D.C. Williams, "The Myth of Passage," in Westphal and Levenson (1994), p. 137.

三〇六頁　「我不相信……」：quoted in Yourgrau (2005), p. 111.

三〇六頁　「客觀的世界就這麼……」：quoted in Gell (1992), p. 154.

三〇六頁　「我們體驗到的時間中的世界……」：Lee Smolin, presentation to the New York Academy of Sciences, Oct. 15, 2007.

三〇六頁　「……解凍時間的方法……」：Smolin (2006), p. 257.

三〇七頁　「……把時間的本質弄錯了……」：Smolin (2006), p. 256.

三〇七頁　「我希望時間是……」：quoted in Dennis Overbye, "On Gravity, Oreos, and a Theory of Everything," *The New York Times*, Nov. 1, 2005 (online edition).

三〇七頁　「身為物理學家……」：Davies (1995), p. 275.

三〇八頁　「尚未處以絞刑」：Kaku (2004), pp. 178-179; see also Fölsing (1997) and Isaacson (2007).

三一〇頁　「……我應該繼續想……」：Yourgrau (2005), p. 123.

三一一頁　「愛因斯坦曾說過……」：Rudolf Carnap, "Intellectual Autobiography," in P.A. Schilpp (ed.), *The Philosophy of Rudolph Carnap* [sic]. La Salle, Ill.: Open Court, 1963. pp. 37-38.

三一二頁　「現在，他比我早一步……」：quoted in Calaprice (2005), p. 73.

參考書目

我特別推薦標記＊的文獻，這些文獻探討關於時間本質的特定面向。我也推薦標記＊(T)的文獻，不過這些文獻包含一些技術性內容，可能較適合有物理科學背景的讀者。

＊Adams, Fred and Gregory Laughlin. *The Five Ages of the Universe*. New York: The Free Press, 1999.

Alexander, H.G. *The Leibniz-Clarke Correspondence*. Manchester: Manchester University Press, 1956.

Aveni, Anthony. *Ancient Astronomers*.Washington: Smithsonian Books, 1995.

＊_______. Anthony. *Empires of Time*. New York: Kodanasha International, 1995.

Barnes, Jonathan. *Early Greek Philosophy*. London: Penguin, 1997.

Benford, Gregory. *Deep Time*. New York: HarperCollins, 1999.

＊Blaise, Clark. *Time Lord: Sir Sandford Fleming and the Creation of Standard Time*. London: Weidenfeld & Nicholson, 2000 (2001 ed.).

Bostrom, Nick, and Milan Cirkovic (eds.). *Global Catastrophic Risk*. Oxford: Oxford University Press, in press.

Brandon, S.G.F. *History, Time and Deity*. Manchester: Manchester University Press, 1965.

Brockman, John (ed.). *How Things Are: A Science Tool-kit for the Mind*. London: Weidenfeld & Nicholson, 1995.

＊Boorstin, Daniel. *The Discoverers: A History of Man's Search to Know His World and Himself*. New York: Random House, 1983 (1985 ed.).

Burl, Aubrey. *The Stone Circles of the British Isles*. New Haven, Conn.: Yale University Press, 1976.

Calaprice, Alice (ed.). *The New Quotable Einstein,* Princeton, N.J.: Princeton University Press, 2005.

Clute, John, and Peter Nicholls (ed). *The Encyclopedia of Science Fiction,* New York: St. Martin's Press, 1995.

Cocks, Doug. *Deep Futures: Our Prospects for Survival*. Montreal and Kingston: McGill-Queen's University Press, 2003.

Cohen, I. Bernard, and Anne Whitman. *Isaac Newton - The Principia: A New Translation*. Berkeley: University of California Press, 1999.

Cornish, Edward. *The Study of the Future*.Washington: World Future Society, 1977.

Coveney, Peter, and Roger Highfield. *The Arrow of Time: A Voyage through Science to Solve Time's Greatest Mystery*. New York: Ballantine Books, 1990.

＊(T) Dainton, Barry. *Time and Space*. London: Acumen Publishing, 2001.

＊Danielson, Dennis (ed.). *The Book of the Cosmos: Imagining the Cosmos from Heraclitus to Hawking*. Cambridge, Mass: Perseus Publishing, 2000.

Dale, Rodney. *Timekeeping*. London: The British Library, 1992.

＊Davies, Paul. *About Time*. London: Penguin Books, 1995.

_______. *How to Build a Time Machine*. London: Penguin Books, 2001.

＊Deutsch, David. *The Fabric of Reality,* London: Penguin Books, 1997.

＊Duncan, David Ewing. *Calendar: Humanity's Epic Struggle to Determine a True and Accurate Year*. New York: Avon Books, 1998.

Einstein, Albert (trans./ed. Paul A. Schilpp). *Autobiographical Notes*. Chicago: Open Court Publishing, 1979.

Einstein, Albert, and Leopold Infeld. *The Evolution of Physics*. New York: Simon and Schuster, 1938 (1966 ed.).

Falk, Dan. *Universe on a T-Shirt: The Quest for the Theory of Everything*. Toronto: Penguin Books, 2002.

＊Ferris, Timothy. *Coming of Age in the Milky Way*. New York: Anchor Books, 1988 (1989 ed.).

＊_______. *The Whole Shebang*. New York: Simon & Schuster, 1997 (1998 ed.).

＊_______ (ed.). *The World Treasure of Physics, Astronomy, and Mathematics*. New York: Little, Brown and Company, 1991.

＊Fölsing, Albrecht. *Albert Einstein*. New York: Penguin Books, 1997 (1998 ed.).

＊Fraser, J.T. *Time: The Familiar Stranger*. London: Tempus Books, 1987.

Galilei, Galileo. *Dialogue Concerning the Two Chief World Systems - Ptolemaic and Copernican* (trans. Stillman Drake). Berkeley: University of California Press, 1967.

Galison, Peter. *Einstein's Clocks, Poincaré's Maps,* New York: W.W. Norton & Company, 2003.

＊Gell, Alfred. *The Anthropology of Time: Cultural Constructions of Temporal Maps and Images*. Oxford: Berg, 1992.

＊Gleick, James. *Isaac Newton*. New York: Random House, 2003 (2004 ed.).

＊Gorst, Martin. *Measuring Eternity*. New York: Broadway Books, 2001.

Gott, J. Richard. *Time Travel in Einstein's Universe: The Physical Possibilities of Travel through Time*. New York: Houghton Mifflin, 2002.

＊(T) Greene, Brian. *The Elegant Universe*. New York: W.W. Norton & Company, 1999.

＊(T) _______.*The Fabric of the Cosmos,* New York: Vintage Books, 2004.

Gribbin, John. *In Search of Schrödinger's Cat: Quantum Physics and Reality*. New York: Bantam Books, 1984 (1988 ed.).

＊_______. *The Birth of Time: How Astronomers Measured the Age of the Universe*. New Haven: Yale University Press, 1999.

_______. *The Origins of the Future: Ten Questions for the Next Ten Years*. New Haven: Yale University press, 2006.

Griffiths, Sian (ed.). *Predictions*. Oxford: Oxford University Press, 1999.

Hawking, Stephen. *Black Holes and Baby Universes,* New York: Bantam Books, 1994.

_______. *A Brief History of Time*. New York: Bantam Books, 1988.

*_______. *The Universe in a Nutshell,* New York: Bantam Books, 2001.

*Isaacson, Walter. *Einstein: His Life and Universe*. New York: Simon & Schuster, 2007.

*Kaku, Michio. *Einstein's Cosmos: How Albert Einstein's Vision Transformed Our Understanding of Space and Time*. New York: W.W. Norton & Company, 2004.

_______. *Visions: How Science Will Revolutionize the 21st Century*. New York: Anchor Books, 1997.

Kandel, Eric. *In Search of Memory*. New York: W.W. Norton & Company, 2006.

*Klein, Richard G., with Blake Edgar. *The Dawn of Human Culture*. New York: John Wiley & Sons, 2002.

Krauss, Lawrence. *The Physics of Star Trek,* New York: Basic Books, 1995.

Kurzweil, Ray. *The Age of Spiritual Machines*. New York: Penguin Books, 1999 (2000 ed.).

*Landes, David S. *Revolution in Time: Clocks and the Making of the Modern World*. Cambridge, Mass.: Harvard University Press, 1983.

*Levine, Robert. *A Geography of Time: The Temporal Misadventures of a Social Psychologist, or How Every Culture Keeps Time Just a Little Bit Differently*. New York: Harper Collins, 1997.

Leslie, John. *The End of the World: The Science and Ethics of Human Extinction* New York: Routledge, 1996.

*Lippincott, Kristen (ed). *The Story of Time*. London: Merrell Holberton Publishers, 2000.

*(T) Lockwood, Michael. *The Labyrinth of Time,* Oxford: Oxford University Press, 2005.

Lucas, J. R. *A Treatise on Time and Space*. London: Methuen & Co. Ltd., 1973.

Macey, Samuel L. (ed.). *The Encyclopedia of Time*. New York: Garland Publishing, 1994.

Mallett, Ronald, with Bruce Henderson. *The Time Traveler*. New York: Thunder's Mouth Press, 2006.

McCready, Stuart (ed.). *The Discovery of Time*. Naperville, Ill.: Sourcebooks Inc., 2001.

*Mithen, Steven. *The Prehistory of the Mind*. London: Thames and Hudson, 1996.

*Nahin, Paul. *Time Machines: Time Travel in Physics, Metaphysics, and Science Fiction,* New York: Springer Verlag, 1999.

*(T) Pais, Abraham. *Subtle is the Lord: The Science and Life of Albert Einstein*. Oxford: Oxford University Press, 1982.

*(T) Penrose, Roger. *The Emperor's New Mind*. New York: Oxford University Press, 1989 (1990 ed.).

_______. *The Road to Reality: A Complete Guide to the Laws of the Universe*. New York: Alfred A. Knopf, 2005.

_______. *Shadows of the Mind*. Oxford: Oxford University Press, 1994 (1995 ed.).

Pickover, Clifford A. Time: *A Traveler's Guide*. Oxford: Oxford University Press, 1998.

Price, Huw. *Time's Arrow and Archimedes' Point: New Direction for the Physics of Time*. Oxford: Oxford University Press, 1996.

Pritchard, Evan T. *No Word for Time: The Way of the Algonquin People*. Tulsa, Okla.: Council Oak Books, 1997.

Rees, Martin. *Our Cosmic Habitat*. Princeton: Princeton University Press, 2001.

*_______. *Our Final Hour*. New York: Basic Books, 2003.

Ridderbos, Katinka (ed). *Time*. Cambridge: Cambridge University Press, 2002.

Ruggles, Clive. *Astronomy in Prehistoric Britain and Ireland*. New Haven, Conn.: Yale University Press, 1999.

Savitt, Steven (ed). *Time's Arrow Today: Recent philosophical work on the direction of time*. Cambridge: Cambridge University Press, 1995.

*Schacter, Daniel. *Searching for Memory*. New York: Basic Books, 1996.

*_______. *The Seven Sins of Memory*. New York: Houghton Mifflin Company, 2001.

Shapley, Harlow et. al. (eds.). *A Treasury of Science*. New York: Harper and Brothers, 1943.

Smolin, Lee. *The Life of the Cosmos*. Oxford: Oxford University Press, 1997.

*_______. *The Trouble With Physics: The Rise of String Theory, the Fall of a Science, and What Comes Next*. New York: Houghton Mifflin Company, 2006.

*Sobel, Dava. *Longitude: The True Story of a Lone Genius Who Solved the Greatest Scientific Problem of His Time*. New York: Penguin Books, 1995 (1996 ed.).

Stachel, John. *Einstein's Miraculous Year*. Princeton: Princeton University Press, 1998 (2005 ed.).

*Steel, Duncan. *Marking Time: The Epic Quest to Invent the Perfect Calendar*. New York: John Wiley & Sons, 2000.

*(T) Thorne, Kip. *Black Holes and Time Warps*. New York: W.W. Norton & ompany, 1994.

Toomey, David. *The New Time Travelers*, New York: W.W. Norton & Company, 2007.

*Toulmin, Stephen, and June Goodfield. *The Discovery of Time*. Chicago: University of Chicago Press, 1965 (1977 ed.).

Turetzky, Philip. *Time*. London: Routledge, 1998.

*Weinberg, Steven. *The First Three Minutes*. New York: Basic Books, 1997 (1988 ed.).

*Westfall, Richard. *The Life of Isaac Newton*. Cambridge: Cambridge University Press, 1994.

Westphal, Carl, and Jonathan Levenson (eds.). *Reality*. Indianapolis: Hackett Publishing Co., 1994 (1993 ed.).

Whitrow, G. J. *The Nature of Time*. London: Penguin, 1972 (1975 ed.).

*_______. *Time in History: Views of Time from Prehistory to the Present Day*. Oxford: Oxford University Press, 1988 (1990 ed.).

Yourgrau, Palle. *A World Without Time: The Forgotten Legacy of Gödel and Einstein*. New York: Basic Books, 2005 (2006 ed.).

附圖列表

中英對照表

文獻和媒體

一畫

《T恤上的宇宙：尋求解釋一切的理論》 *Universe on a T-Shirt: The Quest for the Theory of Everything*

〈一周八天〉 Eight Days a Week

二畫

《二四四〇》 *L'An 2440*

《人類源流》 *The Descent of Man*

三畫

《上帝之城》 *The City of God*

《小氣財神》 *A Christmas Carol*

《工作與生活》 *Works and Days*

四畫

〈不要回頭〉 Don't Look Back

「今夜秀」 *The Tonight Show*

《天文學》雜誌 *Astronomy*

《天空新聞》雜誌 *Sky News*

〈天堂之梯〉 Stairway to Heaven

《牛奶樹下》 *Under Milk Wood*

五畫

《未來世界》 *Futuredays*

《永遠活在千里達時間》 *Any Time Is Trinidad Time*

六畫

《全球目錄》雜誌 *Whole Earth Catalog*

《回到未來》 *Back to the Future*

《地球的年齡》 *The Age of the Earth*

《地質學原理》 *Principles of Geology*

《多倫多星報》 *Toronto Star*

「好點子」 *Ideas*

「宇宙」 *Cosmos*

《宇宙的五個階段》 *The Five Ages of the Universe*

《宇宙的六個神奇數字》 *Just Six Numbers*

《宇宙的生命》 *The Life of the Cosmos*

《宇宙的設計》 *Programming the Universe*

《宇宙的構造》 *The Fabric of the Cosmos*

《自然》 *Nature*

《自然史》 *Histoire Naturelle*

《自然哲學的數學原理》 *Philosophiae Naturalis Principia Mathematica (Mathematical Principles of Natural Philosophy)*

《自然評論：神經科學》 *Nature Reviews – Neuroscience*

《色爾維和布魯諾》 *Sylvie and Bruno*
《行屍走肉》 *All You Zombies*

七畫

《找物理的麻煩》 *The Trouble with Physics*
「決戰末世代」 *Doomsday*
《沒有時間的世界》 *A World without Time*

八畫

《周日泰晤士報》 *Sunday Times*
「怪怪與夸克」 *Quirks and Quarks*
《法國中部地質學紀要》 *Memoir on the Geology of Central France*
《物理評論通訊》 *Physical Review Letters*
《物理學》 *Physics*
《物理學年鑑》 *Annalen der Physik*
《物種起源》 *On the Origin of Species*
《長期觀察：美國的時間史》 *Keeping Watch: A History of American Time*
《非洲的信仰與哲學》 *African Religions and Philosophy*

九畫

《哈！小不列顛》 *Notes from a Small Island*
《星艦奇航》 *Star Trek*
《星艦奇航的物理學》 *The Physics of Star Trek*
《皇帝新腦》 *The Emperor's New Mind*
《科幻小說百科全書》 *Encyclopedia of Science Fiction*
《科學美國人》 *American Scientist*
《胡桃裡的宇宙》 *The Universe in a Nutshell*

十畫

《倒著走的鐘》 *The Clock That Went Backwards*
《哲學》 *Philosophy*
《時光之箭》 *Time's Arrow*
〈時光旅行的矛盾〉 The Paradoxes of Time Travel
〈時光旅行要開始了，帶了足夠的香蕉嗎？〉 Bananas Enough for Time Travel
《時光機器》 *The Time Machine*
《時空旅人之妻》 *The Time Traveler's Wife*
《時終》 *Our Final Hour*
《時間地圖》 *A Geography of Time*
《時間和空間的論文》 *Treatise*

on *Time and Space*
《時間的盡頭：物理學的下一場革命》 *The End of Time: The Next Revolution in Physics*
《時間帝國》 *Empires of Time*
〈時間推移之謎〉 *The Myth of Passage*
《時間簡史》 *A Brief History of Time*
《格列佛遊記》 *Gulliver's Travels*
《氣象通典》 *Meteorologica*
《泰晤士報》 *The Times*
《海象》雜誌 *The Walrus*
《烏托邦》 *Utopia*
《特務》 *The Secret Agent*
《財富、生命與智慧，在未來二十年及之後的面貌》 *Visions*
《追憶似水年華》 *Remembrance of Things Past (À la Recherche du Temps Perdu)*

十一畫

《寂寞星球》 *Lonely Planet*
《情節記憶的元素》 *Elements of Episodic Memory*
《接觸未來》 *Contact*
《深邃時間》 *Deep Time*
《理智的陰影》 *Shadows of the Mind*
《現實的結構》 *The Fabric of Reality*
《通向真實的道路：宇宙法則全覽》 *The Road to Reality: A Complete Guide to the Laws of the Universe*
《連線》雜誌 *Wired magazine*
《麥克林》雜誌 *Maclean's*

十二畫

〈傑克修士〉 *Frère Jacques*
《富蘭克林的智慧》 *Advice to a Young Tradesman*
《尋找地球刻度的人》 *Longitude*
《測量永恆》 *Measuring Eternity*
《發現》雜誌 *Discover*
《發現者》 *The Discoverers*
《發現時間》 *The Discovery of Time*
《超時空博士》 *Dr. Who*
《雲》 *The Clouds*

十三畫

《奧德賽》 *The Odyssey*
《新亞特蘭提斯》 *New Atlantis*
《新科學人》 *New Scientist*
《當代生物學》 *Current Biology*
《聖母經》 *Hail Mary*
《聖經・傳道書》 *Ecclesiastes*
《蒂邁歐篇》 *Timaeus*
《解讀宇宙密碼》 *Decoding the Universe*
《農舍生活》雜誌 *Cottage Life*
〈預測人類未來展望的哥白尼原

則有何意義〉 Implications of the Copernican Principle for Our Future Prospects

十四畫

《慢活》 *In Praise of Slow*

《碧血金沙》 *The Treasure of the Sierra Madre*

《與機器人談性說愛》 *Love + Sex With Robots*

《蒙特婁公報》 *Montreal Gazette*

「裸時」 The Naked Time

《誤闖亞瑟王宮》 *A Connecticut Yankee in King Arthur's Court*

《說不出的時間》 *No Word for Time*

《銀河便車指南》 *Hitchhiker's Guide to the Galaxy*

十五畫

《諸神的戰車》 *Chariots of the Gods*

《論事物之本質》 *On the Nature of Things*

《論英雄與英雄崇拜》 *Heroes and Hero Worship*

十六畫

《歷史上的時間觀念》 *Time in History*

《貓》 *Cats*

十七畫

《戴洛維夫人》 *Mrs. Dalloway*

《環球郵報》 *Globe and Mail*

〈總附注〉 General Scholium

十九畫以上

《鏡中奇緣》 *Through the Looking Glass*

《關於時間》 *About Time*

〈關於運動物體的電動力學〉 On the Electrodynamics of Moving Bodies

《魔鬼終結者》 *The Terminator*

人名

三畫

大衛賴特曼 David Letterman

小凱 Kai

四畫

丹尼爾森 Dennis Danielson

丹奈特 Dennett

尤格拉 Palle Yourgrau

巴伯 Julian Barbour

巴貝基 Charles Babbage

巴曼尼德斯 Parmenides

比爾蓋茲 Bill Gates

五畫

丘奇蘭 Patricia Churchland

加來道雄　Michio Kaku
加莫夫　Gamow
卡洛爾　Lewis Carroll
卡納普　Rudolf Carnap
卡森　Johnny Carson
卡萊爾　Thomas Carlyle
卡德　Andy Card
古爾德　Stephen Jay Gould
史巴克先生　Mr. Spock
史考特　Eugene Scott
史坦荷普　Philip Dormer Stanhope
史帝爾　Duncan Steel
史密斯　Nicholas Smith
史都華　David Stuart
史達克曼　Glenn Starkman
史瑪特　Jack Smart
史盧基　Ebenezer Scrooge
尼布甲尼撒二世　King Nebuchadnezzar II
尼芬格　Audrey Niffenegger
尼梅修斯　Nemesius
布列斯　Clark Blaise
布拉赫　Tycho Brahe
布朗　Roger Brown
布朗　James Robert Brown
布萊森　Bill Bryson
布萊德利　Shaun Bradley
布萊德蕭　Jenny Bradshaw
布雷克　William Blake
布爾斯廷　Daniel Boorstin
布魯諾斯基　Bronowski
布豐　Georges-Louis Leclerc de Buffon
布蘭德　Stewart Brand
弗里曼　John Friedman
弗拉姆斯蒂德　John Flamsteed
弗烈曼　Alexander Friedmann

六畫

伊凡斯普里查　E.E. Evans-Pritchard
伊拉斯謨斯　Erasmus Darwin
伊格娜西　Ignacy
伊莉・埃蘿薇　Ellie Arroway
伊葛門　David Eagleman
伊諾　Brian Eno
伍迪艾倫　Woody Allen
休謨　David Hume
多萊　Amal Dorai
安提豐　Antiphon
托馬斯　Dylan Thomas
托勒密　Ptolemy
托勒密三世　Ptolemy III
朱理烏斯　Julius
米列娃　Mileva Marić
米契爾　Edward Page Mitchell
米騰　Steven Mithen
考克斯　Doug Cocks
色斯金　Leonard Susskind
艾文尼　Anthony Aveni
艾弗雷特三世　Hugh Everett III
艾米斯　Martin Amis
艾西莫夫　Isaac Asimov

艾克西古斯 Dionysius Exiguus
艾金斯 Peter Atkins
艾略特 T.S. Eliot
艾爾莎 Elsa Lowenthal
艾瑪 Emma Wedgwood
艾德曼 Edelman
艾薩克森 Isaacson
西本郁子 Nishimoto Ikuko
西門紐克 Ivan Semeniuk

七畫

亨佛萊・鮑嘉 Humphrey Bogart
佛萊明 Sandford Fleming
佛爾 Joshua Foer
佛興 Fölsing
佛羅斯特 Robert Frost
伽利略 Galileo Galilei
伯納 George Bernard
克卜勒 Kepler
克里卡列夫 Sergei Krikalev
克里克 Francis Crick
克拉克 Samuel Clarke
克拉維爾斯 Christopher Clavius
克拉默 John Cramer
克倫威爾 Oliver Cromwell
克勞斯 Lawrence Krauss
克蕾敦 Nicola Clayton
克羅斯比 Alfred Crosby
克蘭 Richard Klein
努涅茲 Rafael Núñez
吳爾芙 Virginia Woolf
君士坦丁 Constantine
希力思 Danny Hillis
希帕霍斯 Hipparchus
希羅多德 Herodotus
李卡多蒙塔本 Ricardo Montalbán
李奧尼亞・佛克 Leonia Falk
李維 David Levy
杜洛克 Neil Turok
沙佛 Paul Shaffer
沙克特 Daniel Schacter
沙根 Carl Sagan
沃爾夫 Benjamin Lee Whorf
狄基 Robert Dicke
谷史 Alan Guth
貝克特 Thomas Becket
貝克斯特 Richard Baxter
貝若 Isaac Barrow
貝索 Michele Besso
貝慈 Jonathan Betts
辛普利西烏斯 Simplicius
邦孔帕尼 Ugo Buoncompagni
里利烏斯 Aloysius Lilius
佘喜娜 Sara Schechner

八畫

亞里斯多芬尼茲 Aristophanes
亞瑟・克拉克 Arthur C. Clarke
亞當斯 Fred Adams
亞德拉 Najwa Adra
奇歐帕斯 Cheops
妮爾 Frances Neale
姆比蒂 John Mbiti

孟福 Lewis Mumford
季諾 Zeno
帕特南 Hilary Putnam
拉格斯 Clive Ruggles
拉普拉斯 Pierre-Simon Laplace
拉塞福 Ernest Rutherford
昆提留斯 Quintilius
林德 Andrei Linde
林德勒 Wolfgang Rindler
波以耳 Robert Boyle
波伊爾 Alison Boyle
波伊德 Boyd
波耳 Niels Bohr
波拉德 Joshua Pollard
波威爾 Andrew Powell
波普 Alexander Pope
波赫士 Jorge Luis Borges
波諾馬諾 Dean Buonomano
法伯 Jonas Faber
芭絲碧 Janie Busby
虎克 Robert Hooke
阿方索・貝多亞 Alfonso Bedoya
阿卡尼哈米德 Nima Arkani-Hamed
阿佑艾德 A.A. Ayoade
阿維森納 Avicenna
芮斯 Martin Rees

九畫

侯薇爾 Elizabeth Howell
品克 Pinker
哈托 James Hartle
哈伯 Edwin Hubble
哈里遜 John Harrison
哈雷 Edmond Halley
威廉斯 D.C. Williams
威爾斯 H.G. Wells
威爾森 Robert Wilson
恰克貝瑞 Chuck Berry
施密特 Brian Schmidt
施莫林 Lee Smolin
柯貝利斯 Michael Corballis
柯茲威爾 Ray Kurzweil
柏肯斯坦 Jacob Bekenstein
柏格森 Bergson
柏斯提爾 John Postill
柏爾 Aubrey Burl
洋基鐵捕貝拉 Yogi Berra
派斯 Pais
洛希米特 Josef Loschmidt
洛倫茲 Hendrik A. Lorentz
約翰・迪 John Dee
約翰・雷 John Ray
胡美遜 Milton Humason

十畫

唐姆瑞 Tom Ray
哥白尼 Copernicus
哥特 J. Richard Gott
哥德巴赫 Goldbach
哥德爾 Kurt Gödel
哲妮可 Kate Zernicke
哲爾 Alfred Gell

席夫 Charles Seife
席亞 John Shea
庫利克 James Kulik
庫辛巴 Chap Kusimba
桑德斯 Simon Saunders
格林伯格 Daniel Greenberg
格林恩 Brian Greene
格溫納 Gerald Gwinner
泰特薩 Tattersall
泰雷馬可士 Telemachus
泰榮 Edward Tyron
海希奧德 Hesiod
海涅 Heinrich Heine
海斯 Brian Hayes
海萊因 Robert Heinlein
海德格 Heidegger
烏舍爾 James Ussher
班大為 David Pankenier
班佛德 Gregory Benford
索恩 Kip Thorne
紐康 Simon Newcomb
馬可尼 Guglielmo Marconi
馬克士威 James Clerk Maxwell
馬雪克 Alexander Marshack
馬瑟 George Musser
馬雷特 Ronald Mallett
馬赫 Ernst Mach
馬薩吉斯 Demetrios Matsakis
高斯特 Martin Gorst
高爾 Al Gore

十一畫

勒范恩 Robert Levine
勒梅特 Georges Lemaître
曼洛 Natalie Munro
培根 Francis Bacon
康拉德 Joseph Conrad
康斯塔伯 John Constable
康德 Immanuel Kant
教宗格勒哥里 Pope Gregory
梭貝爾 Dava Sobel
梅西耶 Louis-Sébastien Mercier
梅勒 Harald Meller
笛卡兒 René Descartes
莫爾多夫斯基 Harvey Moldofsky
荷頓 Gerald Holton
雪恩 Rosalie Shein
麥考伊博士 Dr. McCoy
麥塔加 John McTaggart

十二畫

傑雷諾 Jay Leno
凱利 Kevin Kelly
凱爾文爵士 Lord Kelvin
勞夫林 Gregory Laughlin
博斯 Kevin Birth
喬叟 Chaucer
富蘭克林 Benjamin Franklin
彭齊亞斯 Arno Penzias
惠更斯 Christiaan Huygens
惠特爾 Alasdair Whittle
惠特羅 G. J. Whitrow
斯里佛 Vesto Slipher

斯坦哈特 Paul Steinhardt
斯威夫特 Jonathan Swift
斯科羅普 George Scrope
斯德瓦利 William Stwalley
斯諾貝倫 Stephen Snobelen
普朗克 Max Planck
普密特 Saul Perlmutter
普勞特斯 Plautus
普萊斯 Huw Price
普雷斯特 John Plaister
普魯斯特 Marcel Proust
曾拓爾 Thomas Zentall
萊布尼茲 Gottfried Leibniz
萊爾 Charles Lyell
菲雪 Stephanie Fysh
菲爾普絲 Elizabeth Phelps
菲爾德 June Goodfield
費瑞斯 Timothy Ferris
費爾瑟 J.T. Fraser
閔考斯基 Hermann Minkowski
雅克斯潘 Yax Pasaj
馮丹尼肯 Erich von Däniken

十三畫

塔菲 Claire Tuffy
奧古斯都 Augustus
奧里斯姆 Nicolas Oresme
奧馬利 Michael O'Malley
奧森 Ken Olson
奧瑪開儼 Omar Khayyám
愛丁頓 Arthur Eddington
愛里斯塔克斯 Aristarchus
愛格勒 Ruth Aegler
溫伯格 Weinberg
溫琴佐 Vincenzio
瑞德 Rupert Read
聖吉爾斯 St. Giles
聖畢德尊者 the Venerable Bede
聖奧古斯丁 St. Augustine
蒂普勒 Frank Tipler
葛雷易克 Gleick
葛羅斯 David Gross
賈菲 Robert Jaffe
道伊奇 David Deutsch
道金斯 Richard Dawkins
道格拉斯·亞當斯 Douglas Adams
達美特 Michael Dummett
達提尼 Francesco di Marco Datini
雷維吾 Raviv

十四畫

圖尼埃 François Tournier
圖米 David Toomey
圖威 Endel Tulving
圖雷茨基 Philip Turetzky
圖爾敏 Stephen Toulmin
漢摩拉比 King Hammurabi
福克斯 Guy Fawkes
維楚維斯 Vitruvius
蒲理查德 Evan T. Pritchard
蒲魯塔克 Plutarch
蓋里森 Peter Galison

蓋基 Archibald Geike
豪瑟 Hauser
赫姆霍茲 Helmholtz
赫拉克利特斯 Heraclitus
赫茲 Heinrich Hertz
赫登 James Hutton

十五畫

劉易斯 David Lewis
德納遜 Mike Donaldson
德馬西歐 Damasio
德雷克 Drake
摩非 Howard Morphy
摩爾 Thomas More
歐凱利 Michael O'Kelly
歐幾里德 Euclid
歐德孟斯 Eudemus
歐諾黑 Carl Honoré
潘妮若普 Penelope
潘羅斯 Roger Penrose
蔡斯特費伯爵 Earl of Chesterfield
鄧肯 David Ewing Duncan
魯卡斯 J.R. Lucas
魯克瑞息斯 Lucretius
黎曼 G.F. Bernhard Riemann
黎斯 Adam Riess

十六畫

諾瓦克 Philip Novak
諾斯特拉達姆斯 Nostradamus
錢尼 Dick Cheney
霍伊爾 Fred Hoyle
霍姆斯 Arthur Holmes
霍金 Stephen Hawking
鮑文奈利 Daniel Povinelli
默冬 Meton

十七畫

戴森 Freeman Dyson
戴維斯 Paul Davies
戴蒙 Diamond
賽吉威克 Don Sedgwick
賽科諾伯斯克 Johannes de Sacrobosco

十八畫

薩登朵夫 Thomas Suddendorf
藍迪斯 Landes
藍道 Lisa Randall
魏斯特福 Westfall
魏爾 Hermann Weyl

十九畫以上

龐卡黑 Henri Poincaré
羅夫 Karl Rove
羅伊德 Seth Lloyd
羅克伍德 Michael Lockwood
羅芙托斯 Elizabeth Loftus
羅柏茲 William Roberts
羅素 Bertrand Russell
羅默 Ole Römer
蘇頌 Su Sung

地名、景觀、建築

三至四畫

三石塔 trilithons
切達 Cheddar

五畫

以弗所 Ephesus
加拉巴哥群島 Galapagos Islands
卡蘭尼什 Callanish
可樂納市 Corona
史蒂文生 Stevenson
尼西亞 Nicaea
巨石陣 Stonehenge
布瑞奇瓦特 Bridgewater

六畫

伊梅沙 Emesa
吉特赫克小鎮 Kitty Hawk
吉薩 Giza
吉薩大金字塔 Great Pyramid at Giza
多佛 Dover
多爾多涅河谷 Dordogne Valley
安娜堡 Ann Arbor
托雷翁 Torreon
西皇后西街 West Queen West

七畫

克拉姆街 Kramgasse
坎伯蘭 Cumberland
貝福遜 Bedfordshire

八畫

亞克達巴塔 Llactapata
亞歷山大港 Alexandria
奇彭翰 Chippenham
林肯郡 Lincolnshire
松希爾 Sungir
波多馬克河 Potomac
波隆那 Bologna
長廊古墓 passage tomb
阿勒河 Aare River

九畫

南紐英頓 South Newington
南崖 South Rim
威克羅郡 County Wicklow
威爾斯 Wells
威爾遜山天文台 Mount Wilson
昱特利山 Ütliberg
柏德 Boulder
皇后西街 Queen Street West
科克郡 County Cork
科潘 Copán
約克郡 Yorkshire
英格蘭中部地區 Midlands
革塞克 Goseck

十至十一畫

埃夫伯理石圈 Avebury
埃利亞 Elea
格雷考夫特 Grey Croft
烏爾姆 Ulm
烏爾索普 Woolsthorpe

烏魯斑巴河　Urubamba River
特洛布里安　Trobriand
秦利溪　Chinle Wash
索爾茲伯里平原　Salisbury Plain
紐格蘭治　Newgrange
紐格蘭治農場　Newgrange Farm
納蘇街　Nassau Street
馬丘比丘　Machu Picchu
馬拉蓋　Maragheh
梅絲郡　County Meath

十二畫

博因河　Boyne
堪基佑塔　Towers of Chankillo
彭贊斯　Penzance
斯托爾斯　Storrs
斯特拉斯堡大教堂　Strasbourg Cathedral
普瑞斯里山　Preseli Mountains
猶加敦半島　Yucatan peninsula

十三畫

奧亥爾機場　O'Hare
奧爾良　Orléans
瑞汀　Reading
聖胡安河　San Juan River
路易斯島　Lewis

十四畫

綺色佳　Ithaca
維德角共和國　Cape Verde Islands
蜘蛛岩　Spider Rock

十五畫

德榭伊峽谷　Canyon de Chelly
德羅姆貝格　Drombeg
德羅赫達　Drogheda
鄧斯塔布爾修道院　Dunstable Priory

十六畫

盧昂　Rouen

默塞街　Mercer Street

十七畫以上

戴維斯　Davis
薛普頓　Shepton Mallet
賽倫斯特　Cirencester
薩摩斯　Samos

機構名

三至四畫

大西部鐵路公司　Great Western Railway
工務局　Office of Public Works
今日永存基金會　Long Now Foundation
太空望遠鏡科學研究院　Space Telescope Science Institute

五至六畫

加州大學弗列斯諾分校　California State University in Fresno

加拿大科學寫作人協會　Canadian Science Writers Association
安大略科學中心　Ontario Science Centre

八畫

坦迪公司　Tandy Corporation
東正教會　Eastern Orthodox Church
東安格里亞大學　University of East Anglia
芝加哥自然史博物館　Field Museum

九畫

威廉希爾博彩公司　William Hill
柯蓋特大學　Colgate University
科隆大學　University of Cologne
科學博物館　Museum of Science
美國物理學會　American Institute of Physics
美國海軍天文台　United States Naval Observatory
美國國防部高等研究計畫局　Defense Advanced Research Projects Agency

十至十一畫

紐約州立大學石溪分校　State University of New York at Stony Brook
高等研究院　Institute for Advanced Study
曼尼托巴大學　University of Manitoba
國際太空站　International Space Station
國際度量衡局　International Bureau of Weights and Measures
國際通信聯盟　International Telecommunication Union
理海大學　Lehigh University
畢巴帝博物館　Peabody Museum
都柏林高等研究院　Dublin Institute for Advanced Studies
麥克萊蘭斯蒂沃德出版社　McClelland & Stewart

十二至十三畫

勞倫斯柏克萊實驗室　Lawrence Berkeley Laboratory
喬治梅森大學　George Mason University
越洋文學經紀公司　Transatlantic Literary Agency
圓周研究所　Perimeter Institute
塔夫斯大學　Tufts University
愛爾蘭鐵路局　Irish Rail
新學院　New College
經度委員會　Board of Longitude

十四至十五畫

睡眠和時間生物學中心　Centre for

Sleep and Chronobiology
遠方研究中心 Beyond
數位設備公司 Digital Equipment Corp.

十六畫以上

學園 Academy
澳洲國立大學 Australian National University
羅特曼研究院 Baycrest Rotman Research Institute
蘿絲地球和太空中心 Rose Center for Earth and Space

其他

一至二畫

Q祭壇 Altar Q
TRS-80微型電腦 TRS 80
人科動物 hominid
十九世紀末 fin de siècle

三畫

久遠的時間 deep time
大時代 *maha yuga*（印度文）
大崩墜 big crunch
大眾科學新聞寫作獎 2002 Science in Society Journalism Award
大學炸彈客 Unabomber
大霹靂 big bang
小獵犬號 Beagle

四畫

不變量理論 invariance theory
中觀派 Madhyamikas（印度文）
勾股弦定理 Pythagorean theorem
天堂之門 Heaven's Gate
孔族 !Kung
心智理論 theory of mind
木桁架屋 half-timbered house

五畫

世界標準時間 Coordinated Universal Time
世界線 world line
世界職棒大賽 World Series
以祿月 Ululu
仙女座星系 Andromeda galaxy
充足理由律 principle of sufficient reason
卡保庫 Kapauku
卡盾 *katun*（馬雅文）
尼安德塔人 Neanderthals
平方反比定律 inverse square law
本星系群 Local Group
正子—電子偶 positronium
正電子 positron
白矮星 white dwarf

六畫

伊斯塔 Ishtar
企業號 Enterprise

光以太 luminiferous ether
光明節 Hanukkah
光錐 light cone
先天機率 a priori probability
先鋒號 Pioneer
列星頓及康考特之役 the battles of Lexington and Concord
印紐特 Inuit
宇宙無邊界 no boundary
宇宙微波背景輻射 cosmic microwave background
自主原則 autonomy principle
艾蜜莉 Emily

七畫

伯克盾 *baktun*（馬雅文）
劫 *kalpa*（印度文）
努爾 Nuer
希格斯玻色子 Higgs boson
扭子理論 twistor theory
扭轉鐘擺 torsional pendulum
沃登神 Woden
辛那壤礫岩 Shinarump Conglomerate

八畫

事件視界 event horizon
亞拉盾 *alatun*（馬雅文）
亞達月 Addaru
來源失憶 source amnesia
和平號太空站 Mir
奇異點 singularity
弦論 string theory
波函數崩潰 collapse of wave function
物理學及天文學科學寫作獎 Science Writing Award in Physics and Astronomy
阿方索天文表 Alfonsine tables
阿格斯 Argos
附加因素 fudge factor

九畫

信賴界限 confidence limit
哈蘇 Hasselblad
威金森微波異向性探測器 Wilkinson Microwave Anisotropy Probe（WMAP）
室女座星系團 Virgo cluster
封閉式類時間曲線 closed timelike curve
後設時間 meta-time
星流 stellar outflow
星際大戰千年鷹號 Millennium Falcon
盾 *tun*（馬雅文）
紅巨星 red giant
計量革命 quantitative revolution
迦梨 Kali（印度文）

十畫

個人電子處理器 Commodore PET
哥白尼原則 Copernican Principle

埃秒 attosecond
島宇宙 island universes
時序保護假說 chronology protection conjecture
時間列車 time-train
時間的不真實性 The Unreality of Time
時間展覽廊 Time Gallery
時間膨脹 time dilation
時間錯誤 chronoclasm
格里曆 Gregorian calendar
涅槃 *Nirvāna*（印度文）
烏美達 Umeda
索提斯 Sothis
純量場 scalar field
紐約節 New York Festivals
記憶暫存區域 memory register
逆因果律 retrocausality
迴圈量子重力理論 loop quantum gravity
高紅移超新星搜尋團隊 High-Z Supernova Team

十一畫

國家保護區 National Monument
密克馬克族 Mi'kmaq
梵天 Brahma（印度文）
畢達哥拉斯學派 Pythagoreans
莫西 Mursi
設計論證 argument from design
都卜勒效應 Doppler effect
章動 nutation

十二畫

復活節月圓日 paschal moon
提斯利月 Tashritu
普通物質 ordinary matter
智人 *Homo sapiens*
測不準原理 uncertainty principle
華特迪士尼幻想工程 Walt Disney Imagineering
超距作用 action at a distance
超新星宇宙論計畫 Supernova Cosmology Project
進動 precession
量子糾纏 quantum entanglement
黑斯廷斯戰役 Battle of Hastings

十三畫

塞爾特人 Celtic
塊狀宇宙 block universe
奧姆真理教 Aum Shinrikyo
愛神 Frigg
愛瑪拉 Aymara
暗物質 dark matter
暗能量 dark energy
矮星系 dwarf galaxy
萬國博覽會 Great Exhibition
解脫 *Kaivalya*（印度文）
農神 Seterne
雷神 Thor

十四畫

瑪麗羅絲號　Mary Rose
蒙耐　Monel
蓋達組織　al-Qaeda
蓋爾語　Gaelic
誘惑　Temptations
齊柏林飛船　Led Zeppelin

十五畫

廣播節目金獎　Gold Medal for Radio Programming
德勒斯敦抄本　Dresden Codex
德魯伊　Druid
撒克遜　Saxon
撒森岩　Sarsen
暴漲　inflation
潘奇　Panzee
潘羅斯鋪磚　Penrose tiles
熱力學第二定律　second law of thermodynamics
熵產生　entropy production

十六畫

儒略曆　Julian calendar
戰神　Tiw
盧奧　Luo
輸入暫存區域　input register
霍皮　Hopi
霍皮族　Hopi
霍金輻射　Hawking radiation
默冬周期　Metonic cycle

十七畫

優魯巴　Yorubas
濕婆神　Shiva（印度文）
薛丁格等式　Schrödinger equation

二十畫

懺悔錄　Confessions
瀰因　meme
蘋果二號電腦　Apple II
蘇尼　Zuni
蘇派　Supai
蠕蟲日　Worm Day